湘西自治州地方党史简明普及读本

红色湘西

红二方面军的摇篮

中共湘西自治州委党史研究室
湘西自治州政协文教卫体和文史委
编著

中共党史出版社

图书在版编目（CIP）数据

红色湘西：红二方面军的摇篮 / 中共湘西自治州委党史研究室，湘西自治州政协文教卫体和文史委编著 .--北京：中共党史出版社，2020.12（2022.3 重印）
ISBN 978-7-5098-5559-1

Ⅰ．①红… Ⅱ．①中… ②湘… Ⅲ．①红二方面军—军队史—研究 Ⅳ．① E297.2

中国版本图书馆 CIP 数据核字 (2020) 第 196858 号

出版发行：中共党史出版社
责任编辑：安胡刚
责任校对：申宁
责任印制：谷智宇
社　　址：北京市海淀区芙蓉里南街 6 号院 1 号楼
邮　　编：100080
网　　址：www.dscbs.com
经　　销：新华书店
印　　刷：北京盛通印刷股份有限公司
开　　本：170mm × 240mm　1/16
字　　数：342 千字
印　　张：23.5
印　　数：11001—13000 册
版　　次：2020 年 12 月第 1 版
印　　次：2022 年 3 月第 2 次印刷

ISBN 978-7-5098-5559-1
定　　价：76.00 元

此书如有印制质量问题，请与中共党史出版社出版部联系
电话：010 — 82517197

|| 序一 ||

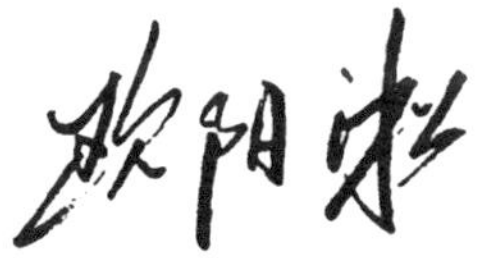

从1934年10月至1936年10月，红军第一、第二、第四方面军和第二十五军进行了伟大的长征。长征，是中国共产党及其领导的中国工农红军创造的人间奇迹，是人类历史上无与伦比的宏伟壮举，是中国共产党人永远的骄傲。习近平总书记深刻指出："这一惊天动地的革命壮举，是中国共产党和红军谱写的壮丽史诗，是中华民族伟大复兴历史进程中的巍峨丰碑。"

"一切向前走，都不能忘记走过的路。"

穿越历史的沧桑巨变，回望80多年前的那段苦难与辉煌，我们更加怀念在长征中浴血奋战的革命先辈，更容易在脑海中浮现红军出发、到达和途经的一个个闪光的地名！

1934年10月16日，红一方面军从江西于都出发；1935年11月19日，红二、六军团主力从湖南桑植刘家坪和瑞塔铺出发，同年12月8日，负责殿后的红十八师从龙山茨岩塘突围长征；1935年3月28日，红四方面军从四川苍溪和阆中强渡嘉陵江；1934年11月16日，红二十五军从河南罗山的何家冲登上了长征之路。

一个个红军长征的出发地，代表着一个个革命的根据地；一个个红军长征的出发地，带出的是一段段难以忘怀的血与火的历程！地处湘西的刘家坪、瑞塔铺和茨岩塘，就是湘鄂川黔革命根据地的光荣代表，而湘鄂川黔革命根据地，则是红二、六军团，即后来的红二方面军的摇篮！

湘西是湘鄂川黔革命根据地的中心区域。土地革命战争时期，任弼时、贺龙、关向应、萧克、王震等老一辈无产阶级革命家率领红二、六军团创建和发展了以湘西为中心区域的湘鄂川黔革命根据地。这是继中央革命根据地之后长江以南最大的红色根据地，被誉为“中国南部苏维埃运动发展中最重要的柱石”。湘西的永顺、龙山等县先后成为根据地的政治、军事、经济和文化中心。1934 年 11 月 26 日，湘鄂川黔省委、省革委、省军区在大庸县成立，半个月后，即同年 12 月 10 日迁到永顺塔卧；1935 年 4 月 12 日，迁到龙山兴隆街，同年 5 月 6 日迁到龙山茨岩塘，同年 12 月 8 日湘鄂川黔省直机关随红十八师从茨岩塘突围长征，12 月 23 日离开湘西。湘鄂川黔根据地历时 395 天，其中首府在湘西的永顺、龙山两县 379 天。在这一年多时间里，红二、六军团足迹遍及湘西大地，广泛开展土地革命和党的建设、政权建设，经济文化建设。红二、六军团会师后发动的湘西攻势，湘鄂川黔革命根据地的反“围剿”斗争，先后吸引和牵制了几十万追堵中央红军的国民党军，有力支援了中央红军突破层层封锁，跳出敌人包围圈。为战略上策应中央红军长征，确保通道会议、黎平会议和遵义会议的顺利召开作出了重大牺牲和重要贡献，在党的百年历史上有着十分重要的地位。

湘西是中央红军长征的首选目的地。1934 年 4 月底，广昌战役失败后，中央苏区形势日趋恶化，中共中央决定中央红军撤离中央苏区。基于当时湘西在地理上处于四省结合部，有天险屏障；经济上虽地广人稀，群众生活困难，但四周回旋余地大，可解决给养；政治上敌军存在严重派系矛盾；军事上有红二、六军团在湘西作接应；群众基础上有湘西各族人民热情支持，“三人团”决定，中央红军 10 月底突围，到湘西与红二、六军团会合，建立新的革命根据地。10 月 17 日，中央红军从江西于都突围长征后，一直沿着红六军团西征的线路行进。12 月 12 日，到湘桂黔边境后，因军情变化，中央红军实现通道转兵。12 月 18 日，黎平会议决定放弃北上湘西与红二、六军团会合的计划，西进贵州并打算在黔北建立新根据地。中央红军行进方向的这一重大改变无疑是正确而必要的。望着西去的中央红军，正在湘西及其周边张网以待的国民党军只好望洋兴叹！中央红军虽未能在湘西立足，但湘西客观上为中央红军“虚晃一枪”作了大量铺垫，提供了重要条件。

湘西是孕育红二方面军的摇篮。中国工农红军三大主力之一的红二方面军，是在红二、六军团基础上组建起来的，是从红色湘西这个摇篮中孕育出来的。1934 年 10 月 24 日，红三军和红六军团在贵州木黄会师，根据中央指示，红三军当即恢复红二军团番号，从此，两个军团统一行动挺进湘西，创建湘鄂川黔革命根据地，红二、六军团也从会师时的 7700 多人，发展到长征出发时的 2 万多人。红二、六军团的发展壮大，既是湘鄂川黔革命根据地人民全力支持的结果，又是湘鄂川黔革命根据地得以形成和发展的根本原因。在湘鄂西和湘鄂川黔革命根据地时期，湘西共有 20 多万各族群众投身革命，3 万多人参加红军，其中牺牲 1.2 万多人，湘西英烈的鲜血染红了人民共和国的旗帜。1936 年 7 月，红二、六军团长征到达四川甘孜与红四方面军会师后，红二、六军团与红三十二军合编为红二方面军。红二方面军始终坚持维护党中央的集中统一领导，维护红军的统一，为长征和中国革命的胜利作出了重大贡献。

湘西是红军长征的最后出发地。1935 年 11 月 19 日，红二、六军团主力突围长征后，红十八师奉命留守根据地，浴血奋战，牵制敌军，策应红二、六军团主力完成战略突围。12 月 8 日，湘鄂川黔省直机关最后随红六军团第十八师从龙山茨岩塘突围长征，12 月 23 日离开湘西，1936 年 1 月 9 日到达贵州江口与红六军团会师。红十八师是四路长征红军最后出发的部队，湘西是中国工农红军长征的最后出发地。

湘鄂川黔革命根据地的历史是整个新民主主义革命时期的一段十分重要的历史。近些年来，湘西自治州加大了湘鄂川黔革命根据地红色资源的保护和红色基因的传承力度，积极推进湘鄂川黔革命根据地和红二方面军长征历史的研究，先后编纂出版了一批党史基本著作，摄制了一批电视专题片，多次召开相关学术研讨会。在党的百年诞辰到来之际，又精心编撰了《红色湘西——红二方面军的摇篮》，这对于进一步缅怀革命先烈，发扬光荣传统，激励广大干部群众不忘初心、牢记使命，矢志砥砺奋进，具有重要意义。在此，特向此书正式出版表示热烈祝贺！

《红色湘西——红二方面军的摇篮》的编撰者坚持实事求是、秉笔直书的原则，用饱含深情的笔墨，引人入胜的细节，追溯湘鄂川黔革命根据地和红二、六军团的诞生历史、发展过程及主要活动，以独特的视角、流畅的文笔、简洁的表达，再现了那段英勇悲壮、可歌可泣的历史。全书至少有四个方面的突出亮点：一是立意新颖，视角独特高远。首次以湘西是中央红军长征首选目的地、孕育红二方面军的摇篮和红军长征最后出发地为研究主题，把这段历史放在中国共产党领导的中国革命的大格局中来审视，为研究展示红二方面军的孕育和发展历程提供了全新视角。二是史料翔实，记载全面系统。全面地展现了 1927 年至 1937 年这十年间，红二、六军团从创建、会师、长征到湘鄂川黔革命根据地建立、发展的辉煌历程和历史功绩，全景式再现了这段重要的历史。三是定位准确，评价客观公允。坚持史论结合、论从史出，对重大历史事件进行客观公允、画龙点睛式的评价，有利于读者更好把握历史的真谛。四是研究深入，具有重要学术价值。书中不少观点和史实，弥补了红二方面军军史和湘鄂川黔革命根据地史研究的空白，既是一本阐释伟大长征精神的党史普及读本，又是一本地方特色鲜明，学术价值较高，融权威性、可读性于一体的精品党史读物。相信本书正式出版后一定会受到党史学界的重视，受到广大读者的欢迎。

湘西不仅是有着光荣历史的革命老区，也是习近平总书记精准扶贫重要思想的首倡地。党的十八大以来，在以习近平同志为核心的党中央坚强领导下，湘西州委、州政府认真贯彻中共湖南省委的一系列指示精神，团结带领全州各族人民，首倡之地勇担首倡之责、敢作首倡之为，脱贫攻坚和经济社会发展取得了巨大成就，城乡面貌发生了翻天覆地的变化，湘西土家族苗族自治州与全国一道，同步进入更高水平的小康社会，湘西的发展成就令人鼓舞，令人振奋！在未来的日子里，具有光荣革命传统的湘西各族人民一定会大力弘扬伟大长征精神，扛大任于双肩，创伟业于双手，在以习近平同志为核心的党中央坚强领导下，不断创造新的更大的辉煌！

衷心祝愿湘西的明天更加美好！

2020 年 7 月 15 日

（作者为原中共中央党史研究室主任、中国中共党史学会会长）

序二

中国革命孕育了湘西的红色基因。任弼时、贺龙、萧克、王震等老一辈无产阶级革命家曾在这里建立湘鄂川黔革命根据地，团结带领湘西英雄儿女浴血奋战，有力地策应了中央红军长征，书写出感天动地的革命事迹。先烈先辈的英勇斗争，染红了中国革命的史册，也为这片沃土留下了信仰的种子、胜利的密码。

赓续历史血脉，传承红色基因，湘西人民始终干在实处。新中国成立以来，在党的民族政策光辉照耀下，湘西州各族群众以战天斗地的精神投身轰轰烈烈的社会主义改造和建设，以义无反顾的气魄推进恢弘磅礴的改革开放，以久久为功的韧劲擂响扶贫开发的战鼓，全州经济社会发展取得了今非昔比的历史性成就，城乡面貌发生了翻天覆地的历史性变化，人民生活实现了从贫困到温饱再到总体小康进而迈向全面小康的历史性跨越。特别是党的十八大以来，全州上下牢记习近平总书记视察湘西州时的殷切嘱托，全力以赴打好脱贫攻坚战，所有贫困县“摘帽”、所有贫困村退出，湘西州进入减贫人口最多、农村面貌变化最大、群众增收最快和获得感最强的时期，千百年来的绝对贫困问题一去不复返。这段红色基因和血脉，孕育了湘西人民感党恩、听党话、跟党走的坚定信念，催动着奋斗者的坚实脚步，让这片红色土地始终展现着蓬勃生机。

历史因铭记而永恒，精神因传承而不灭。近年来，湘西州加强红色资源的保护和红色基因的传承，积极推进湘鄂川黔革命根据地和红二方面军长征历史的研究及成果转化，先后编纂和修订出版了《湘鄂川黔革命根据地》等党史基本著作，摄制了《红军女儿队》《追梦》《血色湘西》等电视专题片，组织召开了湖南革命老区贡献与精准扶贫等系列学术研讨会和座谈会。在即将迎来中国共产党成立100周年之际，作为一份厚礼，《红色湘西——红二方面军的摇篮》在期待中出版了。本书以湘西是孕育红二方面军的摇篮为主题，以红二、六军团会师发动湘西攻势、创建湘鄂川黔革命根据地以及孕育发展成为红二方面军为主线，客观真实反映湘鄂川黔革命根据地和红二方面军在中国革命历史上的历史地位和作用，是湘西州深化湘鄂川黔革命根据地和红二方面军长征历史研究、坚持“以史铸魂”服务脱贫发展的最新成果。本书的出版，对于进一步弘扬苏区精神、激励广大党员干部不忘初心、牢记使命、永远奋斗，具有重要意义。

知史以明鉴，查古以至今。在迈向建设社会主义现代化国家的新征程中，更加需要红色基因灌注丰富的政治营养、系牢坚固的情感纽带，确保党的事业薪火相传、根基永固、血脉永续。我们要深入贯彻习近平总书记“把红色资源利用好、把红色传统发扬好、把红色基因传承好”的重要指示，把湘西的红色基因更好转化成增强“四个意识”、坚定“四个自信”、做到“两个维护”的政治自觉、思想自觉、行动自觉，把湘西的红色资源更好转化成高质量发展、打造国内外知名生态文化公园和旅游目的地的强劲动力，以实际行动和成效继承先烈遗志、发扬优良传统、创造美好生活。

是为序。

2020年8月5日

（作者为中共湘西自治州委书记）

‖ 前言 ‖

湘西土家族苗族自治州位于湖南省西北部，原辖吉首、泸溪、凤凰、古丈、花垣、保靖、永顺、龙山、桑植、大庸十县市，现辖八县市（1988年，桑植、大庸二县划归张家界市），总面积1.55万平方公里，总人口299万人，其中以土家族、苗族为主的少数民族人口占80.7%。

湘西地处湘鄂川黔革命根据地中心腹地，永顺、龙山等县先后成为湘鄂川黔革命根据地的政治、军事、经济和文化中心，孕育了中国工农红军三大主力之一的红二方面军，是中央红军长征首选目的地、习近平总书记精准扶贫重要论述的首倡地、国家西部大开发地区、国家承接产业转移示范区、中国十佳魅力城市和最佳旅游目的地。

红二方面军是中国革命处于极端困难的时期，在湘鄂川黔革命根据地孕育、壮大和发展起来的。1928年2月，贺龙主动请缨回到湘西，与周逸群、段德昌一起建立红三军，创建了湘鄂边、湘鄂西革命根据地。1933年12月，大村会议提出创造湘鄂川黔边新苏区，开启了红三军新的革命征程。1934年6月，枫香溪会议决定创建黔东特区根据地，成为红三军从挫折走向胜利的转折点。1934年10月24日，红六军团与红三军在贵州木黄胜利会师，红三军恢复红二军团番号。10月26—27日，南腰界重要决策会议决定两个军团统一行动挺进湘西，发动湘西攻势，创建了湘鄂川黔革命根据地。1935年11月19日，红二、六军团主力从湘西桑植县突围长征。12月8日，红十八师完成掩护主力突围任务后从湘西龙山县茨岩塘突围追赶主力部队，成为中国工农红军最后出发长征的红军部队。1936年7月初，红

二、六军团长征到达四川甘孜与红四方面军胜利会师，7 月 5 日，红二、六军团和红三十二军合编成中国工农红军第二方面军。10 月 22 日和 23 日，红二方面军分别在宁夏西吉县将台堡、兴隆镇与红一方面军胜利会师。至此，中国工农红军三大主力实现了胜利大会师，标志着伟大的红军长征取得了最后胜利，中国革命由此翻开了崭新篇章。

湘鄂川黔革命根据地历时 395 天，其中在湘西永顺、龙山两县坚持 379 天。在这一年多时间里，红二、六军团足迹遍及湘鄂川黔周边地区 20 多个县，广泛开展土地革命和党的建设、政权建设、经济文化建设，先后建立了十个县革命委员会（县苏维埃政府）、51 个区革命委员会（区苏维埃政府）、230 多个乡苏维埃政府、四个独立团、三个独立营、36 支游击大队（支队）、200 多支游击分队中队，游击队员和赤卫队员 9 万多人，取得了陈家河、桃子溪、忠堡、小井、招头寨、板栗园等大小数十次战斗胜利，部队由木黄会师时的 7700 多人发展到 2 万余人，吸引和牵制了几十万追堵中央红军的国民党军，有力地支援和策应了中央红军长征，确保了通道会议、黎平会议和遵义会议的顺利召开，为中国革命的胜利、孕育和壮大红二方面军作出了重大贡献，付出了巨大牺牲，建立了不朽功勋。

一寸山河一寸血，一抔热土一抔魂。湘西这片红色的土地上，留下了无数革命先烈的战斗足迹，创造了许多革命战争的光辉业绩，写下了悲壮雄伟的历史篇章，湘西的一草一木浸透着烈士们的鲜血，湘西英雄儿女的鲜血染红了中国革命史册。据不完全统计，湘鄂川黔革命根据地走出了 100 多位开国将军，有 3 万多人参加红军投身革命，20 余万人参加和支援红军作战，1 万多人壮烈牺牲，其中有名有姓烈士 6700 多人，湘西自治州籍有名有姓烈士 2867 人。仅永保县和郭亮县被敌人杀害的苏维埃干部和革命群众 11800 多人。虽然我们无法知道他们每个人的名字，但我们从不曾忘记他们为谁倒下，他们不仅镌刻在历史的丰碑上，也永远铭记在我们的记忆里。

在喜迎中国共产党成立 100 周年之际，编撰出版《红色湘西——红二方面军的摇篮》，正是恰逢其时，对于缅怀革命先烈，发扬光荣传统，传承红色基因，激励广大干部群众不忘初心、牢记使命，矢志砥砺奋进，都具有重要的现实意义，必将充分发挥资政育人，凝心聚力的积极作用。

|| 目录 ||

第一章 红色沃土

中央红军长征首选目的地

湘西，是具有光荣革命传统的红色沃土。历史上，捍卫祖国神圣主权和民族尊严的斗争，从不缺少湘西儿女的身影，抗倭英雄彭翼南、收复台湾英雄杨岳斌、抗击八国联军英雄罗荣光等民族英雄的事迹可歌可泣。五四运动之后，随着马克思主义在湘西的迅速传播，涌现出了米世珍、姚鉴雪、姚彦、钟干卿等一大批湘西热血青年，他们英勇地走在时代的前头，成为运动的先锋，一大批湘西儿女为民族独立和人民解放事业抛头颅、洒热血。1927 年 8 月 1 日，贺龙率领以湘西籍士兵为主体的国民革命军第二十军参加南昌起义。1928 年 2 月，贺龙主动请缨回到湘西，与周逸群、段德昌一起建立红三军，创建湘鄂边、湘鄂西革命根据地。1933 年 12 月，贺龙、关向应率领红三军转战湘鄂川黔边开辟黔东特区根据地，为迎接红六军团的到来打下了良好的基础。1934 年 8 月 7 日，任弼时、萧克、王震奉命率领红六军团从江西横石突围西征，为中央红军战略转移先遣探路。10 月 24 日，红三军与红六军团在贵州木黄胜利会师，红三军恢复红二军团番号，两个军团统一行动推进湘西创建湘鄂川黔革命根据地，策应中央红军长征。战火的锤

湘西新貌

炼与灵活机动的战术，使红二、六军团愈战愈强，发展壮大成为中国工农红军三大主力之一的红二方面军。

湘西，是中央红军长征的首选目的地。1934 年 6 月底，为作好中央红军战略转移的准备工作，中共中央书记处会议决定成立由博古、李德和周恩来组成的“最高三人团”，秘密主持筹划战略转移。基于当时湘西在地理上有天险屏障，经济上可解决给养，政治上敌军存在派系矛盾，军事上有红二、六军团在湘西作接应，群众基础上有湘西儿女热情支持等各方面优势，“最高三人团”决定，中央红军 10 月底突围，沿着红六军团先遣探路的路线进行战略转移，到湘西与红二、六军团会合，成立湘西革命根据地。10 月 17 日，中央红军从江西于都突围长征后，一直沿着红六军团西征探路的线路向西行进到湘桂黔边境。

中央红军强渡湘江之后，蒋介石已判断出中央红军将沿湘桂边境北上湘西同红二、六军团会合，并在北上湘西的沿途布置重兵，布下了“口袋阵”。面对危急军情，12 月 12 日，中共中央负责人在湖南通道县召开紧急会议，多数同志赞成和支持毛泽东提出的放弃北上湘西转向贵州的战略方针，但博古、李德仍然坚持要北上湘西，并电告红二、六军团以军事行动接应中央红军。12 月 18 日，中央政治局在贵州黎平县召开会议，否定了博古、李德顽固坚持北上湘西的战略方针，决定放弃北上湘西与红二、六军团会合的原定计划，西进贵州并在黔北建立新根据地。

实事求是，是马克思主义的精髓，是毛泽东思想活的灵魂。当时，把湘西作为中央红军长征的首选目的地，有充分的理由和独特的优势，后因军情变化放弃北上湘西，转兵西进贵州，都体现了共产党人实事求是的优良作风。

贺龙主动请缨回湘西

1927年的四一二反革命政变，是大革命从胜利走向失败的转折点。在白色恐怖笼罩下，伟大的中国共产党没有被屠杀吓倒，没有坐以待毙，他们擦干身上的血迹，掩埋好战友的尸体，拿起枪站起来继续革命。1927年8月1日，贺龙率领的以湘西籍士兵为主体的国民革命军第二十军参加南昌起义，打响了武装反抗国民党反动统治的第一枪。

1927年10月，南昌起义部队南撤广东潮汕地区失利后，起义总指挥贺龙经香港秘密回到上海。1928年1月，贺龙主动向党中央请缨返回湘西，与周逸群、段德昌一起建立红三军，创建湘鄂边、湘鄂西革命根据地。2月28日，贺龙、周逸群一行胜利到达桑植县洪家关，不到一个月的时间就组建起一支拥有3700余人、1500余支枪的革命武装力量，并将各部统一编队，宣布正式成立工农革命军。

湘西地区轰轰烈烈的革命斗争从此拉开序幕，革命的星火在这片敌人统治薄弱的大地上形成燎原之势。1928年4月，在贺龙、周逸群的领导下，举行了著名的桑植起义，成立了桑植县革命委员会。

桑植起义的胜利和革命政权的建立，拉开了湘鄂边地区武装割据的序幕，为湘鄂西、湘鄂边革命根据地的创建奠定了基础，同时为中国共产党在土地革命战争时期利用、改造地方武装提供了宝贵经验。

红三军七千里转战湘鄂边

1930 年 5 月中旬，中共中央在上海召开全国红军代表会议决定，各地红军要相对集中，主要战略区域的红军要合编成军团。7 月 4 日，贺龙等领导的湘鄂西地区红四军与周逸群、段德昌等领导的红六军在湖北公安县南平会师后正式合编为红二军团。1931 年 7 月，根据苏区中央局和中革军委的决定，红二军团缩编为红三军，红二军团番号随之撤销。

红三军入党宣誓旗

1932 年 7 月，蒋介石调集 10 万大军开始向洪湖根据地发动第四次“围剿”。在敌大军压境之下，因“左”倾教条主义和“肃反”扩大化的影响，红三军实行“以堡垒对堡垒”战术，受到很大损失，丧失了反“围剿”主动权，湘鄂西中央分局和红三军被迫实施战略转移，退出洪湖革命根据地，全部转往湘鄂边地区。此时的红三军战斗力已大大减弱，加之襄河两岸又有敌人重兵把守，红三军要从襄樊以南西渡汉水直插湘鄂边是很困难的，因而不得不绕道经豫西南、陕东南去湘鄂边。10 月下旬，红三军在贺龙率领下从大洪山区挥师北上，经豫西南、陕东南、沿川鄂边境南下，历时两个半月，行程7000里，途中只休息了两天半时间，部队由出发时的1.5万人减员至9000人，弹药消耗殆尽，每条步枪所余子弹平均不到三发，干部的损失更为严重，伤亡病故，加上“肃反”捕杀，原来富有经验的军政干部所剩无几，党政工作几乎陷于停顿状态，12月终于抵达湘鄂边的鹤峰山区。

红三军以坚韧不拔的毅力，粉碎了国民党军的追堵拦截，克服了常人难以想象的困难，胜利完成了战略突围大转移，史称“红三军七千里小长征”。这次“小长征”，不但粉碎了蒋介石妄图扑灭湘鄂西革命斗争烽火的阴谋，还牵制了国民党军的大批有生力量，减轻了敌军对中央苏区进行反革命“围剿”的压力，也配合了红四方面军向川北的进军。

大村会议决定创建湘鄂川黔新苏区

“小长征”之后的年余时间，红三军艰苦转战于湘鄂川边地区，凭借山地有利条件，开展游击战争，试图恢复湘鄂边根据地。但因“左”倾教条主义仍居党和红军的领导地位，红三军内部又接连开展第三、四次“肃反”，错杀了包括段德昌在内的大批红军领导干部，加上国民党军的疯狂“围剿”，使红三军一直未能摆脱困境。湘鄂边的困难局面，引起了红三军干部的不满，在中央分局内部的争论也逐渐公开化。红三军何去何从，成为贺龙、关向应等红三军领导人的战略思考。

大村会议旧址

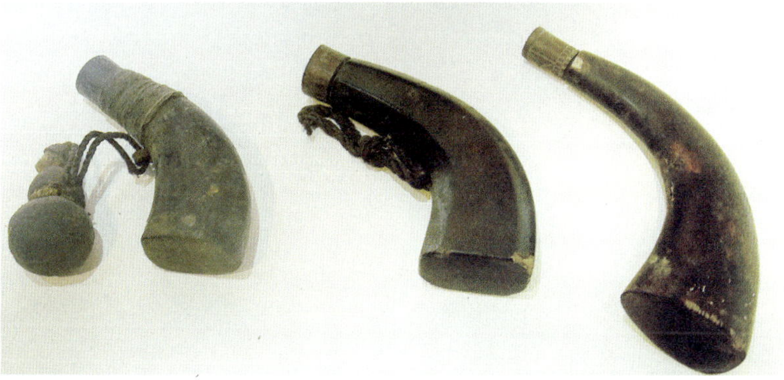

红军使用过的火药角

1933年12月，红三军退出湘鄂边苏区，转移到如今的咸丰县小村乡大村一带。12月19日至21日，湘鄂西中央分局在红三军军部临时驻地大村的朱海峰家里召开会议，会议的主要内容是讨论湘鄂边根据地失败的教训、红三军行动方针及当前任务，中央分局书记夏曦及分局委员贺龙、关向应出席会议。会议讨论了“肃反”问题，纠正了夏曦在湘鄂边根据地所犯的“左”倾机会主义路线错误，夏曦承认了自己的错误，作了自我批评，会议基本上取消了夏曦的军事指挥权，统一了发展方针，决定放弃恢复湘鄂边苏区，并把“恢复湘鄂边区”的口号改成“创建湘鄂川黔新苏区”的口号，极大地鼓舞了红三军士气，开启了红三军新的革命征程，使红三军彻底摆脱了反“围剿”失利的阴影，扭转了困难局面，使红三军再次回到了正确的武装斗争和发展壮大的道路。贺龙在回忆里曾说：“如果没有这块根据地，六军团没有目标可找，也找不到部队，结果是不可想象的。”[①] 黔东特区根据地为迎接先遣西征的红六军团的到来和创建湘鄂川黔革命根据地，从思想上、行动上、舆论上以及斗争方针上作了充分准备，奠定了坚实基础。因此，大村会议被称为红三军历史上的“遵义会议”[②]。

大村，这个名不见经传的小山村，在中国革命史上写下了光辉的一页，真可谓小村里面有“大村”。

① 贺龙:《回忆红二方面军》,《近代史研究》1981年第1期。

②《咸丰大村会议：红三军的“遵义会议”》,《恩施晚报》2019年6月3日。

红三军神出鬼没游击湘西

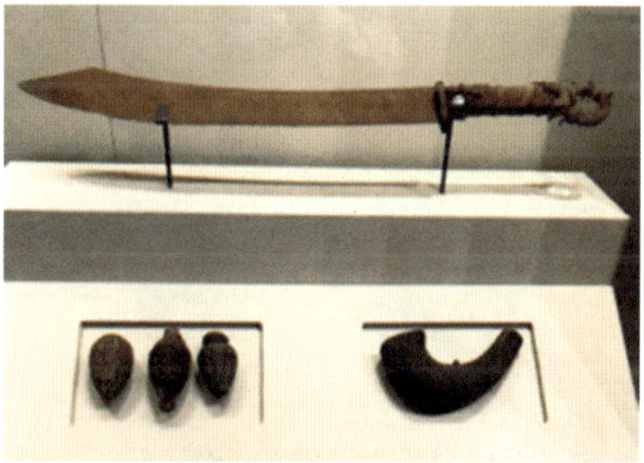

红军使用过的武器

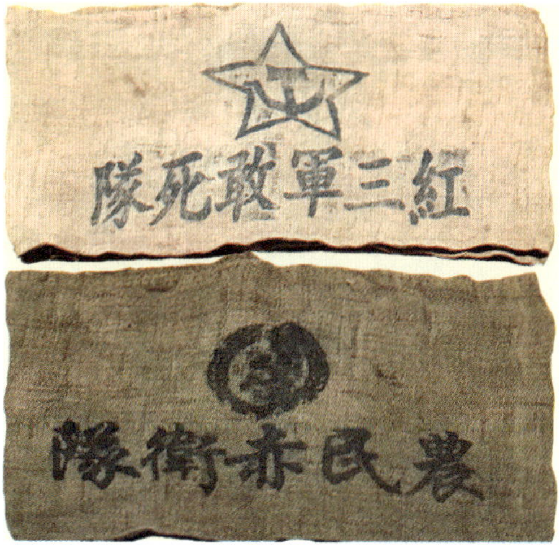

红三军敢死队、农民赤卫队臂章

大村会议之后，贺龙、关向应率领红三军纵横驰骋湘鄂川黔边，神出鬼没游击湘西，杀得敌人胆战心惊。国民党新编三十四师师长陈渠珍以让出桑植、龙山、永顺、大庸等县为条件，向贺龙和红军提出和谈。贺龙、关向应等同意了陈渠珍的要求，转移到龙山休整一个月，并在各个地方开展宣传、扩红，革命的烈火，在湘西大地上熊熊燃烧，红色的火炬，产生改变湘西的力量。

当时，周爕卿（周矮子）旅、师兴吾保安团和陈渠珍部第六团团长刘紫梁驻扎在龙山县，红军就提出了“拖死周矮子，吓死刘卷子（刘说话结巴），龙山城玩狮子（指师兴周）”的口号。龙山县素有“湘鄂川之孔道”之称，因此，红三军游击湘西的主要区域在龙山县，大大小小游击有数十次，最后还真的“玩”死了师兴吾。

石牌洞速攻师兴吾。1933 年 7 月初，红三军一部由宣恩县沙道沟一带向龙山石牌洞地区游击，龙山师兴吾的保安团主动逼近沙道沟阻击，战斗只进行了 20 来分钟，所有的高地全部被红军控制，师兴吾“偷鸡不着反蚀了一把米”，损失了 60 多名士兵和十挺机枪。

桶车夜袭蔡邵部。1933 年 10 月 2 日，红三军撤退到龙山县桶车乡，敌军蔡邵率部追至桶车，红三军白天撤至大安杉树坪、黄连坪一带休整，子夜时分，红七师精选了 70 名大刀手摸到桶车街后，偷袭了驻天眼堡高庙内的敌军一个连，杀敌愈百，缴枪百支。蔡邵大惊，黎明时分，命令所部仓皇返回鄂西宣恩。

红军用过的炊具

石羔山伏击师兴周。1933 年 11 月 19 日，红三军进入龙山石羔山甘壁寨、四坪、遥坪休整，在石羔山设伏击退了龙山师兴吾保安团，师兴周在慌乱之中还被伤了腿，吓得他好几个月都不敢与红军交锋。随后红三军在石羔、三元、桶车、兴隆街等地，一边扩充红军一边筹集军粮军饷，又进入茨岩塘休整。

马蹄寨追击刘紫梁。1934 年 4 月 22 日，红三军转战至马蹄寨扩军和筹粮，刘紫梁保安团驻马蹄寨的一个营进行阻击。红三军迅速拉开阵势，以猛烈炮火袭击敌人，敌保安团二个连全部被歼，另一个连拼命向洗车河方向逃跑。红军乘胜追击到洗车河，冲进刘紫梁设在洗车河的兵工厂，缴获了 200 多支步枪和一批弹药，使刘紫梁元气大伤。

招头寨“玩”死师兴吾。1934年4月23日，击退刘紫梁部后，贺龙率领4000多名红军从洗车河出发，突袭了招头寨，捣毁了师兴吾苦心经营数年的兵工厂，缴获迫击炮二门、重机枪一挺、步枪一批，俘敌军200余人。师兴吾由此一蹶不振，卧床月余一命呜呼。

贺龙怒斩劝降说客熊贡卿

红三军游击湘西神出鬼没的行动，令蒋介石坐卧不安，经常失眠。1933 年底，蒋介石委派国民政府参议员熊贡卿前去劝降贺龙。

熊贡卿与贺龙虽是旧识，但为了稳妥起见，熊贡卿先派其随从梁素佛前往利川的红三军驻地试探深浅。梁素佛见到贺龙，递上熊贡卿的亲笔信。贺龙看了来信，明白其用意就是劝降，马上向湘鄂西中央分局报告。中央分局考虑到洪湖突围时丢了电台，红三军对外对敌一无所知，可以将计就计从熊贡卿口中套取情报，决定批准熊贡卿到红三军驻地。贺龙根据中央分局的指示，给熊贡卿写了一封回信。

1934 年初，熊贡卿、梁素佛携带大批礼物，在十多个卫兵的护卫下前往利川会见贺龙。贺龙将计就计，热情接待了他们。正当贺龙陪着熊贡卿、梁素佛用餐时，一个参谋急匆匆地进来，给贺龙耳语几句。贺龙站起身来，丢掉筷子，对熊贡卿说："你们那位蒋总裁缺死德，连顿饭也不让我们吃清静。湖北的张刚从东，四川的达凤岗从西，两面夹攻，离这儿都只有二三十里了。三十六计，走为上。只好有劳二位跟我们走一遭喽。"熊贡卿心里暗自叫苦，埋怨蒋委员长太性急。红三军当晚开拔，经宣恩县急行抵达龙山县茨岩塘镇。

贺龙智擒熊贡卿旧址

俗话说："为了打鬼，借助钟馗。"在茨岩塘，贺龙与熊贡卿交谈中，熊贡卿毫无忌讳把国民党特务潜入中央苏区和川陕苏区的情况和盘托出。贺龙见情况已经摸透，便下令绑了熊贡卿和梁素佛，缴了熊贡卿十几个卫兵的枪。

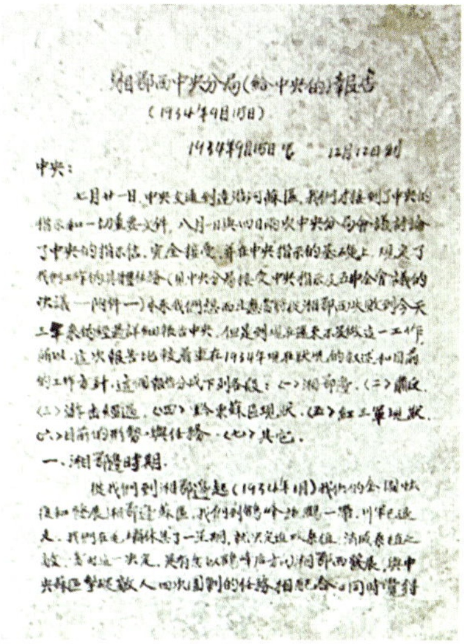
湘鄂西中央分局(给中央的)报告
(1934年9月15日)
中央：
一、湘鄂边时期

湘鄂西中央分局给中央的报告

1月23日，红三军在茨岩塘兴场坳连七台召开军民公审大会。会上，贺龙宣布了熊贡卿、梁素佛“策反”和“收编”红三军的罪行，激愤地说：“同志们，今天要枪毙两个大坏蛋，一个叫熊贡卿，一个叫梁素佛。他们是蒋介石专门派来搞‘策反’、劝降来的！这对我们红军是极大的侮辱。要我们投降是痴心妄想，蒋介石的算盘打错了，艰难困苦吓不倒红军，高官厚禄收买不了红军，阴谋诡计骗不了红军！任何艰难险阻都阻挡不住革命的车轮滚滚前进！”随着两声枪响，红三军3000余将士发出惊天动地的吼声：“不怕一切困难！坚决革命到底！”

红三军使用过的印章

在红三军极度困难的时期，贺龙下令处决熊贡卿，消除了部队的悲观情绪，坚定了革命意志，激发起豪迈的战斗激情。

石家垭伏击“肉搏竟日”

1934年3月上旬，红三军再次从永顺县进至龙山县茨岩塘镇。此时，“围剿”红军的周燮卿旅8000余人也尾随到距茨岩塘30里的红岩溪。红军将士积极请战，要求利用茨岩塘的有利地形设伏全歼该敌，砍掉“尾巴”扭转红军被动局面。

石家垭伏击战遗址

贺龙、关向应等红三军领导人研究决定作战方案时，根据敌军由红岩溪出发只能由石家垭进入茨岩塘的行进方向，决定在石家垭设伏。3月13日凌晨，红七师派一个连夜袭红岩溪敌军驻地，敌军从梦中惊醒，慌乱中组织追击，红军边打边撤，一直将敌军诱进了石家垭。中午时分，埋伏在石家垭两侧山上的红军向敌人发起猛烈攻击，敌人尸体横七竖八地摆满了山口小道，敌军才明白遭到了红军的伏击。红军将士英勇顽强地打退了敌人一次又一次的进攻，子弹打光了用石头，石头打光了用刺刀展开肉搏，敌人冲上来，又被打下去，许多阵地几度易手，激烈

迫击炮弹

的战斗持续到太阳落山，敌人付出了惨重代价却始终未能攻占一个山头。此时，红三军领导人决定利用茨岩塘四面环山的地形，准备将残敌放进来，对敌形成包围，用全部兵力发起总攻，一举歼灭敌人余部。于是，红军边打边撤，敌军则疯狂地涌到石家垭垭口。但因向导失误带错路，红军原定抄敌后路的一支部队行进到邻进的水田坝乡去了，包围敌军已无可能。而敌军残部到达石家垭垭口仔细察看地形后，也心有余悸，再不敢贸然进攻，便原路仓皇溃退至红岩溪。至此，石家垭伏击战胜利结束。

石家垭伏击战虽未达到全歼敌军周燮卿旅的目的，但缴获各种枪支700余支，敌死伤1000余人，给敌人的惨重杀伤足以灭其嚣张气焰，使“围剿”红军的湘西国民党军队受到了很大震慑，同时扩大了红军的政治影响。红军将士在石家垭英勇作战，冲锋陷阵的感人事迹在龙山县广为传颂，民国版《龙山县志》有这样一段记载：“民国二十三年，国军和红军在石家垭肉搏竟日。”由此不难想象，当时战斗确是非常激烈而残酷的。

枫香溪会议创建黔东特区

红三军长期在龙山、永顺、桑植、大庸、慈利五县境内流动作战，没有稳定的根据地，广大将士异常疲劳，迫切希望结束这种状态。1934 年 4 月 14 日，湘鄂西中央分局决定在鄂川边创造新的游击根据地，然后再向湘黔发展。贺龙提出：“我们再也不能这样走了”，“野鸡有个山头，白鹤有个滩头，一支红军没有根据地怎么行？”[1]

枫香溪会议旧址

为了寻找有利地区建立根据地，6 月 16 日，贺龙、关向应率领红三军千里转战来到川、黔、湘三省交界之地的贵州省德江县枫香溪镇。6 月 19 日晚上，湘鄂西中央分局在枫香溪黔阳宫召开了红三军团以上干部会议，会议对分局书记夏曦执行“左”倾冒险主义造成的严重后果进行了耐心的帮助，并作出三项决议：一是建立黔东特区革命根据地，二是恢复红军中的党团组织和政治机关，三是组织一批干部深入地方工作。会前，贺龙与关向应就如何建立根据地，恢复党团组织及政治机关，如何提高军队的政治、军事素质，怎样争取收编群众武装“神兵”等问题交换了意见，并取得了一致。会后，红三军召开干部大会，关向应传达分局会议精神，得到

① 《贺龙口述自传》，大象出版社 2010 年版，第 100 页。

全军上下一致拥护和支持。

枫香溪会议纪念碑

根据枫香溪会议精神，红三军广泛发动与组织群众，开展土地革命，建立各种群众组织和各级苏维埃政权，改编“神兵”，组织工农武装，一场轰轰烈烈的革命运动在黔东地区开展起来。经过组织发动，建立了17个区革命委员会，73个乡苏维埃政府，组建了黔东独立纵队五个独立团、30个游击队，形成了以南腰界为中心、覆盖黔东五县地域及秀山部分地区10万以上人口的黔东革命根据地[①]，为迎接红六军团的到来打下了良好的基础。

①《红旗漫卷——张家界红色记忆》，中央文献出版社2016年版，第142页。

红六军团奉命先遣西征探路

1934年7月，中共中央书记处、中革军委向湘赣苏区发出训令，命令红六军团由湘赣苏区先行突围，深入湖南，调动敌人，摸清情况，在湘中开辟一块新的根据地，以策应中央红军战略转移至湘西根据地，与贺龙领导的红三军会合。

红六军团西征出发地——遂川县新江横石村

接到中央电令后，红六军团积极进行转移的各项准备工作。8月7日下午3时，任弼时、萧克、王震率红六军团和红军学校9700余人，以临危受命、勇于担当的忠诚意识，以不言苦、不怕死的牺牲精神，从江西省遂川县的横石、新江地区突围出发，为中央红军战略转移探路，迈出了红军长征的第一步，拉开了红军长征的序幕。

利剑出鞘，见血封喉。红军将士两脚生风，以迅雷不及掩耳之势，仅五天时间就连续突破敌人四道封锁线，进至湖南桂东以南的寨前圩。8月12日上午，红六军团在寨前圩的河滩上，召开连以上干部会议誓师西征，任弼时宣布正式成立红六军团，由任弼时、萧克、王震组成军政委员会，作为红六军团西征的最高领导机关。同时传达了党中央和中革军委的命令与西征的任务，宣布了行军纪律，进行了战斗动员。

寨前圩誓师是红六军团长征史上的重大事件之一，广大指战员认识到这次突围远征，不单纯是为了到外线牵制敌人，而且是为了保存自己实力，实现极为重要的战略大转移，挽救红军、挽救革命。誓师大会极大地鼓舞了红军指战员的斗志，增强了西征必胜的信念和决心。

是夜，萧克下达起程军令。茫茫细雨中，这支中央红军主力长征的先遣队，踏上了艰苦卓绝的西征之路。

令人惊心动魄的甘溪之战

踏平坎坷成大道，斗罢艰险又出发。红六军团历经湘南地区，在广西兴安县渡过湘江，进入贵州到达瓮安县猴场。

1934 年 10 月 4 日，遵照中革军委指示，红六军团准备经贵州省石阡县、江口县到印江县后与红三军会合。然而，敌军已料到红六军团的行动意图，调动了湘桂黔敌共计 24 个团兵力形成三面合围之势，企图将红六军团歼灭在石阡地区。

10 月 7 日上午，红六军团前卫部队到达甘溪，得知桂军第十九师已接近甘溪，红六军团很快做好战斗准备。桂军抢先占领东北面白虎山和群宝山制高点，将红六军团的三个团压制在低洼地带三面受敌，处境极为不利。此时，桂军兵力还在不断增加，一部从正面猛烈攻击甘溪街头阵地，一部从河沟低洼地突入青龙嘴高地，红六军团前卫部队与军团部的联系被截断。桂军在组织正面进攻甘溪街阵地的同时，其主力分两路侧击红六军团部。下午 5 时，红六军团主力部队在茂密森林中从山间小路向外转移时，遭到桂军疯狂袭击，红军惨烈至极，已被分割为三段，陷入湘桂黔敌 24 个团的重围之中，处境十分艰险。红六军团只能各自为战，运用游击战术与数倍于己的敌人在崇山峻岭间周旋。10 月 16 日，红六军团击溃湘军及黔军堵截重返甘溪后，形势已经十分糟糕了。怎么办？军团长萧克认为，如不尽快脱离敌人，跳出包围圈，很可能全军覆没。于是，红六军团 3000 余人连夜穿过一条长长的人迹罕见的谷涧水沟后成功跳出了包围圈，从此脱离了敌军的围追堵截。

历时十天的甘溪之战，红六军团折兵过半，9000 多人锐减至 3000 余人，近 6000 名红军战士在征战中伤亡、失散。特别是红六军团被打散后，第十八师一部及后卫第五十二团在黑滩河遭到重兵合击，红军战士被围困在三面临河、一面绝壁的困牛山上，五十二团团长田海清在激战中阵亡，余下的 170 余名红军集体跳崖，何等悲壮惨烈。几十年后，萧克在回忆这次甘溪突围时还说：“这是一个极端紧张而又关系到六军团大局的一个战斗行动。直到现在，一经忆起，心胆为之震惊，精神为之振奋。”①

正是这场令人惊心动魄的战役，牵制了湘桂黔敌军主力，减轻了中央红军的压力，达到了与红三军胜利会师的预期目的，完成了作为长征先遣队的光荣使命。

①《湘鄂川黔革命根据地》，中共党史资料出版社 1989 年版，第 403 页。

敌报纸带来红军新消息

甘溪突围之后，任弼时、萧克、王震率领红六军团在梵净山区艰难转战。此时的红三军，因在撤离洪湖时丢了电台，与党中央失去联系，贺龙等红三军领导人并不知晓红六军团的西征和处境。

贺龙、关向应率红三军回到四川省酉阳县（今属重庆市）南腰界红三军司令部不久，在南腰界小学看到一份国民党旧报纸上的一条消息："江西萧克匪部第六军团窜入黔东，企图与贺龙匪部会合。"贺龙和关向应分析认为：敌人披露的有关红六军团的消息十有八九是可能的，红六军团远道而来，人地生疏，又必定受到敌军围堵，我们不能坐等人家上门，立即兵分两路，以游击方式主动出迎。于是，红三军主力兵分东、西两路，从黔东特区沿梵净山西麓南下寻找红六军团。

此时，红六军团参谋长李达率领的先头部队也根据当地群众提供的线索，往北行进寻找红三军。10 月 15 日，贺炳炎领导的沿河独立团在沿河县蛟岩乡的水田坝遇到了红六军团参谋长李达率领的 400 余人。听了李达的介绍，贺龙等红三军领导人十分担忧红六军团的处境。第二天，贺龙率领红三军主力由沿河县水田坝等地出发，日夜兼程南下江口县内的梵净山麓，李达也率队随行，接应红六军团主力北上。一连几天，红军穿松桃，过印江，入江口。所到之处，广贴标语，大造声势，吓得地方官吏频频向上报告：贺龙部企图寻路南窜，接应萧匪。这样，报纸上也接连出现了关于"贺龙匪部""萧克匪部"动向如何的报道。这样一来，实际上等于给正在互相寻找的两支红军通报了消息。

木黄会师壮大革命新力量

10月27日，任弼时、萧克、王震率领的红六军团，经过78天的艰苦远征，行程5000里，终于备受艰辛地到达贵州省印江县木黄镇，与贺龙、关向应率领的红三军胜利会师。

南腰界会师大会纪念广场

木黄会师纪念碑

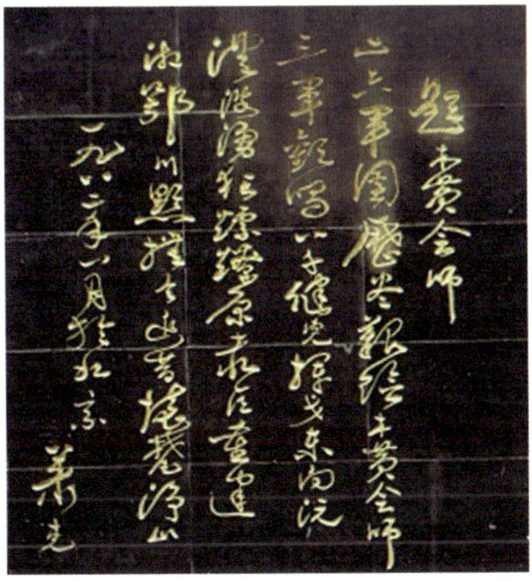

萧克题木黄会师

因敌情紧迫，部队在木黄镇稍作休息后，10月25日，两个军团向南腰界进发。10月27日在南腰界猫洞大田召开了隆重的会师庆祝大会，任弼时宣读了党中央为两军会师发来的贺电，并同时宣布红三军恢复红二军团的番号。贺龙庆祝大会上说：“会师，会师，会见老师。你们来自井冈山，那是毛主席、朱总司令创造的苏区，一直是我贺龙和我们红三军学习的榜样。我代表红三军全体同志热烈欢迎你们！你们千里跋涉来到这里，本该休息两天，睡个好觉，可是蒋介石不会让我们休息。我们一会师，树大招风，我料想蒋介石也睡不着觉喽！这里是新开辟的根据地，不很巩固。可靠的根据地在哪里呢？”① 他用烟杆子敲了敲自己的草鞋底子说：“在我们的脚板上！靠我们行军、打仗，夺取胜利，开辟更大的根据地，消灭更多的敌人。”② 庆祝大会一直开到天黑，红军将士们才尽兴而散。

红二、六军团木黄会师，是彪炳中国革命战争史册的重大事件，是红军长征中的第一次胜利会师，为遵义会议的召开作出了重大贡献。它把来自不同战略区域的两支红军结成了一个团结战斗的整体，形成了一支强大的战略突击力量，是两军团进入新的历史时期的转折点和里程碑，两军团从此以后再也没有分开过，为孕育中国工农红军三大主力之一的红二方面军奠定了可靠的基础，中国革命从此揭开新的一页。

①《湘鄂川黔革命根据地》，中共党史资料出版社1989年版，第463页。
②《湘鄂川黔革命根据地》，中共党史资料出版社1989年版，第463页。

“三人团”决定中央红军去湘西

中央红军长征最初确定的落脚点并不是陕北，“按照原定计划，中央红军准备转移到湖南西部同红二、红六军团会合。”[①]湘西是中央红军长征的首选目的地。

1934年4月底广昌战役失败后，中央苏区形势日趋恶化，中共中央书记处决定红军撤离中央苏区。6月底，为作好中央红军战略转移的准备工作，中共中央书记处会议决定成立由博古、李德和周恩来组成的“三人团”，秘密主持筹划战略转移。担负为中央红军战略转移先遣探路任务的红六军团于8月7日突围西征后，“三人团”曾多次发令要求红六军团向湘西进发。9月8日，中央军委再次电令红六军团，要求“六军团即应协同二军团于湘西及湘西北地域发展苏维埃及游击运动，并于凤凰、松桃、乾城、永绥地域建立巩固的根据地”。9月14日，中共中央在瑞金召开政治局书记会议，“三人团”会议决定：中央红军10月底突围到湘西，与红二军团、红六军团会合，成立湘西革命根据地。

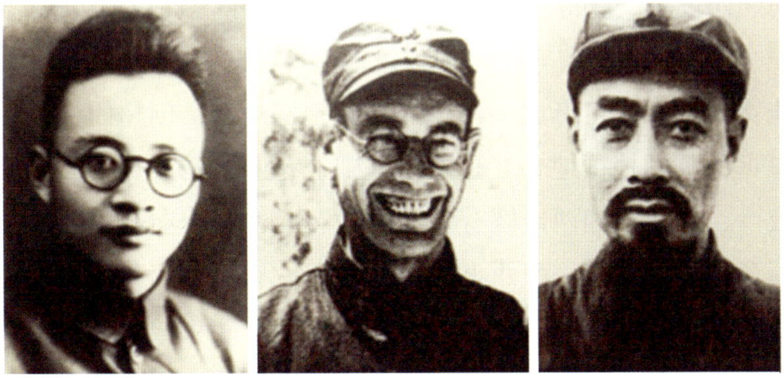

“三人团”成员周恩来、李德、博古（从右至左）

①《中国共产党历史第一卷（1921—1949）》上册，中共党史出版社2011年版，第383、384页。

中央红军长征目的地为何首选湘西？中央红军通道转兵和黎平会议后，博古、李德等仍顽固地坚持要北上湘西？从当时的政治因素、军事因素、经济条件、区位优势、群众基础等角度来分析，湘西作为中央红军长征的首选目的地，有五个明显优势。一是地理上有天险屏障。湘西一带处于四省市交界边境地区，山川纵横，林木参天，有天险屏障可用，是开展游击战争的好地方。这里离国民党中心统治区较远，蒋介石鞭长莫及，有利于中央红军扎根，灵活机动，可进可退，进可以直指湘中以至江西，退可以入敌人兵力薄弱的贵州、四川、云南，或靠拢四方面军。二是经济上可解决给养。湘西这块地区虽不富庶，但山区的资源还比较丰富，沿河古商埠码头不少，而且靠近西洞庭湖鱼米之乡，解决给养并不困难。三是政治上敌军存在派系矛盾。这里是国民党反动统治力量相对薄弱的区域，黔系、川系、桂系军阀同蒋介石宿怨很深，可以利用派系矛盾的弱点，求得立足。盘踞于凤凰、保靖、永顺一带的国民党军队湘西新编三十四师师长陈渠珍，当年与贺龙共过事也交过锋、打过仗，对贺龙的指挥能力很了解，曾给贺龙写信，表示以让桑植、大庸几个县的地盘为条件，与红军达成互不进攻的协议，企图在红军与国民党中央军之间保存实力。还可利用敌军派系矛盾，同地方军阀达成某种妥协，共同反蒋抗日。四是军事上有红二、六军团在湘西作接应。红二、六军团会师后，为配合中央红军长征，挺进湘西发动湘西攻势，取得一系列重大胜利，创建了湘鄂川黔边革命根据地，可与红二、六军团以及留守赣南的陈毅、项英部队相互配合。在湘西落脚，很有可能在江南地区可形成一个新的武装割据局面，创建面积更辽阔、影响力更深远的革命根据地。五是群众基础上有湘西儿女热情支持。湘西是贺龙的故乡，贺龙在湘西地区有强大的号召力，成千上万的湘西儿女跟随他投身革命、参加红军，湘西人民追求正义、勇敢朴实、重情讲义，与红军有着血肉般的联系和深厚的感情，这种很好的群众基础是有利于中央红军落脚的基本条件。

放眼全国，还没有哪个地方，能够像湘西这样，发展成为江南最后一块根据地，在危机关头保存和发展了红军。湘西，作为中央红军长征的首选目的地，虽因通道转兵放弃北上湘西，改为西进贵州，但湘西地处红二、六军团创建的湘鄂川黔革命根据地中心腹地，是孕育中国工农红军三大主力之一的红二方面军的红色沃土，在红军长征史上具有极其重要的地位。

中央红军通道转兵

通道转兵纪念馆

黎平会议纪念馆

中央红军从江西省于都县突围长征后，沿着红六军团西征时的线路，一路艰辛地向西行进到湘桂黔边境。1934年11月27日至12月1日，中央红军血战湘江减员5万多人，几乎陷入绝境。12月9日起，中央红军兵分三路进军湖南省通道县。此时，蒋介石已判断出中央红军将沿湘桂边境北上湘西同红二、六军团会合的意图，一方面调集重兵，在通道以北布下了严密的“大口袋”；一方面电令湘桂黔地方军阀分兵堵截合围，企图彻底歼灭中央红军。如果不改变原定的前进方向，中央红军就有全军覆灭的危险。在万分危急的关头，毛泽东根据建议中央红军放弃北上同红二、六军团会合的原定计划，立即转向西，到敌人力量薄弱的贵州去开辟根据地。1934年12月12日，中共中央负责人在通道召开紧急会议，参加会议的多数同志赞成和支持毛泽东提出的战略方针，并通过了西进贵州的主张。12月13日，中央红军在通道境内突然改变行军路线，分两路转兵贵州，把几十万追击的敌军统统抛在湖南的西南地区。但博古、李德仍顽固地坚持要北上湘西，并电告红二、六军团以军事行动接应中央红军。12月18日，中央政治局在贵州黎平召开会议讨论红军的进军路线问题，通过了《中央政治局关于战略方针之决定》，否定了博古、李德坚持北上湘西的错误方针，决定放弃北上湘西与红二、六军团会合的原定计划，西进贵州并在黔北建立新根据地。

通道转兵不仅挽救了3万多中央红军，使中央红军暂时摆脱了险境，挽救了中央红军和中国革命的命运，这是红军长征中一次具有战略意义的生死抉择，是中央红军从失败走向胜利的新起点，在组织上、思想上为黎平会议和遵义会议的召开奠定了基础。通道转兵接受了毛泽东的建议，实际上开始了毛泽东对红军军事上的领导，初步确立了毛泽东在党中央的领导地位。

第二章　湘西攻势

策应中央红军长征

按照中央红军战略转移的最初方案，中央红军基本上是沿着红六军团先遣西征路线，即沿赣粤湘桂边境的五岭山脉一路向西行进，再从湘桂边境北上湘西与红二、六军团会合。国民党当局分析判断出中央红军的战略意图后，先是在赣南、湘粤边、湘东南、湘桂边构筑了四道封锁线，调集了40万兵力进行追堵，企图将中央红军消灭在湘江东岸或湘江与潇水之间。中央红军血战湘江、突破第四道封锁线之后，国民党当局又集结重兵在城步、新宁、绥宁、武冈、通道等地构筑碉堡线，布下“口袋阵”，企图将中央红军一网打尽。

面对严峻形势，为吸引牵制住更多的敌军到湘西北，减轻中央红军的压力，有力配合中央红军的战略转移，任弼时、贺龙等红二、六军团领导人认真分析和审慎研究了当时局势和红二、六军团的任务，确定了红二、六军团统一行动进军湘西、发动湘西攻势的重大战略。尽管两个军团刚刚会师还来不及全面休整和扩充兵力，兵力不足8000人，但仍以顾全大局的意识和勇于担当的精神，发动了一场声势浩大、载入史册的湘西攻势。

在历时两个月的湘西攻势中，红二、六军团勇往直前，纵横驰骋于湘鄂川黔边境地区，先后取得了十万坪、浯溪河等大小几十场战斗的重大胜利，共击溃国民党军15个团，歼灭近五个团，连克永顺、大庸、桑植、桃源、慈利等县城，占领和控制了永顺、大庸、桑植等县的大部分地区和龙山、桃源、慈利等县的一部分地区，扩大了新的割据区域，控制了湘西北的局势，迅速打开了新局面，形成了包围常德、威逼长沙之势，牵制了追堵中央红军的国民党正规军及地方保安团共30余万兵力，在战略上打乱了蒋介石“围剿”中央红军的部署，有力地策应了中央红军长征，为创建和发展湘鄂川黔根据地创造了有利条件，奠定了可靠基础。

湘西攻势的胜利，充分体现了红二、六军团英勇顽强、不怕牺牲的战斗精神，充分体现了红二、六军团领导人坚持从斗争实际出发确定战略行动方向的求实精神，充分体现了红二、六军团全力配合中央红军战略转移的大局观念。

南腰界会议决定两军统一行动

就在红二、六军团会师之际，中央红军长征已从于都突围出发，正在湘粤桂边与40万围追堵截的国民党军艰苦奋战。在这严峻形势下，红二、六军团领导人认为，目前最紧迫的任务，就是以积极的行动，策应中央红军长征。

南腰界红三军司令部旧址

那么，如何行动，向哪里发展？1934年10月25日，两军团给中革军委发去电报，报告了敌我力量及地方条件等情况，建议“以目前敌情及红二、六军团力量，两军团集中行动”，“两军团行动由二军团统一指挥”。与此同时，加强黔东根据地党和地方武装的领导，开展游击战争，巩固和发展原有根据地。红二、六军团主力向湘西发展，以此牵制、调动湘鄂两省国民党军，策应中央红军的战略转移。当时的中革军委却不同意这一建议，10月26日电令认为：“二、六军团合成一个单位及一起行动是绝对错误的……”“六军团应速以军委电令向规定地域行动，勿再延误”，等等。

对中革军委的指示，1934年10月26日至27日，任弼时在南腰界主持召开红二、六军团领导人决策会议，认真研究分析了湘鄂川黔边的地势、民情、经济条件及敌情，认为红二、六军团会师以后，在黔东虽得到了暂时的休整，但这里的根据地刚开辟不久，很不巩固，地瘠民穷，粮食缺乏，兵员和物资补充均有困难，加上黔东地区狭小，既不利于红军大兵团迂回作战，也不利于红军以后的发展。川黔边我们党力量比较薄弱，加上地势复杂，情况不明，敌人统治力量较强，不利于我军向川黔方向发展。只有湖南的湘西一带，地处敌后翼侧，特别是澧水和沅水流域上游的永顺、龙山、桑植、大庸一带，最适宜于开辟新的革命根据地。最终确定：红二、六军团统一行动，向湘西进军，达到牵制调动湘鄂两省敌人，策应中央红军的转移，以及在游击战、运动战中建立新的根据地，不断发展壮大自己，打开新局面的目的。10月28日，红二、六军团再次电告中革军委，着重指出：“在敌我及地方条件下，我们建议：二、六军团暂时集中行动，以便消灭敌一二支队，开展新的更有利于两军团将来分开行动的局面。目前分开，敌必取各个击破之策；以一个军团力量对敌一个支队无必胜把握，集中是可以打胜敌任何一个支队的，且两军在军事政治上十分迫切要求互相帮助。”

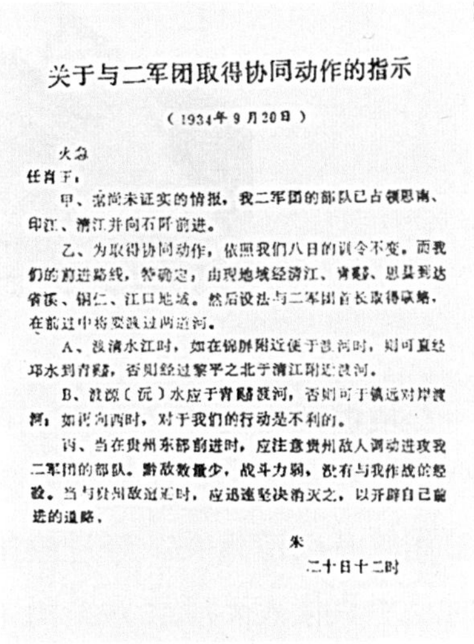

关于与二军团取得协同动作的指示

（1934年9月20日）

火急

任肖王：

甲、据尚未证实的情报，我二军团的部队已占领思南、印江、镇江并向石阡前进。

乙、为取得协同动作，依照我们八日的训令不变。而我们的前进路线，特确定，由现地域经清江、青溪、思县到达省溪、铜仁、江口地域。然后设法与二军团首长取得联络，在前进中将要渡过两道河。

A、渡清水江时，如在锦屏附近便于渡河时，则可直经邛水到青溪，否则经过黎平之北于清江附近渡河。

B、渡源（沅）水应于青溪渡河，否则可于镇远对岸渡河；如渡河西时，对于我们的行动是不利的。

丙、当在贵州东部前进时，应注意贵州敌人调动进攻我二军团的部队。黔敌数量少，战斗力弱，没有与我作战的经验。当与贵州敌遭遇时，应迅速坚决消灭之，以开辟自己前进的道路。

朱

二十日十二时

《关于与二军团取得协同动作的指示》

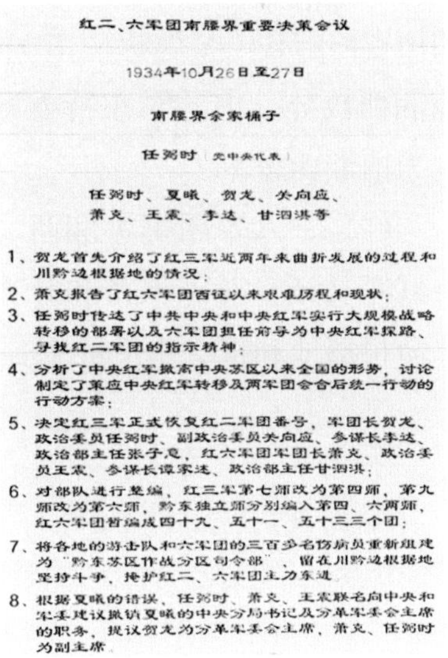

红二、六军团南腰界重要决策会议

1934年10月26日至27日

南腰界余家桶子

任弼时（党中央代表）

任弼时、夏曦、贺龙、关向应、
萧克、王震、李达、甘泗淇等

1、贺龙首先介绍了红三军近两年来曲折发展的过程和川黔边根据地的情况；
2、萧克报告了红六军团西征以来艰难历程和现状；
3、任弼时传达了中共中央和中央红军实行大规模战略转移的部署以及六军团担任前导为中央红军探路、寻找红二军团的指示精神；
4、分析了中央红军撤离中央苏区以来全国的形势，讨论制定了策应中央红军转移及两军团会合后统一行动的行动方案；
5、决定红三军正式恢复红二军团番号，军团长贺龙、政治委员任弼时、副政治委员关向应、参谋长李达、政治部主任张子意，红六军团军团长萧克、政治委员王震、参谋长谭家述、政治部主任甘泗淇；
6、对部队进行整编，红三军第七师改为第四师，第九师改为第六师，黔东独立师分别编入第四、六两师，红六军团暂编成四十九、五十一、五十三三个团；
7、将各地的游击队和六军团的三百多名伤病员重新组建为“黔东苏区作战分区司令部”，留在川黔边根据地坚持斗争，掩护红二、六军团主力东进。
8、根据夏曦的错误，任弼时、萧克、王震联名向中央和军委建议撤销夏曦的中央分局书记及分革军委会主席的职务，提议贺龙为分革军委会主席，萧克、任弼时为副主席。

南腰界会议主要内容

南腰界红色标语

根据两军集中一起向湘西进军的行动方针，得到了中革军委的批准，红二、六军团进行了改编，进一步恢复和健全了红二军团党的组织和政治工作以及政治机关。经过改编，虽然未建立统一的领导机关，但由于任弼时是中央代表、原红六军团军政委员会主席，贺龙原是南昌起义的代总指挥、红二军团军团长，在军内威望很高，关向应原是六届中央委员、红三军的政委，实际上已形成了以任弼时、贺龙、关向应为核心的集体领导。

10 月 28 日，红二、六军团从南腰界出发，以勇往直前的战斗精神，经四川省酉阳县（今属重庆市）向湖南省湘西北的永顺、龙山等县急速挺进，实施湘西攻势。中共黔东特委则领导黔东独立师，坚持游击战争，策应红军主力向湘西进军。

红二、六军团挺进湘西，像尖刀插进了国民党腹地，有力地策应了中央红军长征，对于保持和壮大革命力量起到了重要作用，为创建湘鄂川黔革命根据地和接应中央红军到湘西与红二、六军团会合奠定了基础。

红军巧妙迂回挺进湘西

红二、六军团在研究进军湘西的具体行动方案，如何以最快的速度、最小的损失到达湘西时，贺龙提议："我们去湘西北，要先兜个圈子占领酉阳，把陈渠珍那万把人从永顺、大庸引出来拦截我们，我们甩手一拐，就能进永顺城休息几天了。"①

如何打下酉阳城？贺龙自信地对任弼时、萧克等军团领导人说："酉阳城是川军独立第二旅旅长田冠五把守的。他是我当年的部下，我先写个信去，叫他让开大路，我们又不占他的地盘。"②

贺龙的办法果然灵验。田冠五接信后，慑于红军声势，率部弃城而逃，红军顺利占领酉阳县城。随后，红军急行军先经鄂西的来凤县百福司，再渡酉水，向湘西的龙山县招头寨前进，摆出一副要从永绥县（今湘西花垣县）和保靖县回师湘西北的态势。

陈渠珍果然中计。他害怕红军攻入他的老巢，遂急调周燮卿、龚仁杰、杨其昌三个旅共 1 万余人，从永顺县、大庸县向永绥县、保靖县方向行动，企图阻止红军从永绥进入湘西地区，将红军阻截于湘西之外的川东和黔东地区。

兵贵神速，红军迅速向龙山县招头寨前进。敌军眼看红军即将进入湘西境内，又急急忙忙向招头寨追赶。当敌军追到龙山招头寨南面的贾家寨时，红军又虚晃一枪，突转南下。在深秋时节，面对上万敌军的"追剿"和崎岖泥泞的山路，红军将士不惧强大的敌军和艰苦的环境，九天冒雨急行军 700 余里，于 11 月 6 日进入湘西永顺县首车坪，远远地甩开了陈渠珍部"追剿"的敌军。

---

①《图说长征——红二方面军卷》，中共党史出版社 2019 年版，第 10 页。

②《红二方面军征战纪实》，作家出版社 2016 年版，第 174 页。

直到此时，陈渠珍方知中计，追了红军一个星期，结果连红军的影子都没看见，来回跑了一个大圈圈，还被远远地甩在了后面，气得大拍桌子，脸色发紫。

首占咽喉要道永顺城

永顺县是湘鄂川黔的咽喉要道。1934年11月6日晚上，红二、六军团领导人研究决定，占领永顺县城，吹响湘西攻势的“冲锋号”。

11月7日凌晨，红军先遣队神速赶到县城西郊，埋伏在王家坡制高点。接着，红军主力分三路攻城：一路沿猛洞河而下，进攻县城小西门；一路由鹭鸶庄涉水过河，进攻大西门；另一路经摆里翻北门冲进攻北门，对永顺城形成了包围之势。

这是一场仗虽未打，胜负早已分晓的战斗。当时，国民党军守城之敌是罗文杰保安团的一个营。这个保安团不过是一群乌合之众，平时也就是“维护治安”、欺压百姓尚算可以，没有战斗力。实际上，罗文杰自知不是红军的对手，与县长刘基钜得到密报后，早在11月6日下午就从南门向王村方向逃窜了。

果不然，攻城战斗一打响，驻守北门和大、小西门的保安团见红军前锋猛烈进攻，便拖队逃窜。红军乘胜追击，短短几个小时就结束了战斗，占领了湘西北咽喉之地——永顺县城。

红军在永顺县城及其附近集结休整七天，深入发动和组织群众、征集物资、扩充红军，打土豪、分浮财，翻身解放的群众踊跃报名参军，很快就组建起两个新兵连，两个军团官兵空前团结，面貌焕然一新。

天主堂会议批判“左”倾错误

1934 年 11 月 10日，红二、六军团在永顺县城南的天主堂召开了为期两天的营团以上干部会议，参加会议的有红二军团营以上干部和红六军团团以上单位代表共 200 余人，会议批判了夏曦所犯的“左”倾教条主义错误，史称“天主堂会议”。

永顺天主堂旧址

夏曦是早期湖南党组织的主要领导人之一，曾担任中共湘鄂西中央分局书记、军委分会主席。他领导湘鄂西分局坚决执行王明“左”倾教条主义错误路线，在军事上只准进攻，不准休整；只许打硬仗、打武汉等中心城市，不准打小据点；在根据地内，实行消灭富农政策，脱离了群众；在党政军内，实行“肃反”扩大化，错杀了不少优秀干部，严重削弱了自己的力量；后来，竟发展到解散党团组织和政治机关的地步，在红三军内造成了人人自危的恐怖局面，最终导致湘鄂西根据地丧失，红三军被迫到处游荡。

任弼时在主持天主堂会议时指出：根据我二、六军团面临的重任和实际情况，不批评夏曦同志的错误，军心民心难平。批评帮助夏曦同志，使他所犯的错误得到纠正，使军队、苏区得到壮大，使中央和军委交给二、六军团的两个根本任务得以完成[①]。会上，参会代表揭发和批评了夏曦所犯

① 《中国共产党永顺历史第一卷（1921—1949）》，中共党史出版社 2011 年版，第 74 页。

的“左”倾教条主义错误。

夏曦在党内同志的批评帮助下，认真检查了自己的错误。会后，他与人谈心时，毫不隐讳地承认自己是犯了错误，尤其是一谈到“肃反”扩大化问题时，他自认为是一笔永远也还不了的账。这次会议，澄清了是非、统一了思想、消除了顾虑、增强了团结。

诱敌钻进“口袋阵”

红军军服

永顺城失守，令敌军大惊。湖南军阀何键严令“湘西王”陈渠珍派兵“堵剿”，陈渠珍立即在凤凰县召开“剿匪”会议，成立所谓的“剿匪指挥部”，命令以龚仁杰、周燮卿为正、副指挥官的四路纵队共1万余人，杀气腾腾地向永顺扑来，妄图趁红军立足未稳之机，把红军围歼在永顺境内。

如何对付当前之敌，打好进军湘西北第一仗，是能否立足湘西，进而创建与发展湘鄂川黔革命根据地的关键。红二、六军团领导人分析敌情，认为：敌众我寡，不宜硬拼，决定采取诱敌深入、骄纵敌军、关门打狗的办法，在运动中利用有利地形，打一个漂亮的伏击战。贺龙说：周燮卿他们带了万把人攻我们。我的想法就是先搬出县城，让他一步，叫他狂够狂足，我们再回过头来收拾他！这是我们两个军团会师后的第一仗，关系我们能不能到湘西北站住脚，能不能有力支援红一方面军，一定要打好，要打个歼灭战。

红军故意示弱，撤出永顺县城，向西北方向撤退。为了诱惑敌人，让敌军相信红军是“真撤退”，贺龙指示红四十九团烧掉永顺县城小西门边猛洞河上的花桥，作出一副害怕敌军追赶的姿态。在烧桥之前，红四十九团政委晏福生召集桥头附近的老百姓开了个会，讲清楚了烧桥的理由，并当场给了他们800块大洋，作为打完仗后再修桥梁的资金，在场的老百姓都表示理解和支持。

1934 年 11 月 13 日，龚仁杰、周燮卿部趾高气扬地逼近永顺。敌军也是狡猾的，第一天并没有上当。11 月 14 日，红军继续往北撤退，沿途勘察地形，选择战场，同时用少部分兵力与敌军保持接触，并故意丢弃一些破烂装备，诱敌深入。骄横一时的龚仁杰、周燮卿看见被烧掉的花桥，果然误认为红军怯战，更加骄纵，认为胜券在握，便大军压境，继续向北追击红军，终于被诱到了距县城 50 公里的龙家寨十万坪地区。

这是一处长达 15 里的狭长山谷，是打伏击战的好地方。11 月 16 日上午，红军设伏完毕，只等敌军自投罗网。贺龙指着铺在地上的地图，对任弼时、萧克、王震、关向应等军团领导人和各师长、政委说：“这是一个大口袋，口袋的口子在官庄，王震同志带四十九团在那块，等敌人全部进了口袋，便把口子紧紧扎住，来一个关门打狗。”①

①《红二方面军征战纪实》，作家出版社 2016 年版，第 181 页。

十万坪大捷奠大业

11 月 16 日黄昏，陈渠珍部新编三十四师和龚仁杰、周燮卿先头二个旅大摇大摆地钻进了伏击圈，并准备在碑里坪等地宿营。

这时，红军立即发起总攻，埋伏在四面山上的红军伏兵，以猛虎下山之势，向敌军冲杀。顿时，整个十万坪山谷成了一片火海。枪声、手榴弹爆炸声、冲锋号声、红军战士“缴枪不杀”的喊声，震山撼谷，惊破敌胆。敌军顿时溃乱不堪，被压制在山谷里，兵多摆不开，枪多用不上，无法构成有力防御。经过约两小时的激战，敌军大部被歼，残敌掉头逃窜。红军一鼓作气，乘胜追击十多里歼灭逃敌。在红军追歼逃敌时，当地群众也积极参战，纷纷搬来门板、案板和桌椅板凳，堵塞路口、街巷、桥头，断敌退路，捕捉逃敌。龙家寨地区群众至今仍传唱着当年的一首歌谣：“龙家寨，十万坪，老百姓个个是红军，满街放的绊马绳，白匪跑也跑不赢。”这首歌谣，生动地反映了当年军民并肩作战、英勇杀敌的壮烈情景。

十万坪大战贺龙指挥部旧址

11 月 17 日上午，红军在龙家寨举行庆功大会。十万坪伏击战共歼敌 1000 余人，俘敌 2000 余人，缴获长短枪 2200 余支、轻机枪十挺和大量子弹、马匹等军用物资，史称“十万坪大捷”。

十万坪大捷，是红二、六军团会师后的第一个大胜仗，是红二、六军团广大指战员团结一致、密切配合、正确运用战略方针和战术原则的结果，是红二军团离开湘鄂西根据地和红六军团西征以来扭转困难局面的一个重要转折点，充分证明了两个军团统一行动向湘西发展的决策的正确性。十万坪大捷，不仅使红军在装备上得到较大的改善，更主要的是为继续发动湘西攻势，配合中央红军长征，创造了更有利的条件，为创建与发展湘鄂川黔根据地奠定了良好的基础。

几十年后，年逾古稀的萧克重返湘西，探寻昔日战场，亲笔题词“万坪大捷奠大业”[①] 来概括十万坪大捷的非凡意义。“早已森严壁垒，更加众志成城。”这是毛泽东描述井冈山黄洋界保卫战的千古诗句，也是十万坪大捷的真实写照。

---

① 萧克:《游金鞭岩 · 黄狮寨》，载湘西自治州《团结报》1984 年 1 月 1 日。

进袭沅陵牵制敌军

十万坪大捷后，湘西敌情空虚。1934年11月17日，红二、六军团以胜利之师重占永顺县城。接着，根据中革军委来电指示，红二、六军团乘胜往湘西北挺进，继续发动湘西攻势，英勇奋战，势如破竹，迅速扩大新的割据区域，控制湘西北局势，以策应中央红军长征，巩固和发展湘鄂川黔革命根据地。

11月25日，中革军委来电指示："我西方军（中央红军）已过潇水，正向全州上游急进军。你们应该利用最近几次胜利及湘西敌情的空虚，坚决深入到湖南中部及西部行动，并积极协助我西方军。首先你们应前出到湘敌交通经济命脉之沅水地域，主力应力求占领沅陵，向常德、桃源方向应派出得力的游击队，积极活动……为巩固新的苏区，留下二军团一部分及随六军团行动的党的干部来完成这一任务。二军团主力及六军团全部应集结一起，以便突击遭遇的正规部队。"

沅陵县地处沅水中游，自古便是湘西门户，红军占领沅陵，进可以直下湘中，退可以坚守湘西。根据中革军委的指示，1934年12月5日，红二、六军团主力在贺龙、萧克、关向应等率领下，从永顺县、大庸县等地出发南下。12月7日，进袭沅陵县，敌军闭城扼守城垣，不敢出战，连连向湖南军阀何键告急。何键四处调兵遣将，前往增援。红军围城激战三昼夜后，旋即改为顺沅水东下，乘虚向常德县、桃源县进军。12月16日拂晓，一举突破浯溪河敌军阵地，敌人慌乱不堪拼命南逃，红军猛追直抵陬市镇，12月17日占领桃源县城。12月18日，乘势包围常德县城。

红二、六军团包围常德、威逼长沙的攻势，使湘军惊恐万分。何键一日数电向蒋介石告急："共军围攻常德甚急，势难固守，请飞兵救援。"蒋介石派第二十六师紧急驰援，并命令追堵西方军的李云杰、李韫珩两个纵队共四个师开到湘黔边境，防止红二、六军团与中央红军的会师。根据中革军委指示，红二、六军团主力在常德、桃源活动了七天。12月24日，撤离常德、桃源地区，12月30日，退出慈利县城，西返大庸、永顺休整。至此，湘西攻势基本结束。

桃源县红军码头

在历时两个月的湘西攻势中，红二、六军团牵着湘敌的“鼻子”，纵横驰骋于湘、鄂、川、黔边区，先后占领了湘西永顺、桑植、大庸、桃源、慈利等县城及其广大地区，打乱了国民党反动派“围剿”、消灭中央红军的企图，震慑了正在指挥围追中央红军的蒋介石，迫其将担任阻击、“围剿”中央红军的何键部第十六、第十九、第六十二师由通道、靖县调往沅陵进攻红二、六军团，牵制敌正规军及地方保安团共30余万兵力，有力地配合了中央红军在湘黔地区的行动和其他革命根据地的斗争，为中央红军突破重围减轻了压力，创造了有利条件。

红军挺进保靖扩大根据地

红军挥师酉水流域挺进保靖，巩固和扩大湘鄂川黔革命根据地，既有基础条件，也是形势所需。一是战略位置重要。保靖县位于湘西中部，处于湘西南北分水岭，与龙山、永顺相邻，战略纵深面积较大。二是水运交通便捷。县域内有多个码头，水运十分便捷，物资供给有保障。三是党群基础较好。保靖县有一批思想进步、寻找救国救民真理的青年。1928 年初，共产党员江观永、吴学桢等七人和共青团员全祥溥、余培兰等六人就开展了革命活动。四是参军热情高涨。十万坪大捷后，保靖的进步青年纷纷跑往永顺要求参加红军。普戎牙吾青年周正滨和落梯青年彭天锡相约去对山寨找红军接头，准备组织游击大队，跟随红军干革命。他俩找到红军后，当即获得四十九团团长吴正卿的批准，并任彭天锡为落梯游击大队大队长，周正滨为副大队长。

中国工农红军纪念碑（保靖县普戎镇）

昂洞之战牺牲的无名烈士墓

就在贺龙、关向应、萧克等率领红军主力向沅水下游进军沅陵、常德，继续发动湘西攻势之时，任弼时、王震等带领红二、六军团的部分红军深入酉水流域的保靖、永顺、龙山等县，继续巩固和扩大湘鄂川黔革命根据地，有力支持和配合湘西攻势。

1934 年 12 月 25 日，红六军团第四十九团团长吴正卿和二营营长魏长拔等率队 1000 余人抵达保靖县普戎落梯枯（现普戎镇糯梯村），沿着酉水河流域带领广大农民开展打土豪、分浮财，扩红军、建政权，追团防、反地方武装等一系列革命斗争活动。1935 年 1 月 2 日，红六军团政治部主任甘泗淇亲自给落梯、普戎、亨章三个乡苏维埃政府授印挂牌。

糯梯游击队使用过的马刀

据不完全统计，1934 年 12 月底至 1935 年 3 月初，短短三个多月的时间，保靖县的武装斗争遍及普戎、昂洞、龙溪、黄连、马王、比耳、拔茅、隆头等 13 个乡镇，先后发起了昂洞、起车、泗溪河等战斗，苏区面积占全县总面积的 56.2%，相继建立了三个乡苏维埃政府，成立了八个游击大队 19 个游击中队，组建了普戎、亨章二个特务连和一个补充连。全县参加红军 396 人、游击队 823 人、赤卫队 53 人。

黔东独立师浴血川河盖

红二、六军团会师后，为掩护两军团主力挺进湘西，重新组建了中共黔东特委和黔东独立师，独立师共 800 余人、400 余支枪。红二、六军团进军湘西、发动湘西攻势时，黔东独立师在特委领导下，与十倍于己的军阀军队进行了艰苦的游击战争，牵制了大量的敌军，有力策应湘西攻势。

1934 年 11 月，黔敌李成章部 2000 余兵力，分三路开始包围黔东独立师所在的梵净山地区。面对敌众我寡的严峻形势，黔东独立师顽强抗敌，打退多次进攻，粉碎了敌人妄想攻占梵净山的企图。但是，独立师伤亡严重，弹药将尽，无力击破敌人重重围攻。

川河盖天险

为了保存革命火种，黔东独立师决定退出梵净山地区，带领部队去湘西寻找红军主力。11 月 27 日，黔东独立师所属 300 余人进入四川省秀山县（今属重庆市）的川河盖地区。11 月 28 日拂晓，黔东独立师冒着大雾疾进，准备以最快的速度从川河盖进入湖南境内。行至大板场时，突然遭到敌人的拦截。由于迷雾笼罩，红军难以辨别方位，加之子弹缺乏，只得仓促应战，且战且退至龙家寨。此时，师长王光泽决定将部队分两路突围。迂回行进中，两路红军又遭土匪和团防的堵截。经过激战，红军弹尽粮绝，被迫分散突围，王光泽不幸被俘，在酉阳英勇就义，时年31岁。独立团团长秦贞全及邓吉星带领的一部，经过血战后仅十余人突出重围到达湘西。

雾中奇袭猫儿山

红二、六军团主力向沅陵、常德方向进军后，湘西的一些地方反动武装、土豪劣绅和土匪企图乘机捣乱，妄想颠覆红色苏维埃政权。他们有的昼伏夜出偷袭暗杀，有的与国民党军阀里应外合，有的高筑堡寨对抗红军，有的为国民党反动派“围剿”根据地出谋划策，摇旗呐喊，带路报信，甚至成为“围剿”敢死队。留守在湘西的红军大力清剿土匪武装，维护后方稳定，配合红军主力发动湘西攻势。

在这些土匪武装中，尤以盘踞在永顺县万福乡猫儿山的顾桓臣匪部较为典型。顾桓臣是自称永顺“剿共义勇队”顾定三的兄弟，他纠集地方武装，带领一群乌合之众，利用险要的地势盘踞在猫儿山，不时骚扰永顺县城，抢夺百姓财产、粮食，危害一方，老百姓又恨又怕。

游击队使用的武器

1934年冬，红四十九团在永保县独立团配合下，进攻猫儿山顾桓臣部，消灭这股土匪。红军从正面向顾桓臣匪部发动进攻，因匪部盘踞已久、准备充分、凭险据守，红军组织了几次冲锋都没有冲上去。土匪们甚至叫嚣，“要上猫儿山，除非人长翅膀飞上来”。

不能强攻，只能智取。红军暂停正面冲锋，另想良策攻下猫儿山。顾桓臣认为是红军知难而退，便放松了对猫儿山周围的警惕。天公作美，这时，天空正好又起了大雾，整个猫儿山笼罩在茫茫云雾之中。独立团趁着大雾悄悄地从侧面爬上山，犹如天兵天将突然出现在猫儿山顶，奋勇向敌军冲杀过去。匪军哪见过这阵势，顿时乱作一团、四处逃窜，无法组织有力抵抗。猫儿山一战，我军俘虏匪军近百人，清除了永顺县城周边的主要匪患，老百姓拍手称快。

第三章　江南柱石

湘鄂川黔革命根据地创建与发展

十万坪大捷后，红二、六军团领导进行明确分工，贺龙、关向应、萧克率领红军主力乘胜挥师南下，继续发展湘西攻势。任弼时、王震、张子意及夏曦留在后方开展工作，湘鄂川黔革命根据地的各项建设随之全面展开。

湘鄂川黔省委、省革委会、省军区旧址（龙山县茨岩塘）

1934年11月26日，为加强党对湘鄂川黔根据地的领导，湘鄂川黔边临时省委根据中央书记处11月16日“关于成立湘鄂川黔省委、省军区”电示，发出成立省委和省军区的第一号《通知》。正式成立以任弼时为书记的中共湘鄂川黔省委，以贺龙为司令员、任弼时为政委的湘鄂川黔省军区，以贺龙为主席的中华苏维埃共和国湘鄂川黔省革命委员会。中共湘鄂川黔省委、省军区、省革命委员会在大庸县（今张家界市永定区）宣告成立。12月10日，省委、省军区、省革委机关迁至永顺县塔卧。12月16日，湘鄂川黔省委作出《创造湘鄂川黔边苏维埃新根据地任务决议》，决议指出：“为着开展和掀起湘鄂川黔苏维埃革命的巨潮，使得这一地区的广大工农劳苦群众得到解放；为着我红二、六军团有着巩固的根据地，来实行他所负担的历史任务，省委决定在湘鄂川黔边区创造巩固的新根据地。”按照省委决议精神，贺龙率领红二、六军团主力继续向沅水中下游实施进攻，策应中央红军长征；任弼时领导留在后方的红军部队和地方干部，迅速奔赴湘鄂川黔边各地，广泛宣传、发动群众，开展打土豪、分浮财的斗争，建立县、区、乡革命政权和群众团体；红军部队广泛地开展游击战争，消灭地主土匪武装，帮助群众建立地方革命武装，扩大新的割据区域。湘鄂川黔根据地的各项建设方兴未艾，翻开红二、六军团发展壮大的历史新篇章。

1935 年 4 月 12 日，随着根据地反“围剿”形势的严峻，省委、省军区、省革委机关迁往龙山县兴隆街。5 月 6 日，迁至龙山县茨岩塘。5 月 9 日至 10 日，省委在茨岩塘召开专门会议，进一步学习传达遵义会议精神，并制定三条战略方针：一、暂时不渡长江，仍在原地区争取胜利，省委立足茨岩塘；二、湘敌较强，取守势，鄂敌较弱，取攻势；三、出其不意，积极向鄂敌进攻，在反“围剿”中掌握主动权，红二、六军团开始进入大发展时期。11 月 19 日，红二、六军团主力在桑植县刘家坪和瑞塔铺誓师突围长征。12 月 8 日，奉命留守根据地的红六军团第十八师，在完成策应红二、六军团主力突围长征任务后，从茨岩塘出发往包谷坪方向依次撤离，经新场坳、江家垭，插水田坝，过中湾，抵桑植上河溪，踏上追赶军团主力的艰难征程。12 月 23 日，红十八师从龙山县境抢渡酉水，离开湘西进入鄂西。至此，中共湘鄂川黔省委、省革命委员会和省军区结束在湘西的活动。

湘鄂川黔革命根据地，从 1933 年 12 月大村会议提出“创建湘鄂川黔边新苏区”并着手创建，至 1936 年春完全退出根据地，经历两年多的艰苦岁月。红二、六军团紧紧依靠根据地人民，以湘西北地区为中心区域，在湘鄂川黔四省边区 20 余县 200 万总人口的广大区域，全力推进政治、经济、文化和革命武装建设，先后建立湘鄂川黔省委、中央革命军事委员会湘鄂川黔分会、省革命委员会、省军区和十个县（或带地区性的）党委、九个县革命委员会（或县苏维埃政府）、51 个区苏维埃政府（或区革命委员会）、230 多个乡苏维埃政权。相继建立共青团、工会、贫农团、妇女会、儿童团等群众组织。粉碎国民党军六路纵队“围剿”，从战略上策应中央红军长征。

红二、六军团能够迅速不断壮大并很快建立和发展湘鄂川黔根据地，主要得益于两军团会师后，全体指战员都有一个要建立根据地的强烈愿望和决心；形成了以任弼时、贺龙为首的领导核心，在党内初步批判了王明“左”倾教条主义错误，加强了两军团的团结；两军团领导人坚持从实际出发，审时度势，制定正确的战略方针和实行灵活机动的战术；积极宣传、发动、组织群众支援和参加革命战争。正如任弼时在1935年1月6日报告中指出的：“在红军胜利影响和党的正确领导之下，永顺、保靖、龙山、桑植、大庸、慈利的工农群众都踊跃起来革命，到处撑起红旗，组织游击队，普遍建立了工农的临时政权。现在从洗车河到溪口有四百多里，从桑植以北到永顺石堤溪以南有二百四十五里”，“这一区域有四五十万人口”。

湘鄂川黔革命根据地，是土地革命战争时期中国共产党领导的长江以南最后一块、唯一规模较大的革命根据地，被任弼时称为中国南部苏维埃运动发展中最重要的柱石。

党的建设扎实开展

为适应革命斗争形势发展需要，中共湘鄂川黔省委建立后，坚持把党的建设作为根据地建设的首要政治任务来抓。1934 年 11 月十万坪大捷后，就建立了湘鄂川黔省第一个党支部——永顺县龙家寨党支部，铁匠出身的田玉祥担任党支部书记。同年 12 月，湘鄂川黔省委作出《关于新区党的组织问题决议》。在省委的正确领导下，根据地党的建设扎实开展。迅速向各县派出工作队，积极在优秀工人和农民中发展党员。建立县、区、乡党组织，相继建立杉木、新寨、碑立等党支部，龙家寨、塔卧、颗砂等区委和永保、郭亮、龙山、桑植、大庸等十个县委。在塔卧创办省委党校，专门培养党的干部，省委委员张子意兼任校长，王恩茂任教导处长。数百名地方干部和红军干部在党校经过培训后，担任军队和地方组织领导干部。

湘鄂川黔省委、省革委会、省军区旧址
（永顺县塔卧）

在党的建设中，党的各级领导干部，特别是省委的负责同志，以身作则，带头执行党的纪律，发扬党的优良作风。贺龙经常穿一身青粗布对襟衣，一双水草鞋，完全是湘西农民的装束。任弼时穿的是补丁衣服，与普通战士一样。关向应只有一套替换衣服，都打满了补丁，晚上睡觉只盖一条破军毯。萧克、王震也是如此。这些领导同志讲团结，讲大局，艰苦朴素，平易近人的作风，至今广为传颂。

湘鄂川黔省委、省革委会、省军区旧址
（龙山县兴隆街）

红色政权闪耀江南

湘鄂川黔省委十分重视根据地革命政权建设，要求各地立即从发动群众、分发地主粮食财产斗争中，根据《中华苏维埃共和国地方苏维埃组织法草案》的规定，建立起乡、区、县临时政权革命委员会。各级革命委员会以自己的实际工作，在群众中树立威信，成为群众斗争和革命战争的领导者与组织者，通过选举成立正式革命政权，即苏维埃政府。

永保县革委会旧址

1934 年 11 月 26 日，湘鄂川黔省革命委员会成立后，迅速建立直属机构：土地委员会、劳动部、没收委员会、财政部、粮食部、肃反委员会、秘书处（当时也叫总务处）、省保卫局（全称为“中华苏维埃国家保卫局湘鄂川黔中央分局”）和省肃反委员会，实际上是两块牌子，一套人马，属省委直接领导。保卫局下设侦察科、执行科、预审科、秘书科、总务科和政治

郭亮县革委会旧址

保卫大队。据不完全统计，湘鄂川黔根据地先后建立了九个县革命委员会（或苏维埃政府），51个区苏维埃政府（或革命委员会），230多个乡苏维埃政权。

乡、区、县革命政权的组织机构，一般是：乡设主席、文书、土地委员、财务委员、调查委员、妇女委员（或妇女主任）、游击队长、儿童团长；区设主席、副主席、秘书、土地主任（下设若干委员）、粮食委员（或粮食部）、财经委员（或财政部）、肃反委员会、妇女委员会（或女工农妇代表会）、游击大队长；县设主席、副主席、秘书（或秘书长）、土地部、肃反委员会（或肃反部）、文化教育委员会（或文化教育部）、妇女委员会、社会互济会、总务处等。

群团组织蓬勃发展

湘鄂川黔省委始终把群团组织建设作为根据地建设的重要一环。1934年12月16日，省委在创造湘鄂川黔边苏维埃新根据地任务决议中明确要求：党的各级领导干部，都要帮助青年团发展组织，建立支部。其他如工会、贫农团反帝拥苏同盟、互济会、女工农妇代表会，都是党动员群众的有力武装，必须立即广泛地建立起来。

湘鄂川黔根据地群众使用的纺车

中共湘鄂川黔省委成立后，随即成立少共湘鄂川黔省委，由省委委员周玉珠任少共省委书记。在少共省委的领导下，共青团基层组织普遍建立起来。各县还陆续成立工会组织、妇女会、儿童团、互济会和区乡妇女会（群众称为女儿队）、乡贫农团、村寨贫农团小组。协助各级苏维埃政府宣传和落实党的政策，组织发动各族群众踊跃参军参战，积极支援前线，养护红军伤病员，为保卫根据地浴血奋战。据不完全统计，仅永保、郭亮、龙山、桑植、大庸等县就有工会会员130人，儿童团员近1.1万人，先后有820多名妇女参加红军。

蓬勃兴起的群众组织，在教育和团结当地群众，动员青年参加红军，组织群众支援红军反“围剿”，参加土地革命等方面，发挥积极作用，作出重大牺牲和贡献。

土地革命奠定基础

湘鄂川黔革命根据地在开展土地革命之前，土地的绝大部分归少数地主豪绅所有。以永顺、龙山、桑植、大庸等县为例，近三分之二的土地和山林归不足全部人口十分之一的地主、富农所有。开展土地革命，是湘鄂川黔边地区贫苦人民的强烈要求。

中共湘鄂川黔省委、省革命委员会刚刚成立就马上领导和开展激烈的土地革命。省委明确指出：土地革命是提高群众的政治觉悟与阶级觉悟，动员群众积极参加革命战争，巩固与发展新的苏区的主要条件，是目前工作中心一环。1934 年 12 月 1 日，省委、省革命委员会先后颁布《没收和分配土地的条例》《分田工作大纲》《关于土地问题的决定》，详细规定土地没收范围、分配原则和方法、土地买卖继承等。省委还召开扩干会议专门部署土地革命、举办土地改革培训班。组织土改工作队深入各县区乡村发动贫苦群众，为土地革命作了路线、方针、政策上的指导和政治、思想上的动员。根据地的土地革命很快全面展开，仅一个月时间，大部分农民获得土地。据不完全统计，永顺县塔卧、石堤西两区分田 7.1 万多挑谷（折合稻田 14200 亩）给 6920 户 15212 人，人均近一亩。龙山县分田 2.5 万多亩，大部分农民当年秋天获得好收成。龙家寨区亚东乡土家族农民彭松清在分得一丘 3.3 亩的冬泡田后，高兴地跑到田里大声呼喊：我家也有稻田啦！

根据地的土地革命取得了丰硕的成果，不仅使广大贫苦农民在政治上、经济上翻了身，而且使一大批民族地方干部迅速成长起来，为根据地的巩固和发展奠定了坚实的群众基础。

武装建设壮大红军

湘鄂川黔省委和军委分会十分重视红二、六军团和地方革命武装建设，提出从政治上和组织上建设坚强红军的任务。一年多时间，根据地的革命武装迅速壮大。

在政治上，巩固党和无产阶级的领导，加强战斗力。1935 年 2 月成立以贺龙为主席的湘鄂川黔军委分会，建立军事上的集体领导。从红六军团抽调大批优秀政治工作干部支援红二军团，将无端逮捕的干部送军政干部训练后重新分配担任红二军团各级军政干部。加快恢复党团组织，开展党员登记，重建党支部、党小组和团支部，发展新党员、新团员。到 1935 年底，红二军团的党团员由 213 名增至 4100 多名，其中党员 2300 多名、团员 1800 余名。各级党组织正式建立，党的生活实现正常化。创办了红四分校培训红军干部。

在组织上，对部队进行整编、调整，充实各级军事干部的力量。红二、六军团会师后，部队进行了整编，充实了各级军事干部；开展扩红运动，湘西儿女积极踊跃参加红军，当时流传着“扩红一千，只要一天；扩红一万，只要一转”的歌谣就是最好的写照。到 1935 年底，红二、六军团经历了大小数十次战斗，部队不仅没有减少，而且由木黄会师时的 7700 多人发展到约 2 万人，成为中国革命坚强的主力军之一。

在军事上，除建设主力红军外，还重视发展地方革命武装。在省委领导下，根据地先后成立了永顺和大庸二个军分区，大庸、慈利、永保、龙桑四个独立团，郭亮、龙山、永沅联县三个独立营，36 支游击大队（支队），200 多支游击分队中队，游击队员 1 万多人，赤卫队员近 8 万人。党领导这些地方武装，积极开展游击战争，配合主力红军作战，有力地保卫了根据地的巩固和发展。

创办红校培养干部

红四分校旧址

为了加强红军干部培养和部队训练，1934年12月，红二、六军团政治部在塔卧雷家新屋创办中国工农红军第四分校（简称红四分校），萧克兼任校长。省委书记任弼时经常到学校给老师和学员作形势报告。红六军团宣传干事蹇先佛（萧克夫人）还在红四分校前门砖墙上，写下“提高战术素养，巩固思想一致”的大字标语，清楚表明红军办校宗旨和军事教育目的。

红四分校编成二个营，学习期限为一个月，设置有一个高级班（主要培养部队团、营级干部和个别师干部）、一个连排级干部训练班、一个地方武装训练大队（主要培养分区、县武装干部和游击队长）和指导员训练班以及特科队（专门训练机枪手）。

湘鄂川黔省委党校旧址（永顺塔卧）

红四分校办学条件艰苦，但全体教职人员团结一致克服重重困难。教室是普通的木房，课堂一般设在庭院天坪，学员坐在破旧的杂木凳上听课。在塔卧四个月时间里，先后有600余人参加培训。学员在学校主要学习军事、政治，也教唱革命歌曲。学习方式灵活，教师在台上讲授，学员们就在台下认真进行心记，或开展座谈讨论，或以地当纸、木棍当笔在地面泥沙上画来画去，来加深学员记忆。

1935年4月上旬，红四分校迁往桑植县城澧源书院和国民党县长王兴仁住宅，更名为红军大学。

特殊时期特殊财政

湘鄂川黔革命根椐地创建和发展正处多灾多难的特殊时期，农业久旱歉收，根据地反“围剿”战事频繁，加上国民党对根据地严密的经济封锁，省委无法在短时期内发展工农业生产以增加财政收入，只能围绕反“围剿”斗争来开展根据地经济建设和财政管理。

特殊时期决定了根据地财政政策的特殊性。为打破国民党对根据地的经济封锁，湘鄂川黔省委制定了解决根据地财政经济困难的相关政策。迅速掀起为革命战争筹足经费、打破敌人经济封锁、克服财政经济困难的群众运动。根据地自办兵工厂和红军医院，解决军用物资和军队卫生工作的需要。1935 年 1 月 29 日，省委发出《为筹足革命战争经费，收集粮食，统一财政，反对贪污浪费给各级党部的指示》，省委指出：战争经费应当由剥削者负担和实行统一累进税征收。同年 2 月，军委分会发布第一号《布告》，对财政经济政策作出具体规定。省委在给各级党组织的指示中，强调和提出关于筹措革命战争经费、收集粮食、统一财政的具体办法。

苏区货币

根椐地的财政收入主要是取之于敌。从敌人手中缴获、没收剥削阶级的财产和处罚地主的款项；其次取之于民，强令富农捐款、工商户主动交帮战费。每一笔收入都是红军将士和财政工作人员通过极其艰苦的复杂斗争，一分一毫收缴上来的。许多红军指战员、地方干部、财政工作人员和人民群众，为筹集战费、组织财政收入，献出了宝贵生命。1935 年 3 月 17 日，永保县盐井区苏维埃政府主席彭泽宗、财政委员罗桂德、催款员王大保等，在组织财政收入时遭到保靖义勇队“围剿”，战斗五小时，彭泽宗、王大保当场牺牲，罗桂德等被俘英勇就义。

根椐地财政支出的根本原则是厉行节约，反对浪费，一切为了战争和根据地建设。财政支出是低标准。生活待遇是战时共产主义供给制。坚持艰苦奋斗，厉行勤俭节约，反对贪污浪费。保证革命战争的需要，促进革命事业的发展。主要支出项目有伙食费、津贴费、办公费、修置费和特别费。当时虽然规定“每人每天 5 钱油、3 钱盐、5 分钱菜金”的伙食费标准，但实际上经常因财政困难而无法保障，红军将士和地方干部经常饿肚子或吃野菜充饥。根椐地流行打油诗:“天天打土豪，夜夜睡稻草，打倒资本家，早晚吃南瓜”，描绘了革命生活的艰辛。

根据地财政管理实行预决算制和经济审查，使有限经费用到实处和杜绝贪污的源头。省、县、区、乡各级地方政权机关和红军军团部、师部、团部设置经费管理和审计监督的专门机构，配备专职人员，确保根据地的各项财政收支精打细算、严格管理，置于群众监督之下，使来之不易的有限收入，全部用于革命战争和根据地建设。

文化宣传鼓舞民众

湘鄂川黔革命根据地的文化宣传工作，主要是苏维埃政府和红军组织的群众性革命宣传活动。在《关于创造湘鄂川黔边苏维埃新根据地任务决议》中，省委对根据地文化宣传工作提出明确要求："进行广泛宣传，揭破国民党和各反革命派别一切改良欺骗政策。"歌颂共产党、歌颂红军、赞美苏维埃干部，描绘红军战士英勇杀敌的事迹，反映根据地军民乐观战斗情绪和亲如一家的深厚情感。红军活动到哪里，革命宣传就做到哪里。一是书写红色标语口号。负责宣传工作的红军战士就地取材，用石灰、红土或墨水在村寨墙头或木楼板壁上，书写"驱除帝国主义出中国""只有苏维埃才是民族革命战争的领导者""反对国民党出卖中国""争取独立自由领土完整的苏维埃中国""彻底粉碎敌人五次围剿"等红色标语口号，文字精练通俗，群众一看就懂；二是办墙报和印发宣传品。各级苏维埃政府和红二、六军团各个连队及红四分校等机关单位设有列宁室，创办内容丰富的墙报。省委、军委分会和红二、六军团政治部印发大量的宣言、传单、战报，翻印、出版《乡苏维埃》刊物和革命书籍；三是组织开展文艺宣传。郭亮县龙家寨区组织八支宣传队，经常搭台演出《打土豪分田地》《当兵就要当红军》等小型歌舞，一些传统小调如《苏武牧羊》《绣荷包》《花灯》等，也都填上了新词。根据地编唱的《当兵就要当红军》《送郎当红军》《妇女放足歌》《红军纪律歌》等歌曲和《拿起梭标跟贺龙》《穷人日夜盼红军》《红军永远是真心》《苏维埃干部好作风》等红色民谣、民歌，至今广为传唱。

教育卫生稳步推进

省革命委员会和县革命委员会设有教育部，区革委会内设有文化教育委员会。一些区、乡先后创办工农群众自己的学校——列宁小学和红军小学。学生主要是贫雇农子弟，一律实行免费教育。校舍大多是利用国民党政府留下来的校舍。教师由县教育部派遣或留用原来的教员。教材由教师新编，内容主要是关于俄国十月革命和苏联人民艰苦创业的经验、党和红军的政策以及当地人民英勇斗争的事迹。上课有时在教室，有时在山上，有时由老师和学生进行街头宣传，如画壁画、贴标语、喊广播等。据调查统计，1934 年至 1935 年，永保、郭亮、桑植、龙山四县创办列宁小学和红军小学 13 所，学生 830 人，70% 为贫雇农子女。

红二、六军团医院旧址（龙山县茨岩塘镇）

创办红军医院。1934 年 12 月，红二、六军团在郭亮县龙家寨创办了一所红军医院。设管理处和医疗室两个部门，有领导、医生、护士和洗衣队工人共 300 多人。红军医院将伤病员分成轻伤连、重伤连和病号连三个连，伤病员最多时 4000 多人。红军医院药品奇缺，最好的药是盐水、红汞、碘酒，医疗器械更是寥寥无几。每个伤员只发两条绷带，写上名字，用了就洗，洗了再用。医院工作十分辛苦，许多医务人员既要当医生，又要当护士，既要看外科，又要看内科，一人顶几人用，上班就是十几个钟头。同时要上山采草药，下乡访良方，并负责站岗放哨，保护医院，有时要参加战斗。1935 年 4 月，红军医院迁至龙山茨岩塘凉水井。同年秋，红军在津市缴获敌数十担药品及部分医疗设备，红军医院医疗条件才稍有好转。

红军医院使用的中草药加工器械

反贪惩腐铲除毒瘤

为确保湘鄂川黔革命根据地各项事业的顺利进行，湘鄂川黔省委深入开展反贪污腐败斗争，及时有效遏止贪污腐败的滋生与蔓延。

1935 年 1 月 29 日，省委给各级党组织和苏维埃政府发出指示，全面部署反贪污腐败斗争。省委要求严格执行 1933 年 12 月 15 日中华苏维埃共和国中央执行委员会发布的第 26 号训令《关于惩治贪污浪费行为》，训令规定：凡是苏维埃工作人员利用职务之便，贪污公款，谋取私利，达到 500 元以上者，处以死刑；凡挪用公款为私人营利者，以贪污论处。省委在指示中还提出了具体做法。

郭亮县龙家寨区委书记肖恢先因放松思想改造、工作作风恶劣、道德品质败坏、生活腐化堕落，导致区级机关的本地干部无法与其共事而纷纷回家。省委特派专人进驻龙家寨区查清了肖恢先的犯罪事实：利用职权贪污打土豪得来的一件高级皮袍改成皮大衣，据为己有，贪污银圆 450 多元，并和土豪劣绅的女儿姘居，在根据地群众中造成极为恶劣的影响。省委根据调查核实的材料，立即将肖恢先送交省肃反委员会审讯，并在塔卧召开有各县、区、乡代表参加的公审公判大会，依照苏维埃政府惩治贪污腐败的有关规定判处肖恢先死刑。

从此，省委以肖恢先案件为突破口，在领导机关开展自查和清查工作，查获一批贪污案。一批罪恶严重的贪污腐败分子受到严惩。省革命委员会财政部第一任会计科长贪污公款 300 元、郭亮县苏维埃政府管理科科长贪污公款和乱搞男女关系、大庸县革命委员会第二任财政部长贪污公款先后被处决。

反贪惩腐红色风暴，有力地打击了贪污腐败分子，铲除了根据地毒瘤，纯洁革命队伍，挽回政治影响，以实际行动赢得根据地人民的热烈拥护。

剿匪除霸稳定后方

为了巩固稳定的后方，省委组织红军和游击队集中清剿对抗红色政权的土匪和反动地主武装。先后清剿永保县趴水洞土匪，枪决王金礼、张圭全两个大土豪，打死进占永保县城地主武装“铲共”义勇队300多人，击溃永顺万福山猫儿洞的顾桓臣地主武装。用军事进攻和政治瓦解相结合的方式，击破龙山县招头寨的猎儿洞，缴获地主武装的大量枪支和粮食。

永顺县颗砂乡与车坪乡交界处，流经的一条河流叫趴水河。河流的东边是一道高高的悬崖绝壁。绝壁上两个上下相连的岩洞，当地人称趴水洞。洞口上距山顶四五十丈，下临一二十丈深潭，人进趴水洞无路可达。恶霸地主王金礼和国民党区长张圭全带着一大帮匪徒藏匿于趴水洞，自以为盘踞天险，固若金汤，易守难攻，白天龟缩在洞里，晚上出洞骚扰破坏，妄图与红军周旋到底。

红二、六军团兵工厂旧址

1935年春，红六军团第四十九团政委晏福生带领部队在车坪乡开展土地改革，翻身农民纷纷要求红军打下趴水洞，活捉王金礼和张圭全，为受苦大众伸冤报仇。晏福生经向军团首长报告批准，决定带领部队清剿趴水洞土匪。组织红军将该洞团团围住，红军一面用火力封锁洞口，一面向洞里喊话，号召山洞里的土匪与恶霸划清界线。一天夜里，寒风凛冽，红军找来一床旧棉絮，里面包上辣椒，外面浇上煤油，用绳子稍加捆绑后点火燃烧，从洞口上方用铁丝吊至洞口边哨棚上。此时，夜风越吹越大，哨棚茅草着火后，火乘风势越燃越大，强大的火苗、滚滚的浓烟，被夜风一股脑儿地卷入洞内，浓烟夹杂的辣椒味熏呛得匪徒们无处躲藏，一个个涕泪直流、哭爹喊娘。红军趁势加强政治攻势，在洞外组织喊话劝降，同时组织一个突击组用棕绳从洞顶吊下去迅速冲进洞内，连声高喊："缴枪不杀，红军优待俘虏！"众匪徒早已感到穷途末路，哪里还敢抵抗，一个个乖乖地缴械投降，王金礼、张圭全及匪徒百余人被活捉，经永保县革委会批准，王、张被枪决。同时，缴获机枪四挺、冲锋枪六支、长短枪 86 支、子弹 2000 余发、皮箱 300 口、光洋 2000 多块，以及众多皮货、布匹绸缎和衣物。

红军成功剿灭趴水洞的地主武装，有力推动了当地土地改革的开展，塔卧、车坪、颗砂一带群情振奋。民间艺人自编鼓词唱道："土豪躲到趴水洞，野猫趁夜逞恶凶。红军团团围住洞，除害消灾灭马蜂。解到塔卧不许动，好比豺狼关牢笼。调查罪恶分轻重，法律面前不饶容。缴获武器红军用，财物分给众贫农。云散日出暖烘烘，苏区山河一片红。"

第四章 陆战经典

湘鄂川黔革命根据地反“围剿”

红二、六军团在湘鄂川黔革命根据地的斗争取得节节胜利，根据地各项建设蓬勃发展，不仅有力地策应了中央红军长征，而且对国民党在湘鄂川黔的反动统治构成很大威胁。国民党湖南省政府主席、西路“追剿”军总司令何键向蒋介石发出急电，称“情势紧张，全湘震骇”，提出“欲靖川黔，先靖湘西；欲除朱毛，先除萧贺”的建议。

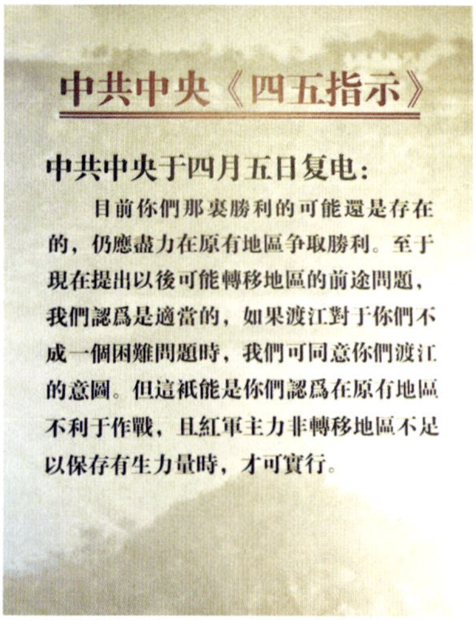
中共中央《四五指示》

中共中央于四月五日复电：

目前你們那裏勝利的可能還是存在的，仍應盡力在原有地區爭取勝利。至于現在提出以後可能轉移地區的前途問題，我們認爲是適當的，如果渡江對于你們不成一個困難問題時，我們可同意你們渡江的意圖。但這祇能是你們認爲在原有地區不利于作戰，且紅軍主力非轉移地區不足以保存有生力量時，才可實行。

中共中央《四五指示》

蒋介石一再督令何键、徐源泉协力“进剿”湘鄂川黔革命根据地。蒋介石采取分进合击、严密堵防、攻防结合的战法，对湘鄂川黔革命根据地进行六路“围剿”，企图消灭红二、六军团和革命根据地。徐源泉指挥的鄂军和何键、刘建绪指挥的湘军各部共 81 个团的兵力分成六个纵队，作为第一线“围剿”主力，形成对湘鄂川黔革命根据地的内层包围圈，为防止红二、六军团突破包围圈，还部署了八个师的兵力实施堵截，形成“围剿”湘鄂川黔革命根据地的外层包围圈。蒋介石企图通过层层包围圈，将红二、六军团“合击”和“聚歼”于湘鄂两省西部边境地区。

就在蒋介石部署对根据地六路“围剿”，准备发起大规模的进攻时，1935 年 2 月 11 日，党中央和中革军委及时发来《中央及军委致湘鄂川黔省委及二、六军团关于战略问题的指示电》的电文，指出：“关于目前湘鄂敌人向你们进行的‘围剿’，是用了何键的全部兵力及徐源泉、郭汝栋等部，情形是严重的。但在你们正确与灵活的领导下是能够打破的。”“你们应利用湘鄂敌指挥上的不统一与何键部队的疲惫，于敌人离开堡垒前进时，集结红军主力，选择敌人弱点，不失时机，在运动战中各个击破之。”并指出克敌制胜的“总的方针是决战防御而不是单纯防御，是运动战而不是阵地战。辅助的力量是游击队与群众武装的活动。对敌人须采取疲惫、迷惑、引诱、欺骗等方法，造成有利于作战的条件”。“你们主要活动地区是湘西及鄂西，次是川黔一部。必要时，主力红军可以突破敌人的围攻线，向川黔大地区活动，甚至渡过乌江。但须在斗争确实不利时，方才采取此种步骤”。中央的重要指示，从根本上改变了“左”倾战略战术原则，是湘鄂川黔革命根据地军民夺取反“围剿”斗争胜利的行动指针。

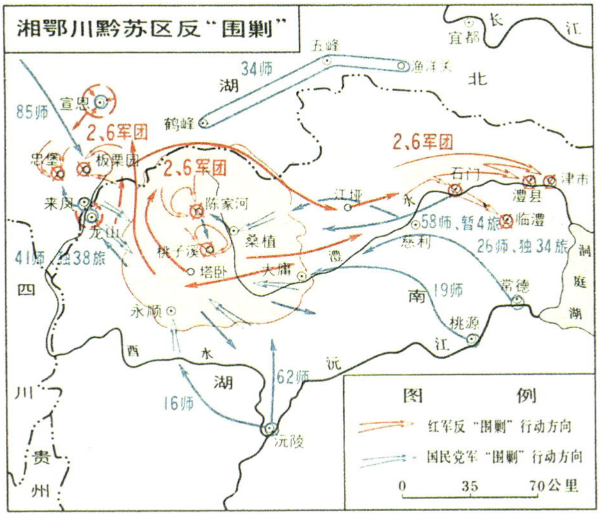

湘鄂川黔苏区反“围剿”图

为粉碎敌人疯狂“围剿”，中共湘鄂川黔省委根据中央指示精神，发布了《粉碎敌人新的进攻保卫新的苏维埃宣言》。根据地军民积极开展反“围剿”动员，周密部署反“围剿”斗争。敌军这次“围剿”前，红二军团发展到六个团约 6500 人，红六军团发展到五个团约 5200 人，两军团共约 11700 人，新组建地方武装 3000 余人，军区机关、学校、医院、兵工厂等共有 1150 人。兵员得到补充，装备得到改善，部队政治思想工作得到加强，两军团官兵之间的团结更加巩固，斗志空前旺盛。同时，两军团已建立起以任弼时、贺龙、关向应为核心的领导集体，指挥统一，行动一致，全军上下呈现出一派朝气蓬勃的面貌，对粉碎敌人的“围剿”充满信心。

湘鄂川黔革命根据地反“围剿”斗争历时近八个月，红军先后作战 30 余次，取得了陈家河、桃子溪、忠堡、小井、招头寨、板栗园、芭蕉坨等一系列重大战斗的胜利，共歼灭国民党军二个整师、一个师部和一个旅，缴枪 8000 余支，缴轻重机枪 100 多挺、各种大炮 20 多门，新建了慈桑、宣恩、龙山三个县的革命政权，牵制了湘鄂两省的大量敌军，为中央红军长征战略转移和胜利行军创造了有利条件。

红二、六军团在湘鄂川黔革命根据地反“围剿”斗争，被誉为“人民军队经典战役——陆战经典”。

首战棉花山：打响反“围剿”第一战

1935 年 2 月初，盘踞在慈利县溪口镇棉花山一带的朱际凯保安团，充当敌军进攻湘鄂川黔革命根据地的前卫，向溪口进袭。同时，敌军郭汝栋部王镇东旅也奉调从湘赣边区日夜兼程扑向溪口，已抵棉花山、剪刀寺一带构筑工事。敌军李觉部的陶柳、陈子贤二个旅和徐源泉部的罗启疆旅也向溪口进发。

红二、六军团首长决定在强敌形成合围的严峻时刻，李觉部尚未赶到溪口之前，由萧克率领红军主力在慈利县溪口镇棉花山消灭东面的郭汝栋部，打好湘鄂川黔革命根据地反“围剿”第一战。

棉花山战斗遗址

2 月 8 日，红二、六军团在溪口长潭、燕儿垭一带集结。次日，进行分路包围棉花山。红六军团十八师五十三团一营，从磨坊溪涉水进入绿豆冲，在白岩村胡家院子与敌军遭遇。红军首先开火击毙前面的敌人，敌军不知虚实，慌忙后退，红军猛追。红二军团四师十二团和六师十八团，从溪口亭子桥出发，过杜家溪经百步墩上棉花山后，兵分两路组织进攻：一路在杜家垭击溃朱际凯前哨之后，对朱际凯部扼守的据点大路岗发起二次进攻，红四师师长卢冬生指挥争夺白岩阁制高点，配合正面部队向敌攻击。另一路直插柏树垭，三次冲锋，伤亡较大，未能奏效。红四师十二团团长钟子庭组织八名战士为突击组，拔掉了尖山寺火力点，歼敌百余人，占领了柏树垭，切断了敌占蒿子垭与白岩阁的联系。红六军团十八师五十三团随即发起猛攻毙敌200人、俘敌30人后，冲向蒿子垭。大庸县游击支队司令员李吉宇率部从杜坪攻上棉花山，迫近蒿子垭。至此，三路红军猛攻蒿子垭，歼敌1000余人，乘胜直袭湖凹。湖凹敌军火力很猛，红军伤亡很大，红十八团政委熊仲卿中弹牺牲，团长高利国负伤。

10日晨，红军突袭白岩阁、天星凹，伤亡较大，加之李觉部增援已到，所处地形于红军不利，萧克下令撤出战斗，向大庸边境转移，以期诱敌深入，待机聚歼。

激战高粱坪：击溃袭取永顺之敌

1935年3月13日，国民党陶广纵队章亮基的第十六师一部和两个保安团，欲由王村袭取永顺县城，先以田少卿保安团为前锋占领了高粱坪。集结在大庸县休整待战的红二、六军团主力，迅速出师迎战。次日中午，红军在高粱坪北面的牛栏坳与田少卿部接火。田少卿发觉是红军主力后，即由老司城逃往列夕，红军追至高粱坪拱桥边，章亮基部据险用机枪火力封锁，红六军团政治部主任甘泗淇带队几次冲锋受阻。后来，贺龙率部从右翼小龙村，萧克率部从左翼保坪同时夹击，迫使章亮基龟缩在高粱坪场上不敢出战。红军抓住战机全力合击，激战一小时，占领了高粱坪，章亮基部向王村方向逃窜，红军随即跟踪追击。

高粱坪战斗遗址

国民党军第六十二师的两个团赶来增援，阻击红军南进。红军发起几次冲锋不克，萧克命令一部在桥头正面佯攻迷敌，另派两支队伍迂回到三拱桥两侧，三面发起猛攻，敌势不支，仓皇逃向王村。红军乘胜猛追30里，天黑前乘机迅速抢占了五里牌半边街阵地。敌六十二师师长陶广惊惧，一面命令部属死守黄土堡，企图阻止红军进入王村；一面准备逃跑，但驻守河西的章亮基部恐红军强渡西水，早将船只集中在西岸。陶广无奈，冒死背水顽抗，在黄土堡与红军展开激战，双方伤亡严重，相持数时，红军主动撤出战斗，回师枫香塘宿营。

此次战斗，红军击溃敌两个保安团，重创第十六师的两个团。

两战两捷：改变红军被动局面

湘鄂川黔革命根据地反“围剿”的开局几战未达预期目标，大庸县、桑植县等先后被国民党军占领。各路国民党军已逼近湘鄂川黔省委所在的塔卧、龙家寨一带，红二、六军团在连续作战后，已减员至9000余人，处境十分困难。

1935年4月12日，红二、六军团主力有秩序地撤离塔卧、龙家寨，计划经桑植县的陈家河向北转移，北渡长江去鄂西。4月13日，“围剿”根据地的鄂军第三纵队司令兼第五十八师师长陈耀汉部以为红军是仓皇逃跑，想捡个“便宜”在蒋介石面前抢“头功”，陈耀汉部兵分三路进攻陈家河，企图歼灭红军。贺龙认真分析敌情后建议：“要走，也要打了这仗再走。我看，不胜，就走；小胜，再看看；大胜嘛，杀他个回马枪，老子不走喽！”经过两天激战，4月14日下午，红军取得了陈家河战斗的胜利，红军士气大增。

湘鄂川黔军委分会认为，敌第五十八师第一七四旅有可能前来增援，遂决定乘胜南下，歼灭敌第五十八师余部。4月15日，红二、六军团冒着瓢泼大雨，沿澧水北岸南下，经两河口、南岔直逼永顺县的桃子溪乡。黄昏时分，萧克、王震率先头部队抵桃子溪北面的岩屋口时，获悉陈耀汉带领敌军已于午后到达桃子溪，现正忙于宿营造饭，等候留守桑植城的敌军到来后再一起退往永顺塔卧。萧克立即命令红十八师隐蔽插向桃子溪背后的万灵山，堵住退路，防敌逃窜；红十七师第五十、五十一团沿大路正面袭击；待部队到达预定位置时，即分成两路冲向桃子溪，合力围歼。陈耀汉部突闻杀声四起，仓促应战，慌乱一团，许多士兵还未来得及冲出院门就当了俘虏。仅用了两个多小时，就结束了桃子溪战斗，除陈耀汉及其特务连部分敌军跑掉外，共歼敌一个师部、一个旅部、一个山炮营和第三四七团全部，活捉师参谋长周植先，俘虏了大量敌人，缴获大批武器、弹药和二门山炮，其中一门跟随红二、六军团长征到陕北，这也是红军长征唯一一门带到陕北的山炮（现陈展于中国革命军事博物馆）。至此，陈耀汉纵队便在战场上消失。16 日，红军乘胜收复桑植县城，接着恢复了塔卧以北的大块根据地。

这两战两捷是湘鄂川黔革命根据地军民反“围剿”的重大胜利，是湘鄂川黔革命根据地由几乎放弃到发展壮大的转折点，改变了红二、六军团的被动局面。敌人“围剿”的战略部署已经被打乱，革命斗争形势对红军极为有利。中共湘鄂川黔省委、军委分会当机立断放弃北渡长江的计划，决定在原地区坚持斗争，展开战略反攻。

忠堡之战：活捉敌军中将司令官

取得陈家河、桃子溪大捷后，红二、六军团由退却转入反攻，由被动转为主动。湘鄂川黔军委分会抓住有利时机，以龙山茨岩塘为依托，采取“在斗争中求发展”的战略方针与敌周旋，在运动中寻机歼敌，消灭敌人有生力量，恢复和发展了湘鄂川黔革命根据地。

忠堡大捷纪念碑

1935 年 6 月，红二、六军团决定率主力北出鄂西，寻歼鄂敌。6 月 9 日夜晚，红二、六军团派部分红军包围鄂西宣恩县城，作出进攻施南城（今恩施市）之势，诱敌增援。徐源泉果然中计，在施南城内焦急万分。他急令驻来凤县的纵队司令兼四十一师中将师长张振汉率部驰援，以解施南之危。

根据敌情，红二、六军团领导人决定留一团兵力围攻宣恩城控制敌人，集中主力在张振汉必经之地的咸丰县忠堡镇进行伏击。张振汉毕业于保定陆军军官学校第二期炮科，是湖南省政府主席何键的师兄，是国民党军中有能力、有资历的高级军官。张振汉带领部队行动非常谨慎，为防红军突袭，他将部队分为三路前进。他误以为红军正在距离忠堡镇较远的宣恩城，而自己的部队离忠堡只有五六十里路程，可以先期到达。

6 月 12 日凌晨 3 时，红二、六军团主力迅速行动，分两路向忠堡镇急进。当日下午 3 时，前卫红四师已赶到忠堡构筑工事，做好战斗准备。这时，敌右路部队首先进入忠堡。贺龙亲临前沿阵地观察战场，要求部队采取“挖心战术”，首先摧毁敌军的指挥机关，使之指挥瘫痪，群龙无首，然后各个击破。为防敌军三路部队进入忠堡后集结在一起，贺龙命令红四师发起攻击，将敌军压在构皮岭山谷中。当日黄昏，红六军团主力赶到忠堡地区，迅速投入战斗，切断了敌左、中两路部队联系，封锁了敌左路军向来凤逃跑的退路。张振汉发觉红军的作战意图后，命令其主力一部发起攻击，企图掩护敌师指挥机关突围，但几次冲锋突围都未成功。

贺龙（左）与张振汉（右）合影

6 月 14 日晨，红军将士向敌阵地发起冲锋。被挤在山坳里的敌一二一旅由张振汉亲自督战，但日夜被袭、疲惫不堪的敌军官兵个个畏缩不前。敌军抵挡不住红军的凌厉攻势，包围圈越来越小。正在这时，红军炮兵瞄准了张振汉师部，四发三中，摧毁了敌军指挥部，炸死了敌参谋长，张振汉也负了伤，敌军指挥机关陷入瘫痪，敌军阵地顿时一片混乱。红军指战员趁敌混乱之际，一鼓作气将敌军压在山凹中，随即如下山猛虎一般同敌人展开了肉搏，战场上刀光剑影，一片厮杀声。下午 3 时，被困之敌被歼，敌纵队司令兼第四十一师中将师长张振汉被活捉，战斗胜利结束。

经过三天二夜的忠堡战斗，击败了张振汉纵队十个团，歼敌一个师部、一个旅和一个山炮营，共歼敌 2000 余人，击毙敌参谋长，活捉敌纵队中将司令张振汉，取得了红军北进鄂西的第一个大胜利。张振汉成了继周植先后红军俘获国民党军的第二位将军。后来，他跟随红二、六军团长征，成为唯一一名跟随红军长征的国民党将军。

炮击太平山：土豪劣绅无处可逃

太平山战斗遗址

1935年4月，湘鄂川黔边革命根据地机关北迁龙山县后，在龙山境内迅速建立了县、区、乡苏维埃红色政权和地方武装，打土豪、捉劣绅、分田地，开展了轰轰烈烈的土地革命。

龙山县境内的土豪劣绅惶惶不可终日，急忙寻找“避难”的地方。国民党龙山县白岩乡乡长彭卫然、大地主鄢文伯等带着家眷、亲信、乡丁躲上太平山，企图凭借太平山天险顽抗。

太平山，地处龙山县城东北方向十公里处，孤峰独峙，山高数十丈，四周悬崖如刀削，是当时湘鄂川边区颇有名气的佛教圣地。唯一的上山通道开凿在山南面陡峭且狭长石梁上，十分险峻，实属“一夫当关，万夫莫开”，上得山来十分安全，就好似过上神仙般太平日子，故称“太平山”。彭卫然率乡丁占据太平山以后，侵占庙宇佛殿，强迫僧人扛木料、抬石头，大修防御工事，把佛教圣地胜地搞得狼藉不堪，僧侣们对此叫苦不迭。

6月21日，红六军团第四十九团团长吴正卿，带领三个连的战士包围了太平山，向山上发动进攻。顽匪彭卫然、李金科急忙指挥乡丁凭险死守，红军几次强攻，均因路窄关险难以施展火力而未成功。22日上午9时许，萧克专程从兴隆街赶来亲自指挥攻打太平山。萧克详细询问了战斗情况，仔细观察了太平山地形后说：“攻克太平山，只有靠炮兵显神威了！命令炮兵打。”下午 5 点钟左右，红军的山炮瞄准大佛殿前的坪场“轰”地一声，山上顿时硝烟弥漫，火光冲天，乡丁和土豪劣绅们慌作一团，被吓得屁滚尿流。紧接着，大佛殿、观音阁和几栋房屋相继着火，熊熊大火映红天际，太平山变成火焰山。这时，嘹亮的冲锋号从山坳里响起，“同志们，冲啊！”吴正卿迅速指挥队伍，乘势发起冲锋，一举攻上太平山。山上的土豪劣绅、乡丁乱作一团，抱头鼠窜。有的被当场击毙，有的藏身经幡，有的跳下悬崖。吴正卿命令一连搜歼顽匪，其余战士迅速灭火，保护山上建筑。战斗结束后，红军安慰了寺庙僧侣，押着俘虏，胜利返回驻地。

围攻龙山城：长围久困逼敌兵

龙山县城今貌

红二、六军团取得忠堡大捷后，准备乘势攻下龙山县城，占据这个连接湘鄂两省的交通要道。1935 年 6 月 18 日，红二、六军团主力云集龙山县城周围，造成攻城之势。龙山县城有东南西北四座城门，城墙高一丈多，外石内土，城垛间筑有箭墙，每隔百米有一鹿砦。墙外有约一丈宽、很深的护城沟，沟内有水，沟外是木栅，东南西北面均有碉堡。为防红军攻城，国民党部队早已强迫群众在城墙、木栅外遍插了桐油熬过的毒竹钉。驻守龙山县城的国民党军有刘文华团的九个步兵连、一个机枪连，县团防刘紫梁的一个连，师兴周的二个连，加上乡保土豪武装，总兵力 3000 多人，有步枪 2000 支、六〇炮二门、重机枪五挺、轻机枪 80 余挺，还在各个城门屯兵设卡，日夜防守。这种城防设施，仅靠步兵的一些简单武器攻城，是十分困难的。

6 月 23 日，贺龙亲自指挥部队攻城。红军用钢炮轰开城东碉堡和亭寺堡，用断粮的办法逼迫驻守北碉堡敌军一个连投降，用断水的办法逼走西碉堡之敌，扫清了除南台堡碉堡之外的其他外围之敌。红军组织多次攻城未克之后，采取长围久困战术，派出小股部队出击，攀爬登城，遇阻即退；冷枪狙击，杀伤守城之敌；晚间不断袭击，扰敌不安，国民党龙山代理县长李春庭被炮弹炸死。城内敌军惶惶不可终日，一直围到城内弹尽粮绝。

刘文华两次率队从北门、南门突围，均被红军用火力击退。刘文华连连向国民党中央告急，蒋介石遂调陆军、空军增援。张学良亲自乘“白翎号”座机，在六架战斗机的护航下，飞临龙山县城上空视察，并低空盘旋，投下传单、粮食、弹药等，但大部分粮食、弹药却投到了城外红军阵地。城内部分居民有的乘夜出城逃命，有的投奔了攻城红军。

红军围攻龙山城 37 天，经三次大规模强攻，虽未占领县城，但是为后来取得小井、象鼻岭、板栗园、芭蕉坨等一系列重大战斗的胜利埋下了伏笔。

小井阻击战：陶广纵队首败湘西

在红二、六军团围困龙山城之际，蒋介石企图采取南北夹击来消灭红军主力，新增二个师由鄂军集中指挥从北线驰援龙山，敌陶广纵队由慈利调头经永顺从南线驰援龙山。

小井战斗遗址

1935 年 7 月 3 日，萧克奉命率红十七师从龙山县出发，火速赶到永顺和龙山交界的小井村阻击国民党陶广纵队。当日拂晓，红军早早吃了早饭，就兵分三路冒着大雨前进。红五十团往小井下方穿插，红五十一团直扑大井，分别从两头堵断敌人，红四十九团从正面实施强攻。进攻小井的战斗打响后，驻扎在小井街上的敌军拼命往小井后面的山上爬，由于山路很窄，兵力摆不开，有的敌军只能从路边偏坡往上爬。敌军大多来自平原地区，穿着胶鞋爬不动，红军一阵猛打，敌军乱成一团，死的死，伤的伤，咕噜噜地往下滚，人撞人，枪碰枪，连人带枪一起滚下了坡。眼看难以冲上山头，敌人只好固守小井街。红军向小井街上的敌军发起冲锋，但敌军火力很猛，红军前仆后继，伤亡很大。后来，红军从小井、王家坡过拱桥，走周家寨后迂回包抄。此时，贺龙从围城的红二军团抽调的红四师十二团、红六师十八团增援赶到战场。红军指战员抓住战机，发起更为猛烈的冲锋，很快冲进了小井街，打得敌军拼命溃逃，小井街上的敌人被彻底歼灭。

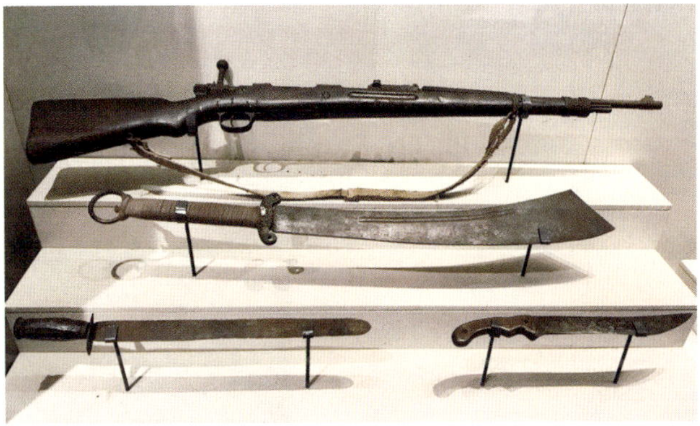

红军使用过的武器

小井伏击战共歼灭陶广纵队2000人，缴获二挺五六式重机枪和大批弹药、军用物资，但红军伤亡也很大，红六军团政治部宣传部长李朴在战斗中光荣牺牲。

夜战象鼻岭：肉搏厮杀敌“敢死队”

象鼻岭战斗遗址

红四师奉命驻守在湖北援军增援龙山城必经之地——象鼻岭。象鼻岭位于龙山县华塘乡象鼻岭村，西水河东岸。对岸是相距500米左右的湖北来凤县城，岭下叫卸甲坝，地势平坦开阔。

1935年6月，忠堡战斗结束后，红二、六军团一部分在龙山一带休整待命，一部分包围龙山县城。为打通从湖北增援龙山的通道，7月10日，鄂军总指挥徐源泉令驻来凤县的独立三十八旅潘善斋精选800人组建“援龙敢死队”，深夜偷渡酉水摸进象鼻岭下红四师师长卢冬生指挥部的前哨连。

红军在象鼻岭构筑了工事，严阵以待来犯之敌。红四师十二团的四个连，加上红四师特务连，共500余人埋伏在象鼻岭一带。晚上9点，敌军悄悄过河，红军警戒部队且战且退，引诱敌人来到预定的反击地点，把敌人挤在中间一个小坪里。午夜2点，红军兵分两路呈扇形直压敌阵。当夜，漆黑一团，敌我难辨，双方都不敢开枪。红军凭摸帽檐短兵厮杀，敌军帽檐长而硬，红军帽檐短而软，红军摸到是敌人就用枪托揍、用刺刀捅，有的敌人拼命朝河边跑，到官渡口就夺船逃命，水急船翻，不会游泳的尸沉河底。

战斗至凌晨5时结束。经打扫战场，共击毙敌军200余人，俘虏200

余人，溺死数十人，缴获敌人连枪40余支、马刀500余把、步枪500余支。红军也有较大伤亡，担任主攻的红二连连长、指导员、排长都英勇牺牲，全连只有七人没有负伤，一连、三连和第二营的五连、红四师特务连都有一些伤亡。夜战象鼻岭，保障了红军围攻龙山县城部队和左右两翼红军部队的安全，也提高了红军夜间作战的能力。

喋血招头寨：重挫陶广纵队锐气

招头寨战斗遗址

敌军吸取小井、象鼻岭战斗的教训后，采取堡垒推进、步步为营的战术向红二、六军团逼近。1935 年 7 月下旬，红六军团十八师到龙山里耶、保靖等地打游击去了，招头寨只有红六军团的政治部、供给部、卫生部和建立不久的招头寨独立团（后叫龙山独立二团）。此时，南线之敌陶广纵队三个旅加上陈渠珍三十四师共 15 个团奔向龙山，进入里耶、隆头至洗车河一带。

面对强敌进逼，湘鄂川黔省委、军委分会决定，7 月 27 日晚，红军撤出围攻龙山县城的战斗，在兴隆街、洗洛一带待命，集中兵力迎击陶广纵队。7 月 28 日晨，红六军团政委王震率红十七师抵达召市镇招头寨，同数倍于红军的敌陶广纵队展开了激战。当红军从各地转战回到招头寨街上时，敌人抢先占领了张家大屋等有利地形，居高临下，疯狂扫射红军部队。上午 12 时，红十八师师部和红五十二团、五十三团到达川洞沟投入战斗。敌我双方争夺山头，打得难分难解。下午 2 时许，红六军团第十七师、第十八师回援招头寨，贺龙、关向应率红二军团第六师、第四师赶到龙潭岩、新寨坡布防，在招头寨与敌展开激战，敌军受重挫。天快黑时，总指挥部下达了停止战斗的命令，由红二军团掩护红六军团向龙潭岩、芭蕉坨方向撤退，第二天凌晨，红军撤退至洗洛、兴隆街一带休整。

此次激战，陶广纵队受到重创，沉重地打击了敌军锐气，敌军后退招头寨宿营后，不敢贸然前进。红军为此也付出了血的代价，红六军团政委王震负伤，红十七师师长苏杰和五十团团长黄林、政委方振生等光荣牺牲。

激战板栗园：击毙敌师长谢彬

板栗园大捷纪念碑

驰援龙山的国民党军屡遭伏击，未达救援目的。徐源泉部因屡遭打击，已丧失了进攻的勇气，只想如何保存实力，将部队推进至湖北边界，巩固来凤至宣恩的封锁线，防止红军再次进入鄂西。

1935年7月30日至8月1日，湖北军阀徐源泉命令驻鹤峰县、来凤县的敌军向以龙山县为中心的湘鄂川黔革命根据地周围推进。同时，蒋介石也调遣谢彬八十五师从江西经四川来到龙山“围剿”红军。这虽是绝密，但红军电台在监听敌台的信号中，忽然出现了谢彬八十五师的番号，从而得知谢彬八十五师已奉命救援龙山。红二、六军团首长立即派出得力侦察人员，在谢彬部队尚未进入鄂西前，就跟随谢彬部队行动，侦察得知谢彬为救援龙山，带了大量银圆、干牛肉及军用物资，辎重甚多，行动缓慢。

红二、六军团决定主力再次进入鄂西，利用第八十五师由江西新到鄂西情况不熟的有利条件，以伏击或截击的战法，求歼谢彬八十五师于运动之中。8月2日，红军从龙山县兴隆街北进至宣恩县沙道沟附近佯动，谢彬部队尚未知道红军意图，仍按计划继续向李家河南进。8月3日凌晨，红二、六军团主力趁敌军不备，突然改变行动方向，从沙道沟附近掉头西南急进迅速插入纵深，翻山越岭，寻捷径向西南方向疾进，上午赶至第八十五师必经的板栗园东南利福田谷地设伏。利福田是一条狭长谷地，北侧森林茂密，既利于隐蔽部队，又便于迅速出击，南侧是陡峭的山岩，绵延起伏，易守难攻。贺龙到达利福田后，立即察看地形，部署了伏击战，待敌进入伏击圈后，将“口袋”扎紧，瓮中捉鳖，将敌八十五师聚歼于利福田谷底中。

此时，谢彬还蒙在鼓里，他坐着滑杆，大摇大摆地往“口袋”里钻。当敌人的前卫部队与红军交火时，谢彬还在利福田凉亭桥上躺在靠椅上休息。12 时左右，敌人完全进入了红军埋伏地带。贺龙立即下达出击命令，雄壮的冲锋号声划破了山谷的宁静，两侧山上顿时枪声大作，红军战士从林中冲出，潮水般地向谷底压下去，狭长的利福田浓烟四起，喊杀声响成一片。敌遭红军突然打击，指挥中断，部队乱成“一锅粥”，有的拼命反扑，有的争先逃窜。经过激战，谷底敌军大部分被歼。战斗中，红四师师长卢冬生中弹负伤，贺龙立即命令贺炳炎代理红四师师长，贺炳炎带领红十八团向谢彬盘踞的土围子发起攻击，战士们杀得满头大汗、浑身是血，将垂死挣扎的敌人全部歼灭。这时，红二、六军团主力部队也进到南北两侧，从左右两翼向敌人发起攻击。激战至 4 日凌晨，敌八十五师师长谢彬被红军击毙。

板栗园战斗，红军一举歼灭敌八十五师师部、两个团和一个营，击毙其师长谢彬，歼敌 3000 余人，俘敌 1000 余人，缴获各式枪支 1000 余支，重机枪 20 余挺，手榴弹 5000 余枚，迫击炮六门，炮弹 280 余发，银圆 6 万块。这是在敌人战役纵深以伏击手段速战速决歼敌的一个光辉范例。

决战芭蕉坨：陶广纵队败逃湘西

敌八十五师在板栗园被伏击，谢彬战死。蒋介石电令陶广纵队火速入鄂西收容八十五师残部。此电令又被红军截获。1935 年 8 月 7 日，红二、六军团还获得在招头寨的陶广纵队十个团 2 万余人奉令向龙山县城开进的信息，决定在其必经之地龙潭岩设伏予以歼灭。

芭蕉坨战斗遗址

狡猾的陶广、顾家齐、周燮卿不肯上钩，率部共十个团，绕道可立坡，欲从湾塘渡河，与驻来凤县的徐源泉部会合。红军侦知国民党军队的行动，速将埋伏在芭蕉坨的部队向湾塘岩坝一带移动，令红军分三路向陶广部逼近。8 月 8 日上午，正当国民党先头部队开始渡河时，红军赶至拦截。战斗从高寨打响，红军从东北居高临下，向西南压缩推进，敌人且战且退，龟缩于小河一带。

国民党派来飞机援助，但因树木遮掩，烟雾弥漫，敌我难分，炸弹尽投在国民党军队的头上。被打得晕头转向的国民党军恼羞成怒，见人就抓，见财物就抢，见牛就杀，群众深受其害。红军十分同情群众，煮饭同群众一起吃，衣被被抢去的给以衣被，号召群众参战，宣布所获战利品除武器弹药外，谁缴获归谁。群众素恨国民党军，不少人踊跃参战。红军愈战愈勇，敌人越打越孤立。战至当晚，共击溃敌军十个团，毙敌 300 余人，俘敌 300 余人，缴获枪 3000 余支。

芭蕉坨决战是红二、六军团历史上一次性投入部队最多、战略效果最好的一次战斗。当时，红二、六军团投入了近 2 万人的兵力——这是红二、六军团当时的全部家底。而国民党陶广纵队十个团 2 万人左右，与红军也是旗鼓相当、势均力敌。时逢酉水陡涨，敌兵不少人淹死在酉水河中，敌纵队司令陶广带领仅剩的 70 余残敌逃离湘西龙山县，进入鄂西来凤县城。

芭蕉坨决战后，红二、六军团由被动防御转入主动出击，湘鄂两省国民党军由进攻转入防御，迫使蒋介石放弃了利用湘鄂两省军阀消灭红二、六军团的计划。至此，湘鄂川黔苏区军民胜利粉碎了国民党军的“围剿”。

秋收巧夺粮：军民齐心筹军粮

红军储粮洞（龙山县兴场村神龙洞）

“兵马未动，粮草先行。”在紧张、危险的反“围剿”中，红二、六军团能屡屡取胜，以少胜多，取得辉煌战果，这与湘西人民群众的支持和拥护是分不开的，湘西老百姓踊跃当向导，抬担架，成立运输队，为反“围剿”的胜利提供了后勤保障。

1935年9月，龙山稻浪翻滚，县城周围平川上的稻田遍地金黄。这时，被红二、六军团围困在城中的敌军早已断粮，对之垂涎三尺，企图出城抢收稻谷，隐藏深山中的反动武装也蠢蠢欲动，扬言下山夺粮，一场争夺秋粮之战剑拔弩张。因此，红十八师党委决定，尽快发起抢收秋粮之战，为红军筹集军粮。红十八师政委晏福生到兴隆街召开连以上干部会议，进行动员和部署。他说：“既然敌人对着黄金般的稻谷眼红，这一仗非打不可，而且非常重要，既保民食又保军需，我们来个军民齐动员，抓住敌军喘息未定的大好战机，速战速决，力争在十天半月之内，打完抢收秋粮这一仗！”他的讲话简短有力，对指战员们鼓舞很大。接着各团营召开了动员大会，按照分工进行了具体安排，待命统一行动。

自红二、六军团撤出围城部队，集中优势兵力在运动中狠狠打击和重创敌王牌八十五师和陶广纵队后，敌郭汝栋纵队、徐源泉纵队害怕重蹈覆辙，再不敢贸然行动。抢收秋粮，广大贫苦农民一致拍手称好。他们积极配合红军，在县、区、乡苏维埃政府的统一领导下，日以继夜地投入抢收战斗。

在抢收秋粮中，红十八师以五十三团附部分地方武装监视、钳制郭汝栋纵队和徐源泉两个师的行动。集中五十二团、五十四团、师直以及能够集中的地方武装部队，开抵县城周围平川上的指定地点，发动群众，组成收割和运输两支队伍，从靠近敌占区的稻田先开镰，分区负责，划片包干，逐块逐丘收割。总的原则是：凡农民分田到户的稻谷归户主，按规定交送军粮。凡地主、官僚、豪绅田里的粮食，抢收后分给可靠农户晒干、装好，然后运往兴隆街、茨岩塘、茅坪等苏区贮存，以备军用。

龙山独立团团长高利国胆大心细，很有指挥才干，他利用全团战士多是龙山县本地人的优势，在抢收战斗接近尾声时，发动战士进一步接近敌人，尽量多收粮食（主要是稻谷）。白天加强武装巡逻，迷惑城中敌人；晚上，抢收人员靠近城垣，把城墙下的地主、豪绅田里的稻谷也收割了。这次抢收秋粮，战果辉煌，穷人得到了分田后的胜利果实，也为红二、六军团近 2 万人实行战略转移筹集了必备的军粮。

茅坪“竹签阵”：誓死阻敌保卫茨岩塘

1935年11月19日，红二、六军团主力从桑植刘家坪、瑞塔铺战略突围，向贵州石阡、镇远、黄平方向转移，红六军团第十八师留守根据地，掩护红军主力转移。

中共湘鄂川黔特委和红十八师师部都设在茨岩塘。红二、六军团主力突围转移以后，各路敌军几十个团约10万人如洪水一般涌来，把以茨岩塘为中心的湘鄂川黔革命根据地团团包围，形势异常严峻。这是一场力量悬殊的生死搏斗。红十八师与根据地人民用巨大的牺牲，阻击10万敌人的疯狂进攻，拖住10万敌人“追剿”的脚步，胜利完成了策应、掩护红二、六军团主力突围转移的艰巨而光荣任务。

茅坪是敌人进攻茨岩塘的必经之路，是保卫茨岩塘的前沿阵地。11月22日，红五十三团刚抵达茅坪，政委余立金和参谋长苏鳌听到一位老人反映，太平天国石达开曾率部在此布下“竹签阵”，让进犯的清兵寸步难行、吃尽苦头。苏鳌高兴地说：“这是阻敌的好办法。”于是，红军战士和群众立即赶削竹签，连夜将竹签安插在阵地前沿。11月23日，茅坪云雾缭绕。刚吃完早餐，数架敌机在茅坪上空侦察，对红军阵地狂轰滥炸。紧接着，敌周燮卿旅、顾家齐旅分别从芭蕉坨和大井沟进攻茅坪。红军战士依托壕沟工事，沉着冷静地待敌前来。当敌进至“竹签阵”中心地段时，只听一声令下，步枪、机枪、麻尾手榴弹和石块一阵猛打，打得敌人四处逃窜，恰好陷入“竹签阵”，跑也不行，爬也不行……敌兵败下阵来。敌军组织了多次进攻，都始终没有攻克茅坪。第二天，周燮卿纠集龙山城内之敌刘文华团，再次从小井沟、大井沟、芭蕉坨三个方向攻打茅坪。红军和群众日夜坚守各个阵地，多次打退敌人的疯狂进攻，敌人望而生畏，周燮卿气得吐血，卧床不起。

茨岩塘湘鄂川黔革命根据地纪念雕塑

与此同时，根据地军民同仇敌忾，分别在茨岩塘西北方的望乡台阵地，正南方的罗家垭阵地，正西方的广亭坡阵地，多次成功阻击敌军进攻，誓死保卫茨岩塘。

1935 年 12 月 8 日，红十八师在根据地群众的掩护下，从包谷坪方向撤离茨岩塘，踏上了追赶红二、六军团主力的艰苦征程。

第五章　誓师长征

红二方面军从这里出发

湘鄂川黔革命根据地处于长江中游，北临武汉，南接长沙，对红一、四方面军的策应作用和对国民党反动统治的威胁都很大，被敌人视为心腹大患，欲除之而后快。1935 年 10 月 8 日，蒋介石下令成立宜昌行辕，委派陈诚任行辕参谋长，代行蒋介石的职权，调集 130 个团约 30 万军队向湘鄂川黔革命根据地发动第三次大规模“围剿”。

中国工农红军第二方面军长征出发地纪念馆

军情日趋危急！10 月 17 日和 10 月 22 日至 23 日，中共湘鄂川黔省委与军委分会先后两次在石门县渡水坪召开会议，研究反“围剿”对策，但因意见不一，议而未决。11 月 4 日再次在桑植县刘家坪召开会议，认真研判敌我形势，最终决定“红二、六军团实施战略转移”。

会议结束后，红二、六军团主力奉命陆续集中到桑植地区进行休整，准备突围。11 月 19 日，贺龙代表军委分会正式下达突围命令。同日，红二、六军团分别在桑植的刘家坪和瑞塔铺举行突围誓师大会。当晚，除红六军团第十八师留守根据地坚持斗争、策应主力突围之外，红二、六军团主力坚定地踏上了战略转移的漫漫征程。

1936 年 1 月 12 日，红二军团历经近两个月，转战数千里，进占石阡县城，标志着红二、六军团全部撤离湖南境地，胜利完成刘家坪决策的向黔东地区转移的第一步战略任务。

1936 年 7 月初，红二、六军团经黔西滇北到达四川甘孜，与红四方面军胜利会师。7 月 5 日，根据中革军委命令，红二、六军团和红三十二军合编组成中国工农红军第二方面军。红二方面军坚决维护党和红军的团结统一，坚持党的北上抗日战略方针，坚定推动红四方面军共同北上，走出渺无人烟的大草地，发动陇南战役，夺取陇南广大地区，为三大主力红军会师创造了条件。10 月 22 日和 23 日，红二方面军分别在宁夏将台堡、兴隆镇与红一方面军胜利会师。至此，中国工农红军三大主力实现了大会师，标志着伟大的红军长征取得了最后胜利，中国革命由此翻开崭新篇章。

1937 年 8 月，根据国共两党达成的协议，红军主力部队改编为国民革命军第八路军。红二方面军与陕北红军等改编为八路军第一二〇师，贺龙任师长，作为抗日战争时期中国共产党领导的八路军三个主力师之一，走上了抗日最前线。

生死抉择迎曙光

1935年8月，蒋介石企图调集重兵大举“围剿”湘鄂川黔革命根据地，并对根据地实行严密的经济封锁，使红二、六军团“生机绝灭”，置于“死命”，以便尔后集中全力进攻红一、四方面军和陕北红军，根据地反“围剿”斗争形势日益严峻。

11月4日，中共湘鄂川黔省委和中央军委分会在桑植县刘家坪召开会议，讨论红二、六军团行动对策，作出战略转移决策。会议从敌我军事力量对比、自然地理条件、后期物资保障、地方反动势力和巩固根据地五个方面全面分析了当前形势。经过激烈争论，会议最后确定，坚决实行战略转移，突破敌人包围线，由湘西转向湘黔边地区，在湖南芷江、晃县（今新晃县）和贵州玉屏等广大无堡垒地带和敌人展开运动战，积极创造条件转入反攻，以保存红军的有生力量，争取在贵州的石阡、镇远、黄平地区创建新的根据地。

刘家坪会议旧址

当时，中革军委对红二、六军团战略转移的指示非常明确，“在狭小地区内固守固失策，决战防御亦不宜，轻于尝试远征，减员必大。可否在敌包围线外原有苏区附近，诱敌出堡垒，用进攻路线集中兵力以击破之”。萧克在回忆录写道：“红二、六军团退出湘鄂川黔革命根据地是正确的。退出苏区之前，只是想转移一下，摆脱敌人包围，保存有生力量，到湘黔边或黔东地区建立新的根据地，但并没有想到要过长江，渡金沙江，更没有想到要长征到陕北。”

刘家坪会议是一次重要历史意义的会议，它根据日趋危急的实际军情，正确地决定了战略转移的方针，实现了指导思想上从战略防御向战略转移的转变，这是一次改变红二、六军团命运的生死抉择。

誓师突围别故乡

根据刘家坪会议决策，誓师突围出湘西。但这个被 30 多万敌军围得水泄不通的“围”怎么突？

红二方面军长征出发地桑植县

1935 年 11 月上中旬，红二、六军团吸取以往长途远征和红一方面军长征的经验教训，精心部署、紧锣密鼓地进行战略转移的各项准备工作。一是从党内到党外、从上到下进行了深入的思想教育和广泛的政治动员，确保全军上下保持政治上的高度一致。二是广泛发动群众，扩大红军武装，整编和充实红军主力，妥善安置伤病员，精减冗员，充实力量，大大增强了部队的战斗力和机动性。三是坚决精简行装，轻装上阵。四是积极开展热火朝天的军事训练，大大提高了部队的军事技术和作战能力。五是采取“声东击西”策略改变突围方向，把原计划从西南方向突围，取捷径去贵州石阡、镇远、黄平地区，改变为选取敌人意料不到的东南方向突围，先到湘中最富裕、人口最多的新化、锡矿山、辰溪、溆浦再向西转，从芷江、新晃挺进石阡、镇远、黄平地区。为了掩护主力突围，留下红十八师坚守根据地，向西佯攻，尽可能多地牵制敌军。

11 月 19 日，红二、六军团分别在刘家坪的干田坝、瑞塔铺的枫树塔举行突围誓师大会。贺龙站在一个简陋的木台上作动员讲话后，代表中革军委分会下达了突围命令。傍晚时分，除留守的红十八师外，红二、六军团主力 1.7 万多人在任弼时、贺龙、关向应等率领下，告别了湘鄂川黔革命根据地，告别了根据地的父老乡亲，踏上了战略转移的漫漫征程。

红二、六军团的大多数官兵都是湘西子弟，老百姓扶老携幼都来为红军送行。桑植县是贺龙的故乡，也是他“两把菜刀闹革命”的地方，这里的山山水水都曾留下他的艰辛足迹。临行前，贺龙特地回到了自己的家乡洪家关，但他没有进村，只是默默地在村边的山坡上含着热泪伫立了片刻，就率领部队离别家乡，踏上了长征的遥途。他万万没有想到的是，这一次竟是他和众多湘西子弟们最后一次看到家乡的山水。

强渡澧水破天险

澧水河，是敌军精心设防的第一道封锁线，沿岸的敌军早有准备，在南岸一线高地、渡口，修筑了十几座碉堡；沿河的渡船、渔船、货船都已强行集中封禁，妄图凭借澧水天险，阻挡红军渡河。这里，成为了红二、六军团突围转移的第一道天险。

突破第一道封锁线——大庸县杨林铺渡口

红六军团第十七师被指令为突围转移的先头部队，任务是突破澧水、沅水两道封锁线，为主力进军打开通道。红军先头部队在王震的率领下，日夜兼程，跋山涉水，11 月 20 日下午，到达澧水北岸大庸县张家湾、黄家铺、安坝渡一带。

经过侦察，红军先头部队摸清了南岸的守敌情况，当即召开会议决定兵分三路渡河：尖兵连从安坝渡口强渡，占领对岸官塔、杨林铺渡口碉堡，迎接大军过澧水；工兵连准备渡河器材，迅速搭建浮桥；炮兵连、机枪连准备掩护大部队渡河。

当天下午，红军先遣团、红四十九团团长王烈在澧水河南岸的杨林铺河边侦察敌情时，不幸中弹牺牲。

夜幕降临，尖兵连选派的四名突击队员化装成乞丐和小商贩，借口向守军讨水喝混进了碉堡，五个守兵还没有弄清怎么回事就束手就擒。接着，突击队员放火烧毁碉堡，迅速控制了渡口。北岸尖兵连见南岸火光冲天，知道突袭成功，立即驾船渡向南岸攻击前进，接连烧毁敌人几个碉堡，迅速扩大突破口。澧水封锁线被突破后，工兵连在冰冷刺骨的河水里连夜架起了浮桥。

澧水红军渡纪念碑

11 月 21 日早晨，三架敌机沿河面低空轮番轰炸，红军伤亡不断增多。贺龙、任弼时等当机立断，决定 1.7 万余人同时在大庸县东坪乡沿岸 30 余里的渡口渡河，迅速突破澧水天险。傍晚，红军成功突破澧水天险。如今，“澧水一渡”被称为红二、六军团长征第一渡。

当晚，红军分别在大庸、慈利宿营。根据贺龙命令，22 日清晨 5 时，红军出发，向南急行，经慈利县奔袭沅水天险。23 日，红二、六军团主力分别从洞庭溪、大晏溪渡过沅水，进驻沅陵桥梓坪一带，成功突破敌人的第二道封锁线。

激战浦市直插湘中

浦市，地处泸溪县沅水中游西岸，是湘西四大名镇中最为年长的一座历史文化名镇，也是红二方面军长征出发后在湘西州唯一经过的红色古镇。

1935 年 11 月 22 日，红二、六军团突破敌军第二道防线在桥梓坪集结后，兵分三路，直插湘中。左路由红六军团二个师经安化、新化，取兰田（今涟源）进冷水江；中路由红二军团部、红校和第六师，进入溆浦；右路由红二军团第四、五两师佯攻沅陵和泸溪县城，实则于 11 月 27 日占领辰溪县城。另派红五师十三团团长刘汉卿率部从辰溪进取沅水重要码头浦市镇，准备向泸溪县城前进，以堵截和牵制尾追之敌。

11 月 28 日，刘汉卿率 600 余人从辰溪县城出发，冒着绵绵细雨，兵分两路沿沅水西岸往浦市方向前进，当日晚上，红军占领浦市镇。

11 月 29 日，驻防浦市镇下湾村的 100 余位红军化装成便衣队沿沅水而下，向泸溪县城方向前进，在红土溪桥北处与敌前哨兵相遇，红军追打至百蹬岩，双方激战二个多小时。黄昏时分，战斗一时难以取胜，红军撤出阵地。

红二方面军长征途经地——泸溪县浦市镇

11月30日下午，敌军李觉部的唐、陶两个旅分三路尾追红军到浦市。红军在中庵阻击，激战一个多小时后，因敌我力量悬殊，红军撤退到北极观、毛家坡、姚家湾一带阻击，战斗一直持续到天黑，红军撤退到和尚坪，兵分两路撤出浦市。

红军进占浦市三天进行了二次激烈战斗。刘汉卿冲锋在前，不幸中弹身受重伤，肠子被打断。浦溪村的贫苦农民宋福林、刘板喜抬着刘汉卿急走20里，将他送到辰溪县城医治，终因流血过多抢救无效，壮烈牺牲，年仅25岁。他的牺牲，使红二军团损失了一员猛将。

红二军团第五师十三团团长刘汉卿墓（泸溪县浦市镇）

浦市激战之后，红军离开湘西，向湘中地区进发。湘中地区人口稠密，工商矿业较为发达，有着光荣的革命传统。红军的到来，广大群众就像迎接久别重逢的亲人一样，敲锣打鼓、兴高采烈；土豪劣绅、贪官污吏则如丧家之犬，闻风丧胆、惊慌而逃。

红军进入湘中后休整一周，广泛发动群众，筹款数万元，扩红数千余人，极大地增强了战斗力量。红军出其不意的行动，使蒋介石大为震惊，急忙调遣兵力向湘中地区扑来，妄图将红军消灭在沅水与资水之间。面对严峻形势，军委分会认为红军在湘中的战略任务已经完成，决定退出湘中地区。12月11日，红军开始大范围的迂回，兵分两路分别经湖南绥宁、会同、黔阳、芷江、晃县向贵州石阡、镇远、黄平地区转移。1936年1月9日，红六军团进占江口县城。12日，红二军团进占石阡城。

至此，红二、六军团主力自誓师突围到出湘入黔，历经近两个月，途经湖南21个县、市、区，转战数千里，胜利完成了向石阡、镇远、黄平地区转移的战略任务，在湘西、湘中、湘西北广大地区播下了革命的火种。

拖不垮打不烂的绝命后卫师

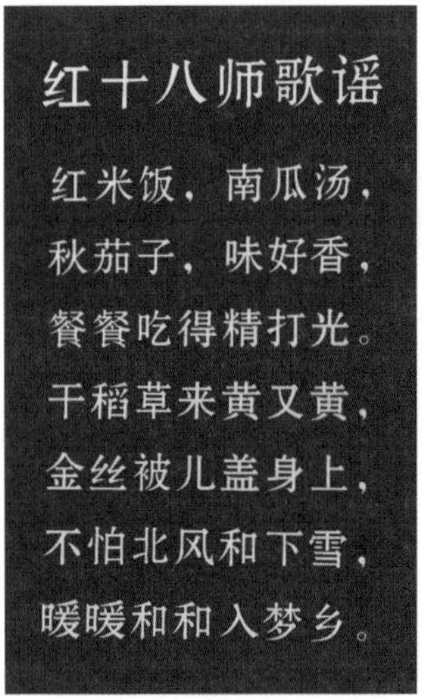

红十八师歌谣

留守在根据地掩护主力突围的红六军团第十八师，辖五十二团、五十三团，加上省直、师直机关和红军医院，共3000余人，其中主力部队约1500人，师指挥部设在龙山县茨岩塘。

红十八师是一支能征善战的英雄部队，师长兼政委张正坤来自中央苏区，是红六军团赫赫有名的“游击专家”。师参谋长刘风、政治部主任李信也是征战有年的年轻将领。红二、六军团主力突围之前，贺龙眉头紧锁，猛吸一口叼在嘴里的烟斗，指着身前的作战地图，对红十八师师长兼政委张正坤说：“这回，你们十八师要更辛苦一些。你们要尽一切可能坚守茨岩塘，从龙山茨岩塘一带主动攻击敌人，要狠一点打，又要机动灵活地打，把进剿之敌吸引住就行，尽量减少人员牺牲，达到掩护主力突围转移。”

张正坤坚定地表示：“贺总，你们放心走吧，只要我张正坤……”贺龙急忙举手示意，不让他说后面的话。

王震代表总部专程赶到茨岩塘看望红十八师指战员，叮嘱“我们走后，你们可能会受到十多万敌人的包围，一定要坚持顶住，要加强佯攻，不要让敌人发觉主力的行动意图，即使十八师打垮了，就是化装成老百姓也要来追赶主力”。

奉命留守，孤军奋战。11月10日，红十八师向永顺县、保靖县方向发起佯攻，一路神出鬼没，或巧妙迂回，或金蝉脱壳，成功策应了红二、六军团主力部队向大庸县、慈利县方向突围。敌人发觉红军的战略意图后恼羞成怒，集结三个纵队扑向红十八师，企图在龙山县茨岩塘地区围歼红十八师。

面对敌人的疯狂进攻，红十八师发扬英勇无畏、奋勇献身的革命精神，在根据地人民的支援下，在龙山县、永顺县、桑植县边境，同数十倍于己的强敌展开了英勇顽强的战斗。有的战士越打越沉不住气了，团长、营长们连续向张正坤报告：“报告师长，敌人越打越多，怎么办？”张正坤回答：“敌人越打越多是件值得庆祝的事，表明上级给的任务我们完成得很好嘛！我们就是要多把敌人多背过来一些，减轻主力部队战略转移的压力。”

龙山至桑植公路，红十八师当年在此翻山越岭

12月3日，红十八师收到军团首长指示：“你们已完成牵制敌人的任务，立即突围、保存实力，应相机甩开敌人与主力会合。”为了确保红军主力的安全，把“追剿”之敌甩得更远，红十八师决定放弃直接突围的有利时机，选择先在根据地内兜圈子，继续迷惑敌人，然后寻找有利间隙突出重围。12月8日，红十八师3000余人从茨岩塘出发，往东北方面突围。12月14日，再次收到总部发来的电报：“主力已向贵州石阡、镇远、黄平地区转移，你部可

红十八师归建遗址（室内）

相机西出与主力会合。”12 月 22 日从龙山分兵突围，12 月 23 日突破敌军湘西防线，一路疾行向鄂西进发，踏上了与主力会合的凶险征途。突围时，后路五十二团遭敌军火力射击，大部壮烈牺牲。

经过浴血奋战和游击周旋，红十八师日夜奔袭数千里，冲锋陷阵破重围，1936 年 1 月 9 日胜利到达江口县磨湾红六军团驻地，与主力会合。得知红十八师归建的喜讯，萧克和王震等非常高兴，亲自出城 20 多里，迎接红十八师。战友重逢，却少了数千熟悉的面孔，红军将士们相拥而泣，悲喜交加。之后，红二、六军团召开了部分师以上干部会议，欢迎这支历尽百战的队伍终于回归了主力部队的怀抱！

红十八师将士们为掩护主力突围，在湘鄂川黔边广阔地区孤军浴血奋战 54 天，全师 3000 余人仅剩下 600 余人，以 2500 多名红军将士血溅沙场的巨大牺牲和代价，牵制了 10 万之众的敌军，这组数字足以让我们感悟出过程的艰险和惨烈！英雄的红十八师，在红军长征史上写下了浓墨重彩的一笔，被萧克、王震誉称为“一支拖不垮、打不烂的英雄部队”。

红十八师归队后，缩编为红六军团第五十三团，将士们忍受住与兄弟死别的悲痛，继承着牺牲战友的遗志，汇入了红二、六军团长征的铁流之中。

乌蒙山回旋战“神来之笔”

红二、六军团入黔两个多月来，从石阡一路西进，先后占领黔西、大定、毕节三个县城及其周围地区。1936年2月27日，为粉碎敌军在毕节地区歼灭红军的阴谋，红二、六军团离开毕节进入乌蒙山区，展开了乌蒙山回旋战。

乌蒙山

乌蒙山地处川滇黔三省边区，海拔2300多米，是金沙江和南北盘江的分水岭。山高谷深，气候非常恶劣，终日被细雨和浓雾所笼罩，且经济落后，地贫人稀，许多地区渺无人烟，很难得到粮食和给养补充。但在贺龙出神入化的指挥下，红军耗时近一个月，在乌蒙山区一会儿向东，一会儿向南，一会儿又向西北，拖着敌人转来转去，辗转千里，调动敌军，连战连捷，化险为夷，成功跳出了包围圈，摆脱了敌军120个团的重兵围堵，胜利完成了回旋作战任务，被誉为“中国战争史上灵活用兵、巧妙突围的著名战役”。

1936年11月的一天，在陕北保安（今志丹县）的一间窑洞里，毛泽东高兴地迎接前来与他会面的红二方面军领导人贺龙和任弼时，一见面就纵论红军长征。当谈到红二、六军团长征情形时，毛泽东很高兴地说：“二、六军团在乌蒙山打转转，不要说敌人，连我们也被你们转晕了头，硬是转出来了嘛！出贵州，过乌江，我们一方面军是付出了大代价的。二、六军团讨了个巧，就没有吃亏。你们一万人，走过来还是一万人，没有蚀本，是个了不起的奇迹，是一个大经验，要总结，要大家学。”坐在身旁的周恩来接过话题说：“你贺胡子真行，三次巧妙摆脱敌人，堪称‘神来之笔’呀！”

佯攻昆明抢渡金沙江

取得乌蒙山回旋战胜利后，根据红军总部的建议，红二、六军团决定放弃原打算在滇黔边建立根据地的计划，北渡金沙江，与红四方面军共同北上抗日。贺龙说：“现在是时候了，我认为应该以迅雷不及掩耳的速度隐蔽地从敌人的接合部钻出去，兼程进入云南，捅捅龙云这个马蜂窝。”

3 月 19 日，红军在云南昭通、威宁间突破滇军孙渡纵队防线，直趋滇东，而后继续南进。4 月 10 日，从盘县一带掉头直扑昆明，摆出一副攻打昆明的架势。这一军事行动，震动了昆明，吓坏了顾祝同和“云南王”龙云。正当滇军火急火燎驰援昆明时，贺龙指挥红军突然转向滇西，分两路西进，完全甩掉了滇军。直到这时，敌人才发觉上了当，气得顾祝同直“骂娘”。

红军抢渡金沙江的渡口之一格子渡口

4 月 25 日，红军陆续到达金沙江边的石鼓、巨甸一线。石鼓镇历来是滇藏要道和兵家必争之地，唐代就是滇藏茶马古道的重镇，蒙古军队南征，曾在此处用皮筏渡过金沙江，征服大理国。贺龙组织召开渡江大会，两军团首长们一致认为，红二、六军团的“活路”在此一举，能否渡江成功，将是生死一战。渡江开始时，根据当地习俗，贺龙用马鞭奋力击响了石鼓。从 4 月 25 日下午到 28 日傍晚，历时四天三夜，仅用七条木船、十几条木筏和 28 名船工，将 1.8 万多红军将士全部运到金沙江东岸，将国民党追兵甩在身后，实现继续北上的任务。

当追赶红军最快的滇军刘正富旅匆匆忙忙赶到金沙江边时，这里已是空无一人。

神秘的“明码电报”

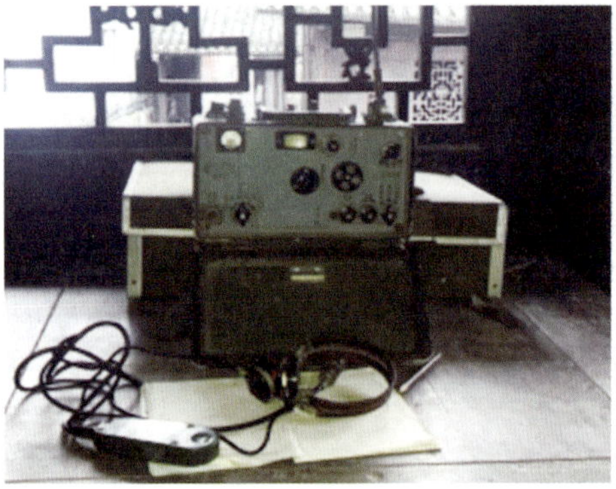
红军使用过的无线电台

中央红军北上后，红二、六军团总指挥部与中央的电讯联络一度中断。

1935年9月29日，红二、六军团总指挥部突然收到一封署名“豪”的明码电报，大致内容是：弼兄，我们已到陕北，密留老四处……弟豪。收到电报后，任弼时、贺龙等军团领导都非常兴奋。因为“豪”即“伍豪”，是周恩来化名简称，“密留老四处”即电报密码在红四方面军那里。从电报可以看出，中央和红四方面军肯定不在一处，这是为什么呢？任弼时、贺龙等深怀疑问，却又想不出原因。为慎重起见，当晚，任弼时、贺龙联名用密码电报致电周恩来：“你们现在何处？久失联系，请于来电对此间省委委员姓名说明，以证明我们的关系。”

第二天，任弼时、贺龙等意外地收到署名为“朱张”的复电，电报准确地列出湘鄂川黔省委委员及书记的名单，并告：“一四两方面军在懋功会合行动，中央任国焘为总政委……”这是任弼时、贺龙等第一次收到署名“朱张”的电报。既然朱是红军总司令，张又是中央任命的总政委，来电又是密码。至此，任弼时、贺龙等确认与中革军委沟通了联络。他们一面请“朱张”转报中央，一面不停电询中共中央及中央红军的去向。但“朱张”多次回电却只字未透露中央及中央红军的去向。

原来，1935年6月中央红军和红四方面军在四川懋功会师后，中共中央决定分左、右两路北上。张国焘率左路军行动拒不执行中央决定，并企图分裂红军。在这危险时刻，为避免红军内部发生冲突，1935 年 9 月 9 日，中共中央决定单独率右路军中的红一、红三军团和军委纵队先行北上。但是，因为朱德与红军总参谋长刘伯承随张国焘和左路军一起行动，红军总部及其通讯的电报密码都被张国焘控制。张国焘在给任弼时、贺龙回电时，刻意隐瞒了红一、红四方面军已分头行动的事实，按照要求说明了红二、六军团领导，又显示了自己“总政委”的领导地位。张国焘为了增强说服力，还特别以朱德、张国焘来署名。朱德是中革军委主席、红军总司令，张国焘是中革军委副主席、红军总政委。这样，以“朱张”名义发来的电报很容易让人理解这是来自中央的电报。因此，任弼时、贺龙等对张国焘的分裂活动一无所知，只能按正常情况对待，把“朱张”来电作中革军委的指示。

后来，朱德对红二方面军干部说:“这时，因为电报密码由总部带下来，被张国焘掌握了，二方面军和中央失去了联系，我们当时发什么电报都得经过他，不经过他不行”，“中央的一切他不给你们转了，中央又不能直接告诉你们，所以都是他的东西。关于军事上的指挥，是我和刘伯承同志搞的，向你们发电报也是他同意的”[①]。

1936 年 7 月初，红二、六军团长征到达四川甘孜与红四方面军会师。会师后，任弼时、贺龙等才知道张国焘分裂党、分裂红军、另立“中央”的错误行为。任弼时、贺龙等深知跟张国焘斗争必须依靠中央这个坚强后盾，但必须先把电台密码要过来，恢复与中央直接联络。于是，任弼时找张国焘要密码，但张国焘却以“双方的情况我甚为明了，可由我处转”为由不愿意交出密码。朱德在一旁指出：你还有什么权力在中央和二方面军之间转报？这样误时误工，我看你就是有意阻挠。张国焘无话可说，只好交出了密码[②]。

---

①《任弼时》，中央文献出版社 2010 年版，第 72 页。
②《长征中任弼时与张国焘的斗争》，载《党史纵横》2016 年第 5 期。

会师甘孜携手北上

红二、六军团渡过金沙江后立即向红军总部报告，并迅速接到了朱德总司令和红四方面军发来的贺电："金沙江既渡，会合有期，捷报传来，全军欢跃。谨向横扫湘黔滇，万里转战的我二、六军团致以热烈的祝贺和革命的敬礼。"

红二、六军团与红四方面军会师地——四川甘孜县

红二、六军团迅即传达贺电，极大地鼓舞了士气，广大指战员以更加饱满的热情向北挺进。4 月 30 日，部队到达中甸（今香格里拉）。此时，张国焘以红军总部名义来电："要两个军团分作两路先后向甘孜前进。"

5 月 5 日，红二、六军团从中甸分两路北上，红六军团经定乡、稻城、理化、瞻化至甘孜，红二军团经得荣、巴安、白玉至甘孜，先后征服了大小十多座雪山险阻，1000 多名战士因疲劳缺氧、饥寒交迫倒在雪山上，献出了宝贵的生命。6 月 22 日，红六军团经瞻化到达甘孜普玉隆，与红四方面军总指挥部会合；30 日下午，红二军团及总指挥部抵达绒巴岔。7 月初，红二、六军团 1.4 万余人齐集甘孜，与红四方面军胜利会师。

至此，蒋介石动用40万兵力在滇黔境内围堵红二、六军团的行动，以自己损兵折将、红军胜利进入川康而告终。

红二、六军团的到来，受到了红四方面军广大指战员的热烈欢迎。7月2日，红二、四方面军在甘孜县城城郊举行会师大会。同日，红二、六军团和红四方面军领导人召开会议，讨论北上与中央和红一方面军会合的问题，张国焘审时度势不得不同意红四方面军与红二、六军团立即共同北上，与中央会合。

在红军长征七次大会师中，甘孜会师具有非同寻常的意义，它不仅是三个月后三大主力红军会师的前奏，更是红军统一思想、加强团结、走向胜利的重要转折点。

红二方面军正式成立

1936年5月20日，中共中央以林育英、张闻天、毛泽东、周恩来、博古、邓发、王稼祥、凯丰、李德、林彪、徐海东等名义发出的致朱德、张国焘、刘伯承、徐向前、陈昌浩并转任弼时、贺龙、萧克、关向应的电报《关于当前策略与国内外情况》，最早提到了"红二方面军"："弟等与国焘同志之间，现在已经没有政治上和战略上的分歧，过去的分歧不必谈。唯一任务是全党、全军团结一致反对日帝与蒋介石。弟等对于兄等及二、四两方面军全体同志之艰苦奋斗表示无限敬意，对于采取北上方针一致欢迎。"

1936年7月1日，中央发来会师贺电，电文特别指出"西北的政治环境是很好的，二、四方面军北上之后，我们就有更伟大的力量来进行西北各民族、各党派、各武装势力的大联合"。

1937年3月，红二方面军党委会部分委员在陕西同官县陈炉镇合影

7月5日，中革军委正式发布《关于组织红二方面军及其领导人任职的命令》。"军委命令：七月五日决以二军、六军、卅二军组织二方面军，并任令贺龙为总指挥兼二军军长，任弼时为政委兼二军政委，萧克为副总指挥，关向应为副政委，陈伯军（钧）为六军军长，王震为政

委，即分别就职。此令。朱德、张国焘、周恩来、王稼祥。”

根据中央电令，红二、六军团与红三十二军于7月5日在四川甘孜正式改编，组建成第二方面军，贺龙任总指挥，任弼时任政委，下辖三个军，即第二军（原红二军团）、第六军（原红六军团）和第三十二军。红二方面军在甘孜休整几天后，与红四方面军共同踏上了北上会师的征程。

贺龙智斗张国焘

美国著名记者斯诺在采访毛泽东时问："你一生中最黑暗的时刻是什么时候？"毛泽东回答："1935 年的长征途中，在草地与张国焘之间的斗争。"甘孜会师期间，贺龙也与张国焘反对中央、分裂红军的图谋进行了坚决的斗争。

1936 年 6 月 30 日，红二军团到达甘孜附近的绒坝岔，朱德带随行人员远出十多公里迎接老战友。朱德把张国焘分裂党、分裂红军、另立"中央"的情况如实告诉了贺龙、任弼时、关向应，并说："这段时间所谓中央和军委给你们的指示都是假的。"刘伯承建议要注意策略："对张国焘不能冒火，冒火可能导致分裂。"

听了朱德、刘伯承的介绍，贺龙一时难以接受摆在面前的事实，同时感到斗争的复杂性、艰巨性，若稍有不慎，其后果将会是灾难性的。贺龙如何巧妙地与张国焘斗智斗勇呢？

智斗一：你发文件我不管，谁传谁看我要管。张国焘以迎接红二、六军团为名，派出"工作团"散发"反对党中央、批判毛、周、张、博"的文件，送来大批《干部必读》小册子，宣扬他的路线，煽动对中央的不满，在指战员中进行分裂活动。贺龙明确要求："这些材料不能发，不准看，看了的要处分。"并要求通知红二方面军各部队把小册子统统收起来。王震汇报说："我那里已经把这些文件烧了。"贺龙连声称赞："烧得好、烧得好！"

智斗二：软硬兼施警告他，开会讲话要注意。在 7 月 2 日的红军会师庆祝大会上，贺龙坐在张国焘身旁，当张国焘准备站起来讲话时，贺龙拍了他一下说："国焘啊，只讲团结，莫讲分裂，不然，小心老子打你的黑枪！"后来，贺龙常说，"我不会对他打黑枪，是他自己心中有鬼。"也许是张国焘对这个从敌军枪林弹雨中闯出来的贺老总十分畏惧，在会上他再也不敢说不利于团结的话了。

智斗三：你派干部不拒绝，怎么安排由我定。张国焘总想把红二、六军团置于他的控制之下。在红四方面军总部会见贺龙、任弼时时，他以红军总政委的身份下了两条“指示”：一是红二、六军团的首长要调换，两个军团另派政委，任弼时也要离开；二是六军团由他来指挥。这是在明目张胆地分化、吞并红二、六军团。贺龙、任弼时对他这一手早有准备，坚决顶了回去。但张国焘仍硬性派来几个干部，想替换红二军团关向应、冼恒汉、廖汉生三位师以上政委，企图从政治上控制红二军团。贺龙、任弼时没有理会，派来的干部可留下，但怎么安排我说了算。

智斗四：上门讨要人和枪，削弱分散其实力。贺龙利用张国焘拉拢、控制红二、六军团的急切心理，来个釜底抽薪，贺龙主动上门向他要人要枪，以削弱、分散其实力。贺龙说：“你是红军总政委，你也得关心啊！你看我们长征损失大，你的人这么多，能不能调两个师给我们？”张国焘一盘算，只要把贺龙搞定，所有部队最后都还是要听我的，你要就给你，于是爽快地把红三十二军调给贺龙指挥。

智斗五：召开会议也可以，强加观点不同意。张国焘提出召开党的会议，想通过一个决议，从组织上胁迫红二方面军服从他的指挥。任弼时问：“开会由哪个作报告？”贺龙接着说：“你国焘作报告，我们不同意；弼时作报告，大概你也不同意。这个会怎么开？”张国焘黑着脸说：“既然你们有意见，那就算了。”张国焘一计不成，又生一计：先下手为强。张国焘想要直接下通知召开红二、四方面军干部联席会议。贺龙、任弼时、关向应经过研究后回话：“开干部联席会，我们不反对，但不准以多数压少数，把你的观点强加给二方面军。”张国焘态度仍十分强硬，非开这个会议不可。任弼时旗帜鲜明地说：“硬要开这个会，如果二、四方面军态度尖锐，我不负责任。”张国焘理屈词穷，只好作罢。

智斗六：坚持打好团结牌，提防张国焘走极端。贺龙深知张国焘的为人，为提防张国焘以增进红二、四方面军团结为由而采用极端手段，安排张国焘、朱德、刘伯承、任弼时、关向应和自己住在一幢两层楼的藏民楼。四周保卫全是红二军团战士，每人都是两支上满子弹的驳壳枪，子弹足得很。贺龙是这样考虑的：你张国焘人多，有个大圈圈；我贺龙人少，就搞个小圈圈，即便你张国焘真有歹心，料你也不敢下手。朱德兴奋地说：“二方面军一来，我们的气壮啦！张国焘的气焰终于被打下去了！”

最终，迫使张国焘率四方面军与二方面军一起北上。多年之后，朱德感慨地说：“贺老总对付张国焘很有办法，不争不吵，向他要人要枪要子弹，硬是要过来一个军。张国焘对弼时、贺龙有些害怕呢！一起北上会合中央，贺老总是有大功的。”

将台堡三军大会师

将台堡，位于宁夏西吉县南部葫芦河与马莲川河交汇处，距县城 30 公里。民间传说为古代军事要塞的点将台，民国初年在此筑城堡，为军事要塞，由此得名“将台堡”。它能够闻名于世、载入史册，是源于 1936 年 10 月 22 日，中国工农红军一、二、四方面军的三军大会师。

红一、二、四方面军会师地——将台堡

中央贺电，如闪电划出一道亮光。1936 年 7 月初，红二、六军团与红四方面军在甘孜会师后，张浩、张闻天、毛泽东、周恩来等西北苏区 68 位中共党政军领导人及相关单位，联名致电庆祝两军会师甘孜。初看这是一份祝贺“红二、六军团与红四方面军胜利会师”的电文，细读，这是一份为中国人民前途、为中华民族未来指引方向的命运之电。任弼时代表红二、六军团作出回音：“现在中央提出抗日民族统一战线的口号，提出了争取东北军、西北军的问题，我们唯一的道路是北上与中央会合。”

南下接应，如利剑打开一条通道。1936 年 9 月，中共中央在陕北保安讨论三大主力红军会师地点时，周恩来提出，会宁北依黄河，是陇东重镇和交通枢纽，也是红二、四方面军北上必经之路。毛泽东听后兴奋地说："会宁，好地名，好地名啊。会宁红军会师，中国安宁。"9月30日，红一方面军派出两个纵队南下接应，在西方野战军的增援下牢牢控制了会宁县城，迎接红二、四方面军北进。10月9日，红四方面军到达会宁，10日晚，红一、四方面军在会宁县城举行会师大会。朱德感慨地说："今天的会师来之不易啊，这是我们共同奋斗的伟大胜利！"

北上苦战，如尖刀杀出一条血路。红一、四方面军会师之际，红二方面军却艰难地奋战在北上征途中。张国焘不顾党中央的多次电告，我行我素，行动迟缓，拖延时间，丧失了静会战役的良机，使北上中的红二方面军处于腹背受敌的危险境地，损失惨痛。红二军团第六十七团被敌人包围全部壮烈牺牲，不少从湘西走过来的红军战士，历经艰难险阻后却一个一个倒在这里，再没有站起来。面对穷凶极恶的敌军，红四师师长卢冬生鼓舞战士：血战敌人，杀出一条通道。

10月22日，红二方面军与红一方面军在宁夏将台堡会师，并举行了盛大联欢。至此，中国工农红军三大主力实现了大会师，红军长征取得了最后胜利。

会师后，关向应任红二方面军政委，周士第任参谋长，朱瑞任政治部主任。1937年8月，根据中共中央军委决定，红二方面军与第二十七、二十八军团等部改编为国民革命军第八路军第一二〇师，贺龙任师长，萧克任副师长，周士第任参谋长，关向应任政训处主任，甘泗淇任副主任。一二〇师作为三大主力师之一，投入了抗日战争。抗日战争中后期，一二〇师先后演变成晋绥军区、晋绥野战军，隶属陕甘宁晋绥联防军建制，贺龙兼晋绥野战军司令员，关向应兼政委，张经武任参谋长，甘泗淇任政治部主任。解放战争时期，被改编成西北野战军，主要完成解放西北的重大任务。

第六章　舍家为国

湘西儿女多壮志

湘鄂川黔革命根据地处于险峻苍莽的武陵山区，千百年来，由于自然条件的险恶、官匪地霸的压迫，这里的人民生活十分艰难，也使他们格外渴望自由、平等和幸福的生活。

红二、六军团的到来，为湘西各族人民拨开乌云、送来了光明，在红军精神和革命真理的感召下，湘西各族人民以任侠好义、无畏强权、勇于斗争的精神气质融汇到革命的洪流中，为根据地的建立、建设、巩固作出了不可磨灭的巨大贡献，用生命与鲜血谱写了一段可歌可泣的光辉历史。

踊跃参加红军，有力充实革命队伍。红二、六军团木黄会师时仅余7700多人，其中伤病员500多人，扩大队伍、增强实力迫在眉睫。红军队伍所到之处纷纷掀起扩红热潮，各族群众踊跃报名参军参战，父送子、妻送夫，兄弟争先入伍、全家同当红军的动人事迹比比皆是。据不完全统计，全州累计有3万多人参加红军。到1935年底，红二、六军团发展到2万余人，各县、区游击队、赤卫队等地方武装也发展到9万多人。

全力支前护伤，成为红军左臂右膀。除直接参加红军队伍和地方武装扛枪上战场英勇作战外，湘西各族群众还以各种方式、从各个方面，全力支持红军队伍、支援反“围剿”斗争。这些男女老少，不惧艰险，排除万难，不顾生命危险，或是冒着枪林弹雨为红军运送武器装备、粮食、药品，或是为红军洗衣、做饭、缝被、做鞋，或是为红军带路、护送照顾红军伤员。

高举革命旗帜，坚持斗争坚守阵地。红二、六军团撤离湘鄂川黔革命根据地开始长征后，根据地群众遭到国民党反动派和土豪劣绅的残酷镇压和血腥屠杀。面对敌人的血腥屠杀，湘西儿女高举革命旗帜，与敌人进行顽强斗争，不惜献出宝贵生命。据不完全统计，湘鄂川黔根据地时期，永保、郭亮县被敌人杀害的苏维埃干部和革命群众11800多人。同时，根据地群众还冒着生命危险，在白色恐怖下，以保存革命遗物、传唱革命歌谣、护养红军伤员等独特的方式保留革命火种、传承革命精神。

据不完全统计，湘鄂川黔革命根据地先后有 3 万多人参加红军投身革命，20 余万人参加和支援红军作战，1 万多人壮烈牺牲，其中有名有姓烈士 6700 多人。英勇的湘西儿女血洒疆场，为策应中央红军战略转移，开创湘鄂川黔革命根据地，为实现人民解放和民族独立的中国新民主主义革命作出了重大贡献。

“湘西地区的人民，对革命的贡献很大，牺牲了很多同志。我们在这一带要吃饭、要穿衣，还不是靠这里的人民。我们这个地区是有光荣革命传统的。”在新中国成立后，萧克满怀深情地回忆了创建湘鄂川黔革命根据地的峥嵘岁月，高度评价了淳朴真挚、勇敢顽强的湘西各族人民对中国革命作出的巨大贡献。

彭飞：从“赶脚”到将军

解放前，湘西山区把赶着骡马走村穿寨送货的人称为“赶脚”。

1914 年 10 月，彭飞出生在永顺县车坪乡一个贫穷的土家族农民家庭，母亲生下了 11 个儿女，只活下了彭飞和他的两个姐妹。为了家中的生计，小小年纪的彭飞成为了一名“赶脚”。

1934 年 6 月，彭飞参加红军。不久，红二、六军团发动湘西攻势。彭飞是新兵，手中没有武器，彭飞硬是用手中的钢刀，夺下了敌人手中的步枪。在战斗中，彭飞冲锋在前，英勇杀敌，与红军将士们一起打垮了湘西军阀三个旅，攻克了永顺、大庸、桑植、桃源、慈利等县城。

1935 年 11 月，彭飞随红二、六军团参加长征。长征路上，彭飞跟随大部队爬雪山、过草地，走的都是无人之地，干粮吃光了，就吃草根、树皮、皮带，顽强地坚持着。有一次，彭飞患了“打摆子”病，当时没有任何药，浑身上下一会冷、一会热，走不动路，全靠战友们一路搀扶着走，靠自身体力慢慢恢复。彭飞说，他亲眼目睹了许多战友，因为饥饿、寒冷、生病永远地倒在了长征路上。

到达延安后，彭飞被选送到抗日军政大学学习。学习结束后，彭飞立即投入到轰轰烈烈的抗日战争，先后担任八路军作战参谋、新四军作战科科长、支队长、团参谋长、团长等职务，坚持敌后游击作战，多次粉碎日军的“扫荡”和“蚕食”。解放战争时期，彭飞先后担任中国人民解放军团长、师参谋长、副师长，参加了平度城阻击战、淮海战役、渡江战役、上海战役等重大战役战斗数十次。1950 年 11 月，彭飞所在的部队奉命进入朝鲜，参加抗美援朝。先后参加了著名的第二次、第四次、第五次战役和平康、金化地区防御作战。

1964 年，彭飞晋升为少将军衔，曾荣获三级八一勋章、二级独立自由勋章、二级解放勋章和一级红星功勋荣誉章。

田仁明：粉碎谋害贺龙阴谋的警卫员

1922年，田仁明出生于永顺县万坪镇雷茶溪村。1934年底，红军在距他家乡不远的十万坪打了大胜仗，接着打土豪、分田地，田仁明耳闻目睹天翻地覆的变化，意识到穷人要翻身，就要当红军。这年12月，年仅12岁的他参加了红军队伍。

由于年纪小，田仁明被留在红二军团军部通讯连警卫排当了一名通讯员。两军作战，敌人严阵以待，土匪时常出没，通讯联络任务异常艰巨，但机警的田仁明每次都能顺利完成，为红军建立交通线、打好运动战立了功。他亲身经历了忠堡战斗、板栗园大捷，目睹了贺龙的风采和红军的英勇，革命的信念日益坚定，革命的劲头越来越足。

1935年11月，田仁明跟随红二、六军团参加长征，经历了爬雪山、过草地、吃树皮草根、煮皮带鞋子的艰苦岁月。途中，他几度因病痛和饥饿掉队，但又怀着“就算爬也要走完长征”的信念追赶上了队伍。

1936年10月，14岁的田仁明艰难地走完了举世闻名的万里长征，光荣地加入了中国共产党。

1939年秋，17岁的湘西永顺籍小战士田仁明，结束了在八路军第一二〇师教导团的文化学习任务，被组织派遣到时任第一二〇师师长贺龙的身边担任警卫员。

贺龙一生追求真理，把毕生的精力和心血都奉献给了党和人民。战争年代，他为了人民解放、民族独立舍生忘死，英勇善战，历尽艰险，百折不挠，敌人对其恨之入骨，或千方百计拉拢，或阴谋诡计暗算。一次，一个叫吴聋子的警卫排副排长来诱惑田仁明：“只要干掉贺龙，要钱有钱，要女人有女人，还可以给一个团长当当……”他还对田仁明透露已经组织了很多人准备叛变。田仁明当机立断，连夜冒险迅速地向贺龙报告了这伙人的阴谋。接到消息，贺龙带着战士们很快粉碎了这伙叛徒的破坏活动。

田仁明历经抗日战争、解放战争、抗美援朝战争。新中国成立后，田仁明历任铁道兵九师师长、铁道兵大兴安岭指挥部副司令员（副军职）、铁道兵西南指挥部司令员（正军职）。他指挥修建的铁路线有长白山森林铁路、大兴安岭森林铁路、南福线、贵昆线和青藏线等，为我国铁路建设作出了巨大贡献。

蒙仁钊：初心不改的革委会主席

但凡符合自己内心最强烈、最真实、最渴望的愿望或理想都可称之为初心。初心可宏大可细微，可高贵可平庸，但最为重要、关键和宝贵的是人们对于初心的坚守，可谓初心易得，始终难守，使命易晓，致远惟艰。年仅36岁英勇就义的革命先烈——龙山县革委会主席蒙仁钊，便是坚守革命初心的典型代表。

苦难的岁月

1900年出生的他，同许许多多劳苦大众一样，人生最先面临的是一贫如洗的家境。然而，命运对他仿佛更为苛刻。那是一个积贫积弱、兵荒马乱、缺医少药的年代，即便是如今非常普通的感冒发烧，在当时都很有可能会要了人命。五岁，蒙仁钊的父亲不幸染上肺疾去世。十岁，其母亲因病去世。兄弟五人讨饭度日，三个饿死，只剩下他和弟弟蒙仁富相依为命。一次，蒙仁钊带弟弟到一个地主家讨饭，刚到大门口，就被地主狗崽子要狗咬了一口，顿时鲜血直流、疼痛难忍，地主儿子见状不仅不把狗赶开，而且哈哈大笑。蒙仁钊气愤地挪上前去评理，那人更加嚣张地吼道："蒙仁钊，你有本事再上前一步，老子打断你的狗腿。"蒙仁钊僵持了一会儿，想想自己还年幼，是斗不过他的，好汉不吃眼前亏，他强忍着心中的怒火回到家中。从此，嫉恶如仇便在他那幼小的心灵里埋下了种子。

后来，他先后给蒙士孙家里放牛，到蒙秀才家里当长工，扯猪草、捡柴禾、犁地、耙田、插秧、打谷，干遍了农村苦力活，受尽了恶人欺辱。一晃眼，他已三十出头，弟弟也是二十五六了，都还是光棍。他常想，"这忍冻挨饿、受人欺负、了无希望的日子何时才是个头呀？”在残酷的现实面前，不管他怎么想都想不明白。

命运的转机

1934年5月的一天，晴空万里，麦穗飘香。贺龙率领红军来到茨岩塘扩红筹款、宣传革命。这支军队所到之处，军纪严明，秋毫无犯，深受百姓拥戴。红军宣传的标语四处张贴，每一句话，都写进了老百姓的心坎上。蒙仁钊心里尤如被一道闪电照亮，恍然大悟、豁然开朗，只有红军才能救百姓脱离苦海，只有打倒了反动政权，人民才能过上好日子。蒙仁钊把这些道理讲给与他一样受尽压迫的乡亲们听，号召乡亲们加入红军闹革命。参加红军后不久，蒙仁钊就被任命为游击队长。从此，他的人生掀开了崭新的一页，踏上了波澜壮阔的革命征途。

三个月后，红军转移，蒙仁钊的游击队伍留下来坚守根据地。面对新生的革命力量，反动当局疯狂镇压，无数次“围剿”。为了和敌人周旋，他带领队伍乔装打扮，以挑脚做生意为名，潜往湖北等地，积蓄力量，伺机待发。

灵魂的升华

1935年4月，红十八师从桑植突袭茨岩塘，敌四十一师如蚁溃退，狼狈逃窜。听闻红军胜利的消息后，在湖北一带打游击的蒙仁钊迅速返回茨岩塘，被编入师游击队，任教导主任。为了掌握敌情，他机智勇敢，几次伏击，奇袭成功。同年6月，蒙仁钊加入中国共产党，任龙山县革委会副主席。同年10月，任龙山县革委会主席。此时，敌人的“围剿”更加变本加厉，层层设防，四面紧逼。

1936年2月，蒙仁钊因被人告密遭到当地恶霸程绍基、田梦雄等30多人围困，但他毫无惧色，英勇地与恶霸们搏斗，无奈敌众我寡，仍难突围出去，后被砍成重伤，昏迷不醒。农民熊伯玉父子俩连夜把蒙仁钊抬回家治疗，但因伤情严重三天后不幸牺牲。群众闻之，潸然泪下。

也许是对革命初心的坚守，也许是对革命队伍的迷恋，抑或是对革命战友的不舍，弥留之际，他还频频向熊伯玉询问红军的消息，“红军都走了吗？”“要是红军回来了，你一定要告诉我，我要去追赶红军……”

马忆湘：怒放万里征程的“朝阳花”

“它不论在哪里都能开花结果，因为它杆粗根深扎得稳，像青松一样坚韧不拔，在任何时候都经得住狂风暴雨的袭击……”20世纪60年代初，湘西永顺籍红军女战士马忆湘创作的长篇小说《朝阳花》与同时期出版的《苦菜花》《迎春花》，并称“三花”。在这部自传体作品中，马忆湘以她和战友们的亲身经历，用质朴平实的语言，生动地描述了一个湘西山里的土家苦命女反抗压迫、追求光明、参加红军、参加长征的感人事迹，深刻地表达了如朝阳花一般矢志不渝的革命信仰，热情地讴歌了红军艰苦奋斗、拥军爱民的革命精神。

马忆湘的一生，是传奇的一生，是革命的一生。

虚报年龄当红军

1923年5月，马忆湘出生在永顺县万坪镇的一个贫苦农民家庭。一家五口人全靠父亲在外帮工维持生计。因地主逼债，父亲远走他方，母亲不得不把年幼的她送给七里坪一家富裕农户做童养媳。在婆家两年，马忆湘饱受欺凌和虐待，不得不逃回了娘家。

1934年11月，贺龙、任弼时率领的红二、六军团来到湘西创建了湘鄂川黔革命根据地。1935年春，12岁的马忆湘听说“红军是穷人的队伍，不打人骂人”，便暗下决心一定要参加红军。她来到扩红队报名，告诉队长说自己13岁了。尽管她虚报了年龄，但是因年幼体弱、身材瘦小被拒绝了。当不了红军，就要回到婆家，回到暗无天日的生活里，想到这些，幼小的她如百爪挠心，她心里只有一个念头：“不！绝不能回去！”“一定要想办法当上红军”。

被扩红队拒绝后，马忆湘又来到了任务繁重、急需看护员的红军医院。在那里，她又一次虚报了年龄，并经“死缠烂打”，终于如愿以偿当上了红军医院看护员。参军伊始，部队一位老首长给她取了马忆湘这个动听的名字。首长说：你是湖南人，还出生在湘西，不能忘了家，就常回忆自己的家乡吧！

拼死也要跟着红军走

在红军医院的日子里，马忆湘和战友们一起学习文化知识和看护技能，悉心照顾每一位红军伤病员。这位曾遭受千磨万难的童养媳，在红军队伍里找到了平等温暖和理想信念。

1935 年 10 月，蒋介石调集 30 万敌军“围剿”湘鄂川黔革命根据地。红二、六军团在实施战略突围撤离湘西时，决定将马忆湘等一批年纪较小的红军和重伤员留在当地。马忆湘虽然服从命令在老乡家躲藏，但她心里十分难过，始终有个坚定的念头：“生，是红军的人；死，是红军的鬼”。倔强的马忆湘没有忘记自己的誓言，没多久就悄悄离开家，化装成要饭的乞丐，义无反顾地踏上了追赶红军部队的艰辛路程。她沿着红军转移的路线一路上跋山涉水，风餐露宿。20 多天后，终于在溆浦追上大部队。

马忆湘千辛万苦赶队伍的消息，像一阵风似的在红军部队中传开了。怀着矢志不渝干革命的精神和对未来美好生活的热切向往，马忆湘开始了艰苦卓绝的万里长征。

走过“三万五千里”征程

13 岁的马忆湘是长征队伍中年龄最小的女红军，她爬雪山、过草地，历经千辛万苦，奇迹般地走完了长征路，被称为“走了三万五千里”的长征战士。

长征路上，马忆湘与战友们徒步行军，跋山涉水，挨饿受冻，既要做好宣传鼓动、后勤保障工作，又要与敌人英勇战斗。在无数个生死存亡的紧急关头，马忆湘总是把生的希望留给战友，把死的危险留给自己。有一次，在荒无人烟的草地里，红军粮食几乎断绝，马忆湘找到一种野菜煮熟后，为了验毒，战士们都争着第一个吃。马忆湘说："是我发现的，当然要由我第一个吃……"于是就抓了一把塞进嘴里。半小时后，她恶心肚痛，晕倒了。经过抢救，第二天才苏醒过来。

马忆湘回忆说，长征中最深刻的印象就是饥饿，大伙常常吃不饱。在过草地时，她不小心把准备过草地的粮食掉进了水里。她想瞒着战友，但还是被战友们发现了，甘泗淇和战友们每人抓了一撮青稞面给她，一人一撮就是两斤多，最后就这样挺了过来。

1936 年 10 月，马忆湘跟随红二方面军抵达陕北。1937 年 4 月，马忆湘光荣加入中国共产党。到陕北后，她历任关中分区妇联副主任、中央党校学员、解放军旅卫生部政治指导员，还在延安大生产运动中被评为劳动模范。

延河水润养的爱情花

清凉的延河水不仅滋润着马忆湘这位从湘西大山走出来的巾帼英雄，同时浇灌着她的爱情之花。1941 年，她与红六军团第十六师政委晏福生结为革命伴侣。

晏福生在长征途中立下汗马功劳，他虽然失去了一条手臂，却铸造了"独臂将军"的佳话。1936 年 10 月，晏福生在罗家堡战斗中右臂负重伤，昏死在一个土窑洞里，被当地老百姓救回家，苏醒后他不顾伤痛又只身追赶部队……凭借着顽强的意志拼命追赶十多天，也没追上自己的部队，最后追上了红四方面军第三十一军。他因伤臂没有得到及时治疗，伤口已经腐烂并蔓延到整个手臂，不得不做了截肢手术。最终，他的生命是保住了，却只剩下了一只手臂。

到延安后，长征部队开始整编，把年纪较小的红军集中起来，让他们去学习。马忆湘就是其中一个。两年后，马忆湘因有过红军医院的经历，王震就让她去照顾负伤的晏福生。这样，他们因工作需要相识相伴，最后很自然地走在一起，组成了幸福家庭。

永不凋谢的“朝阳花”

20 世纪 50 年代，党中央号召老干部撰写革命回忆录。1958 年，马忆湘萌生了写书的念头。经过多年努力，她写出了长达 20 多万字的长篇小说《朝阳花》。一个出身贫寒、文化程度不高的女红军老战士，能够完成这样一部红色经典文学作品实属不易。

“文化大革命”中,《朝阳花》被诬陷为歌颂贺龙、为贺龙树碑立传的“大毒草”，马忆湘因此被抓。送到沙河学习班后，专案组把她作为重点对象批斗，不分白天黑夜地逼着她交代，揭发贺龙和晏福生。她几次昏倒在批斗会上，但始终坚持实事求是，决不做出卖灵魂的事，坚定不移地维护党的利益。

“文化大革命”结束后，马忆湘得到平反，恢复了名誉。1983 年，正师级的马忆湘离休。

2016 年 9 月 11 日，马忆湘在广州逝世，享年 93 岁。2017 年 3 月 25 日，马忆湘的骨灰在亲属护送下，回到她生前魂牵梦萦的故乡、回到了她启程追赶红军的出发点——永顺县万坪镇李家村。

马忆湘，这朵经过风雨洗礼的“朝阳花”，将绽放在人们的心田，永不凋谢。

石邦智："草鞋州长"的红星岁月

1952年4月，石邦智从部队转业，回到阔别18年的家乡湘西工作。他始终保持着红军本色，常常穿一双草鞋下基层，被湘西各族人民亲切地称为"穿草鞋的州长"。

"草鞋州长"石邦智，这个14岁参加红军的苗族战士，从湘鄂川黔的崇山峻岭出发，走进枪林弹雨的战场，经过了18年血与火的战斗洗礼。那段波澜壮阔、光辉峥嵘的"红星岁月"是他革命生涯的起点，为他的传奇一生留下了最初的深刻印迹。

苦难童年磨砺苗家少年

素有"一脚踏三省"之称的花垣县茶峒镇，是一个山水环绕、景色秀美的地方。沈从文小说《边城》令这个边城小镇蜚声天下。

在旧中国，穷人的日子贫苦艰难，茶峒的风景愁人揪心。

1919年9月12日，石邦智出生在茶峒镇一个叫茶园坪的寨子里。湘西山区的"雷公田"十旱九不收，石邦智全家六口人生活在两间茅屋里，靠山坡上不足三分的两丘田、一年150斤的稻谷艰难度日。若是遇上灾荒，全家人只能靠吃野菜和"神仙土"充饥。

穷人的孩子早当家。小时候，石邦智没穿过新衣、鞋子，没吃过一顿饱饭。他六岁开始放牛、割草、砍柴、挖野菜，成为家里半个劳力；九岁就到大户人家做苦工，干的尽是挖土、插秧、收割的重活；大冬天要上山砍柴烧炭，农忙时要走几十里山路到周边集镇打短工……

"柴禾当棉袄，蕨根当粮草，松膏当灯照，赤脚当鞋跑"。童年的苦难让石邦智及早地经受了生活的重压和磨炼，养成了不屈、奋斗、实干的性格；更让他亲身经历、耳闻目睹了旧社会穷人饱受官匪地霸压迫剥削的黑暗现实，在他幼小的心灵埋下了斗争反抗的火种。

离乡避祸隐姓埋名当红军

1933年正月，石邦智到茶峒街上去卖柴，听到镇上人都在议论“贺胡子”两把菜刀抢盐局，跟着“朱毛”闹革命，眼下正带着一支红军在湘鄂边打白匪……这些传闻，让石邦智朦朦胧胧感觉到红军队伍与从小看到的官兵不一样。

7月的一天，石邦智上山放牛，一不小心，牛吃了权势人家几十蔸麦子，对方上门借口赔偿实则勒索，见石邦智家中赤贫赔不出，又扬言报官抓人。是夜，为避灾祸，石邦智告别泪水涟涟的母亲，跟着父亲离开茶峒，于第二天中午逃到毗邻的龙山县里耶镇投友。

没多久，贺龙带着红三军来到了里耶。石邦智看到这支队伍纪律严明，不筹饷，不派捐，不要百姓办招待；不拉壮丁，请人带路、雇船渡河还给工钱……又听红军宣传员在唱“当兵就要当红军，处处工农都欢迎；官长士兵都一样，没有人来压迫人”，他下定决心要去当红军。

报名台前，扩红队看到石邦智年纪太小，不肯收。石邦智就跟在队伍后面走，一连走了几天几夜。红军田班长见他意志坚定，又是有家不能回的苦孩子，就收下了石邦智。他担心当红军会连累家人，就改姓换名为“田老宝”，声称“家住贵州松桃田家寨”。

自此，这个年仅14岁的苗家少年正式成为一名红军小战士。

一把马刀赢得一支步枪

参加红军第一天，石邦智领到了一身干净的衣服、一把马刀和两枚土制手榴弹。他对田班长说：“班长，给我也发支枪吧，到时候好打敌人。”班长一边教他使用手榴弹，一边幽默地说：“枪是有的。只是，到时候，你要跟我到敌人手上去拿。”

转眼到了1934年3月，红三军由永顺进至龙山茨岩塘。敌周燮卿旅伙同龙山师兴周、刘紫梁两个保安团共8000余人，尾随红军到达距茨岩塘30里的红岩溪。为砍掉“尾巴”，扭转被动局面，贺龙、关向应等研究决定诱敌至石家垭进行伏击。

一听战斗要打响了，石邦智和战士们都来了劲。3月13日清晨，红九师冒雨夜行赶到石家垭，石邦智和所在连队埋伏于坡顶山垭口上。中午时分，敌人钻进了“口袋”，红军向敌人发起猛烈攻击。

第一次参加战斗，石邦智紧张又兴奋，几次操起马刀站起身来，都被班长按下去。见敌人阵脚已乱，伤亡惨重，红军指挥员一声令下，战士们一起向山下冲去，石邦智提着马刀快速跟了上去，制服一个敌人，缴获一把步枪。

石邦智以一把马刀赢得了战斗生涯的第一次胜利，也赢得了做梦都想有的那支步枪。

两门钢炮注解一生传奇

在红二、六军团创建湘鄂川黔革命根据地期间，石邦智，这个当年的红小鬼，先后参加了十万坪伏击战等大小战斗数十次，成为了所在五十一团的战斗主力。在硝烟弥漫的战场上，在斗智斗勇的战斗中，这个苗族战士经历了血与火的洗礼，留下了一个又一个英雄传奇。

今天，在中国革命军事博物馆内珍藏着一门山炮，它作为土地革命战争、红军长征奇迹的重要见证物被陈列。这门山炮，就是1935年4月的永顺县桃子溪战斗中缴获的两门山炮之一，是石邦智和红小鬼们冒着大雨，连滚带爬地把这两门山炮从桃子溪战斗现场抬回红军军部的，红军首长们大大表扬了石邦智等小战士。这门山炮在后来的反“围剿”等重要战斗中，发挥了极其重要的作用。

“草鞋州长”的故土深情

1935年11月，湘西山区阴雨连绵，寒气逼人。国民党30万大军合围

"剿杀"，根据地一天天缩小，形势一天天严峻起来。红二、六军团开始集结桑植刘家坪，进行整训整编，准备战略转移。这时，石邦智当上了连队指导员何家产的专职通讯员。

突围远征的消息传出后，一大批湘鄂川黔边区出生的战士想到要离开故土和父老乡亲，依依难舍，甚至抱头痛哭。年仅16岁的石邦智，自离家后再没回过家乡，十分思念家人，想在出发前回家一趟。何家产动之以情，晓之以理，打消了他的念头。想到阔别已久的家乡茶峒，想到家中父母弟妹的期盼，看到当地百姓妻送夫、母送子来参军的动人场面，石邦智决心跟随红军长征，争取早日胜利回到家乡。

1936年12月6日，石邦智光荣地加入中国共产党。在18年的战斗生涯中，他历经抗日战争、解放战争、湘西剿匪，从一名战士成长为团长，经历大小战斗150多次，前后三次负伤，荣立大小战功17次，荣获八一勋章和解放勋章。

1952年4月，石邦智转业到回到湘西工作。在湘西的25年里，他担任过第一届州长、州委书记等职。他怀着对革命老区人民的感恩之情，怀着一位湘西儿子对故土的深情，鞠躬尽瘁，呕心沥血，搞建设，治贫穷；他为人正直，办事公道，两袖清风，为湘西人民谋福祉、谋发展，深得湘西各族群众的拥护和爱戴。1977年7月调省里工作，曾担任省人大常委会副主任、党组成员。1996年11月离休。2006年9月26日，在长沙逝世，享年87岁。石邦智的一生，是革命的一生，是光辉的一生。

战争年代，萧克等热情称赞他"战斗是英雄，生产是模范"；和平年代，廖汉生评价他："石邦智戎马一生，从东北一直打到华南，立下了赫赫战功。石邦智同志不论是在领导岗位上，还是退下来以后，始终不忘自己是一个贫苦苗民的儿子，始终不忘红军战士的光荣传统，始终不忘全心全意为人民服务的公仆本色。"

苗族老将军陈靖题诗赠给石邦智："三湘武陵乱云纷，国家危难灾重深。立志参加长征去，我们都是苗娃兵。"

彭祖贵：一根梭镖立战功的少年红军

1934 年 11 月 16 日，14 岁的彭祖贵刚刚参加红军第三天，红二、六军团正式打响了两个军团会师以来的第一仗——十万坪伏击战。从此，这位土家少年的个人命运就与中国工农红军的命运和中国革命历史的转折，紧紧地捆绑在了一起。

少年壮志

1920 年 3 月，彭祖贵出生在古丈县茄通乡小龙热村。因父母病逝多年，这个土家少年一直与两个哥哥相依为命，饱受着地主、民团、豪绅、官吏的压迫、欺凌和剥削。

1934 年 11 月初，红六军团攻占永顺县城。红军进驻王村后，常常用喇叭筒宣传“打土豪，分田地，打富济贫，人人平等！”“红军是穷人的队伍，不打人，不骂人！”西水河对岸的古丈老百姓也听得清清楚楚。远房叔叔彭忠令为彭祖贵带来了关于对岸的消息：红军待民一家亲，为民谋福利，穷人们纷纷参加红军，跟着闹革命！这些关于平等温饱的见闻震撼着彭祖贵，穷人不是天生给人欺凌的，软弱忍耐是没有出路的，反抗、挣扎的念头第一次在彭祖贵心中萌生起来：“走！投奔红军打天下，为穷人闯出一条活路来！”

机智过关

国民党军队把守着从古丈到王村去的河西渡口，过西水河要经过严密盘查。机灵的彭祖贵与叔叔商量，决定以卖柴换盐为借口过河。

11 月 14 日，彭祖贵和叔叔各背着一捆柴到了渡口。国民党士兵盘问了好一阵，但见二人穿得破烂，身材弱小，便信以为真，放二人通行。一过西水河，二人就丢下柴火，连奔带跑地爬上王村，找到了红军驻地。

“小鬼，你还太小，过几年再说吧！”看到精瘦矮小的彭祖贵，接待二人的红军指导员同意叔叔留下，却委婉地拒绝了他。一听这话，彭祖贵着急得流下了眼泪，他把父母受压迫而死的苦难、从小挨饿受冻的苦楚和对反动派剥削者的仇恨统统讲出来，一边死死地哀求着要参加红军，一边发誓定会狠狠地打“白狗子”。贫困少年的羞涩怯弱全部消失，彭祖贵鼓足勇气拉住指导员不肯放手。

“带上他吧！”一同来的刘排长帮彭祖贵说起了情，“这娃娃年纪小，勇气大！”席指导员见彭祖贵出身苦，当红军决心大，又耐不住求情，最后答应他跟着队伍走，还特别交代刘排长：“彭祖贵这个小鬼就交给你了，好好带他。”

十万坪伏击战打响的前夜，刘排长发给彭祖贵一支梭镖，对他说：“小鬼，战斗就要打响，你怕不怕？”彭祖贵抱着梭镖，坚定地说：“不怕！敌人来了，我就用这支梭镖捅死他！”刘排长竖起大拇指表扬道：“好，很勇敢！”

那晚，彭祖贵怀揣着仇恨，把梭镖在磨刀石上磨得尖锐锋利，准备用上所有力气和敌人狠狠拼杀一场。

勇猛杀敌

11 月 16 日黄昏时分，战斗打响了。受令“堵剿”红二、六军团的陈渠珍部万余人被围困在十万坪的谷地里。红军指战员英勇杀敌，枪炮声、呐喊声、冲杀声、军号声震耳欲聋，响彻云霄。

初生牛犊不怕虎。彭祖贵跟着刘排长左拼右杀，浑身是胆，毫不畏惧。突然，刘排长大喊：“不好，我们闯进了敌人的包围圈！小鬼，跟着我，一起冲出去！”彭祖贵猫着腰，跟着刘排长奋力奔跑。快要冲出包围圈时遇上了二名装备精良的敌兵。刘排长冷静迅速地开枪解决了其中一个，另一个凶狠地扑上来，与刘排长扭打起来，难分你我。彭祖贵拿着梭镖跟着转，突然几个箭步冲上前，对准敌人的胸膛用力刺杀过去。敌人痛得大叫，松开了手。刘排长顺手夺过敌人的枪，杀死了敌兵。

彭祖贵在第一次战斗中英勇杀敌，缴获一支英式步枪。战斗结束后，刘排长和指导员带着彭祖贵向红军首长汇报战况时，夸奖彭祖贵："这个小鬼是第一次上战场！他在战斗中表现得非常勇敢、非常机智。"

在此后的革命岁月里，彭祖贵参加了陈家河战斗、忠堡战斗、板栗园战斗等一系列反"围剿"战斗。在参加红军长征中，回旋乌蒙山，抢渡金沙江，爬雪山、过草地，克服无数艰难险阻，战胜敌军围追堵截。还经历了抗日战争的连天烽火、解放战争的生死考验。1940 年 6 月至 1945 年 1 月的 4 年多时间里，彭祖贵一直在白色恐怖笼罩下的重庆红岩村担任警卫队长，负责周恩来等领导同志和整个红岩村的安全保卫工作，与周恩来共同度过了难忘的岁月并结下了深厚的战斗情谊。……这个一根梭镖战场杀敌的土家少年，以英勇成就了红色土地上的传奇。

回到家乡

新中国成立后，彭祖贵随军南下，与中国人民解放军四十七军广大指战员一起平息了湘西的百年匪患，并留在湘西这块土地上工作。

1950 年 3 月，彭祖贵转入地方工作。1957 年 9 月 20 日，彭祖贵当选为湘西土家族苗族自治州第一副州长。此后的几十年里，他的足迹遍布整个湘西，从不计较个人得失，备受当地百姓爱戴，为民族地区的经济社会发展做出了突出的贡献。

1988 年 1 月 14 日，彭祖贵离职休养。1992 年 9 月，享受副省级医疗待遇。2009 年 6 月 8 日，在长沙逝世，享年 90 岁。

尹应贵：13 位亲人参加红军

1935 年 4 月 13 日，红军二、六军团进入茨岩塘，新组建的区、乡苏维埃政府带着群众打土豪、分田地，搞得火热朝天。看到这些，穷苦青年尹应贵豁然开朗，动员 13 位亲人参加红军，分别被编入游击队、赤卫队、少先队和红军后勤队。

尹应贵及亲人们英勇作战，意志坚定，令敌人恨之入骨。姚明阶、肖子含等土豪劣绅声称要零刀碎剐尹家人。当年 5 月，尹应贵的母亲姚二妹在战斗中被姚明阶部追杀，壮烈牺牲；大哥尹应富和大嫂在马蹄寨战斗中受伤被俘，相继离世；祖父、祖母年老体弱，禁不住这些打击，先后悲愤辞世。

尹应贵强忍心中悲痛，坚信革命必胜，继续紧跟红军英勇杀敌，很快被任命为茨岩塘游击队队长，令敌人闻风丧胆。

1935 年 12 月初，留守根据地的红十八师奉命在突围前夕进行整编，尹应贵任红十八师五十三团二营四连一排排长。14 日凌晨，红十八师进驻凉水口时受到反动团防的联合袭击。尹应贵的父亲、三弟尹应典、弟媳和妻子姚香兰所在的女儿队、红属团被截断在河中，大部分同志伤亡、被俘；尹应贵所在后卫连也被敌军冲散。

尹应贵与部队失去联系后，只得返回茨岩塘寻找红军。行至龙山县下必寨时，他被反动武装肖子含的爪牙抓住。看到眼中钉、肉中刺落到了自己手中，肖子含等匪徒用尖刀剥开了尹应贵的头皮，又用尖刀慢慢剜割他的大腿、手臂……敌人连续多天残酷折磨尹应贵，最后将他开膛破肚，年仅 24 岁的尹应贵壮烈牺牲。

廖云卿：慷慨就义的游击英雄

在永顺县桃子溪乡桐木坪，有一座烈士坟墓。每年清明节，总有人来到这里扫墓悼念，表达对这位烈士的深切怀念。烈士的名字叫廖云卿，被敌人残酷杀害时，年仅 23 岁。

临危受命永桑游击大队长

“云卿，红军杨团长叫你去驻地与他见面！”1934 年深秋，听到过路的红军老爷要见自己，22 岁的桃子溪桐木坪贫农廖云卿毫不犹豫，决定前去会一会。打小，他和全家人就受尽了地主豪绅的压迫剥削，也见惯了“白狗子”官老爷欺弱凌小的丑恶嘴脸，他倒真想看看红军长得什么样子，真的是“青面獠牙”吗？

赤贫的家庭无田无地，父亲积劳成疾早亡，12 岁的廖云卿只得背着妹妹，背井离乡，四处飘零，以讨饭为生。苦难的童年，让廖云卿饱尝人间辛酸，也养成他疾恶如仇的性格。他一有空闲，就拜师学艺，舞刀弄棍，练就一身好功夫，立志扫除人间不平事。十里八乡的贫苦农民都知道桐木坪有个好义豪勇的廖云卿。

“红军打土豪、分田地，是我们穷人的队伍。乡亲们都说你有勇有谋，敢为穷人讲话出头，干脆参加红军、跟着共产党干革命吧！”杨团长英气威武，讲话和气贴心，没有官架子，又鼓动自己为穷人打天下，廖云卿仿佛在漫漫黑夜里找到了明灯，心潮澎湃，当即就答应杨团长参加了红军。在后来的战斗，廖云卿英勇杀敌，表现顽强，不仅加入了中国共产党，而且升任排长。

1935年春天，湘鄂川黔革命根据地反“围剿”形势十分严峻，斗争日益残酷。在艰险重重的生死关头，廖云卿欣然接受“永桑边游击大队大队长”的任命，并很快召集了40多人参加游击队。他严明军纪，加紧训练，游击队的战斗力和革命信念得到迅速增强。

保卫新苏区智取陈黑头

在保卫蔡家峪苏维埃政府的战斗中，廖云卿和他的游击队员火速增援，如神兵天降，打得土匪抱头鼠窜，又冒雨追击，打死打伤诸多敌人。游击队取得了第一次胜利，极大地鼓舞了士气，增强了当好红军坚强后盾的信心。

瑞塔铺大土豪“陈黑头”见到革命风暴日渐猛烈，作恶多端、胆颤心惊的“陈黑头”集中了100来号人枪保护自己，还在家里修建了碉堡。廖云卿胆大心细，派人进行侦察，获得详细情报后，与几名队员乔装成民夫，混进了密不透风的陈家大院。又与埋伏在周围的战友，来了一个里应外合，一举端掉了“陈黑头”的老巢。接着又打击了桃子溪李贞次、黄益三、廖文辉等永桑边境的大土豪，解除了反动地主武装。

一时间，永桑边游击大队声威大震，廖云卿和战友们的事迹广泛流传。受到打击的反动武装闻风丧胆，受到鼓舞的贫苦百姓纷纷加入游击队，队伍迅速发展到了近百人。

星星之火，可以燎原。在红军的领导和永桑边游击大队的影响下，根据地各县纷纷成立了独立团、赤卫队、游击队等地方革命武装。他们积极配合红军开展土地革命、清剿地主武装、保卫苏维埃政权、维护地方治安、配合红军作战，成为坚实的地方武装力量和红军的最好助手、后备军。

疗伤被捕慷慨就义

1935年初的一天，廖云卿带队擒获了贺家台土豪曾宪家的儿子。得到消息，黄益三、覃子贞、李春晓三股土匪数百人，在当天半夜包围了游击队驻地。游击队员们顽强反击，几乎全部突出重围。就在廖云卿最后冲出的那一刻，他被一排子弹击中，当即，鲜血四溅，倒在地上。

天亮后，队员们返回原地寻找廖云卿，发现他已是血肉模糊，难以辨认。经过抢救，廖云卿死里逃生。养伤期间，他和队员们活捉了乔装打扮成农妇前来打探红军消息的大土豪黄益三的老婆，并派人将她送到红军指挥部进行处决。

1935 年 4 月，探知廖云卿在桐木坪寨后的岩洞里养伤，黄益三怀着刻骨仇恨，气势汹汹地带着 100 多人枪前往抓捕。因寡不敌众，廖云卿落入敌人手中。

为了从廖云卿口中得到有关红军和游击队的情况，黄益三软硬兼施、威逼利诱，廖云卿不为所动，黄益三露出了恶魔本性，他先用刀割去了廖云卿的鼻子，接着又将烧有木炭火的煤油桶绑在廖云卿的背上……受尽非人折磨，忍受万般痛苦，廖云卿没有透露一个字。丧心病狂的黄益三无可奈何，最后只得叫匪徒将奄奄一息的廖云卿乱刀砍死。

“游击奇袭震敌胆，拔剑光寒永桑边。革命何惜头颅贵，虽死犹生重如山。”廖云卿牺牲后，一首悲壮激昂的诗在根据地流传开来。

彭美兴：舍身护政委的游击队长

“离开他五十年了，但我时刻怀念着用生命保护我的革命烈士彭美兴。”离休老红军、原福州部队某部政委谢曙光深情地回忆道。

彭美兴，又名彭隆平，1898 年 1 月 15 日生于龙山县洗车河镇。1934 年 11 月中旬，红四十九团进驻洗车河，彭美兴参加红军。12 月上旬，中国共产党龙山县第一届委员会在洗车河成立，接着建立了洗车区苏维埃政府和区游击大队，彭美兴被选为游击大队长。在彭美兴的带领下，洗车河革命斗争的烈火越烧越旺。

1934 年 12 月 27 日，中共龙山县委宣传部长、洗车河区委书记、区游击大队政委谢曙光，通过彭美兴的关系收编了洗车河土匪穆世顺部，编为洗车河区第二游击大队，穆世顺任大队长，谢曙光兼任政委。

不久，红四十九团从洗车河开拔了，龙山县委机关迁往农车，仅留谢曙光一人在洗车河领导游击大队和开展地方工作，地主和豪绅们开始蠢蠢欲动，被收编的地方武装和土匪也开始密谋“反水”叛变。

1935 年 1 月 3 日，寒风呼啸，乌云翻滚。洗车河区苏维埃机关和游击大队在谢曙光、彭美兴带领下，来到兴隆坳下的烂泥湖整顿队伍，准备向农车转移。经谢曙光几次派人催促后，中午时分，穆世顺才带着第二游击大队慢吞吞地走来。

在两支部队相距不到 30 步远的地方，穆世顺停下来问道：“政委，我们往哪里去？”

谢曙光很爽快地回答：“我们向县委驻地农车转移！”

话音刚落，穆世顺突然举枪向谢曙光射击。谢曙光头一偏，一颗子弹从他耳边擦过，一旁的彭美兴见状，一边疾步上前一把抱住穆世顺，一边喝道：“你干什么！怎么打政委！”“政委快跑！去报信，带人来！”

说着，彭美兴跟穆世顺扭打在一起，彭美兴个子大，身强力壮，经过一番搏斗，穆世顺眼看快不行了，急忙喊他的部下道：“你们怎么还不动手？”

本来还在一旁手足无措的众匪徒，立即蜂拥而上，对着彭美兴拳打脚踢起来。区少先队员刘孝培手持梭镖冲去救彭美兴，可惜，还未靠近敌人身边就被乱枪打死。彭美兴寡不敌众，被活生生地打死，时年 37 岁。

在穆世顺被彭美兴抱住扭打的时候，谢曙光已向农车方向跑去。土匪紧追不舍，谢曙光急中生智，把随身携带的 200 多块光洋沿路撒在地上和草丛里，趁着土匪争抢光洋，才得以脱险。当谢曙光带着红军紧急赶来救援时，面对倒在血泊里的彭美兴、刘孝培的遗体，想到他俩是因为保护自己而牺牲得如此惨烈，谢曙光痛哭不止。

彭美兴的舍生取义，见证了湘西儿女的革命理想和使命担当，质朴生动，真切感人，其宝贵的品质和崇高的精神极大地激励着红色苏区的共产党人前仆后继，朝着革命最终胜利的目标奋勇前行！

红军女儿队：一曲中华巾帼史的千古壮歌

在创建湘鄂川黔革命根据地的艰苦岁月里，在红二、六军团英勇壮烈的反“围剿”斗争中，湘西各少数民族女性组成的“红军女儿队”，以最真挚最热烈最顽强的方式融入到革命洪流之中，为中华巾帼史谱写了一曲凄美悲壮的千古传奇。

任弼时亲自命名“女儿队”

1934 年 11 月，在十万坪大捷的第三天，红军在杉木河搭起了扩红台。妇女委员陈罗英在会场上唱起了《妇女歌》：“姐姐妹妹快入妇女会，打土豪，分田地，努力向前走；反压迫，反剥削，坚决革命，男是好汉，女是英雄，平等自由。”歌曲激昂，听得台下贫苦妇女热泪涟涟、心潮澎湃。通过宣传鼓动，龙家寨及周边的妇女们踊跃报名，向冬梅、张金莲、马忆湘、李桂香、龙金香、张玉儿、田三姐等土家族、苗族妇女纷纷参加到红军队伍中。

任弼时为这支由湘西各族女性组成的红色地方武装亲自命名“红军女儿队”，成为中国工农红军湘鄂川黔边第一支红军女儿队。到 1935 年底，湘西各县建立红军女儿队 218 支，多者 30—40 人，少者十余人。

平时，红军女儿队负责宣传男女平等，禁止养童养媳和纳妾，提倡男女婚姻自由，帮助红军洗衣、缝补衣服、做军鞋，战胜重重困难，夜以继日，加紧生产，将一批批被服鞋帽送到红军战士手里。据 1935 年 1 月统计，永保县共送交军鞋 5200 多双，郭亮县送交军鞋 5800 多双；战时，红军女儿队帮助红军运粮食、送子弹、抬担架，甚至直接参战。她们既是卫生员、炊事员、宣传员，又是扛枪打仗的战斗员。

深情壮烈谱巾帼传奇

在根据地反“围剿”斗争中，红军女儿队涌现了一批顶天立地的巾帼英雄，她们以深情壮烈演绎了惊天地、泣鬼神的英雄事迹。

英雄母女同走长征路。红军在杉木河扩红时，杉木村贫困妇女张金莲带着年仅 13 岁的女儿范琴芳一起报名参加红军。贺龙看到又小又瘦的范琴芳，就问:“小姑娘，你这么小，到队伍上来可苦得很啊！”“我不怕苦！”范琴芳很坚决地回答。见到张金莲革命意愿强烈，红军任命她为龙家寨女儿队队长。1935 年 11 月，母女二人随着红军队伍开始长征。张金莲随贺龙在红二军团当卫生员，范琴芳跟随萧克在红六军团政治部当宣传员。母女二人共同经历长征路上严峻考验，与战友们到达陕北。

田三姐冒死救护伤员。1935 年 4 月，红军主力撤离龙家寨乡。杉木村后寨的土家族妇女田三姐冒着生命危险，把大腿受伤化脓的红军排长小张接回家。白军回转后，她声称这是几年前失踪的弟弟回家了，并给保长王安之送礼，给“弟弟”上了户口，巧妙地躲过了民团的多次清查。一个多月后，小张的伤终于养好，田三姐又护送他绕过敌人的封锁线，在桑植县的南岔找到了红军。

桑植女儿激战陈耀汉部。1935 年 4 月，桑植普子塔地区（冉家坪村）一支以土家族为主、有 30 多人参加的女儿队，配合红军与敌陈耀汉部作战，表现非常顽强。后来这支女儿队正副队长被俘，坚贞不屈，均牺牲在敌人酷刑之下。

王长姑掩护战友身先死。1935 年 10 月，龙山县比溪乡游击大队交通员、女儿队队员王长姑把女儿寄养妹妹家中，追赶并参加了红军。她与 20 余名红军战友在执行任务途中，遭遇国民党乡大队长姚明阶带的 100 多人。王长姑掩护同志突围负伤被俘。面对敌人明晃晃的大刀，她昂首怒斥，惨死在敌人屠刀下。

被截蒙难留悲歌

1935 年 11 月，面对敌人 30 万大军“围剿”，红二、六军团实施战略转移。驻在桑植县朱家台的红军为保证按时与大部队会合，决定先行转移红军医院，由龙家寨女儿队护送伤员从木船撤离。

11 月 12 日，两船红军伤员和一船女儿队队员，从朱家台出发。起程前，两地红军原计划护送接应，但因双方消息未能顺利交接，让敌人钻了空子。船老板张加生暗地把这个消息报告给了白匪团长王碧泉。

13 日凌晨，当船开到幽深狭长的狮子潭时，突然从对面山上桐子林里冲下来 30 多个团防武装，他们一边朝船上疯狂打枪，一边狂叫乱骂。伤病员毫无自卫能力，30 几名红军女儿队队员没有武器，有的当场被子弹射中牺牲，有的被冲下激流生死不明。

被截后，红军伤员全部被白匪杀害，女儿队队员们遭受了非人的折磨。她们有的被敌人侮辱强占，如王碧泉强占女儿队小江做了“压寨夫人”；有的被当作牲口一样售卖，呛着血泪、忍辱负重过完余生，如李桂香被卖给王兴富做牛做马；有的机智逃离魔掌，或是回到地方继续追随留守的红十八师英勇战斗，或是幸运地在麻栗溪找到了红军大部队……

湘西女儿情永铭在丰碑

龙家寨女儿队队长张金莲和年仅 14 岁的女儿范琴芳逃脱虎口后，跟着红军部队开始长征。母女俩既要战胜长途跋涉的劳累和饥饿，又要当好红军队伍的卫生员、后勤员、宣传员。有一天，贺龙派通讯员专门来请母女俩去吃饭。他看见张金莲母女俩，引以为豪地说：“了不起！母女都走上长征的道路。母亲是英雄，女儿也是英雄，古往今来，有几个像这样的英雄母女？到了延安，我要请个作家为你们写本《母女英雄传》！”

红军长征胜利后，范琴芳进入延安抗日军政大学学习，后任三五九旅随军剧团团长。1938 年冬，她随王震参加抗日战斗，日军的弹片无情地夺走了范琴芳 18 岁的生命。消息传到延安，张金莲悲痛得晕了过去。想到女儿为了民族独立、人民解放牺牲，她感到十分光荣，坚强地挺了过来，在延安保幼院悉心照料烈士遗孤们。

新中国成立后，张金莲毅然离开繁华的北京，回到了偏僻的家乡。政府给她修的新瓦房，她送给村里做小学，自己仍留在破旧的木屋里过着清贫的生活。三年困难时期，她把国家配给她的 42 斤大米，拿出来供养 20 多名无家可归的孤儿，自己却挖葛根，咽野菜，吃得人都浮肿了。1989 年，张金莲怀着对女儿的无限思念在杉木村去世。

轰轰烈烈地离开，平平淡淡地归来。一定要用文字把英雄的红军女儿队记录下来——和贺龙想到一块儿了的，是苦难童养媳出身的女红军马忆湘。新中国成立后，马忆湘创作了长篇小说《朝阳花》，湘西女儿们就像永开不败的朝阳花，她们的英雄事迹、慷慨悲歌得以在文字中永生。

湘鄂川黔革命根据地的湘西女儿们，用热血、泪水、生命注解了女儿深情，诠释了英雄本色，用深情、真挚、顽强谱写了悲壮凄切的革命传奇。她们的事迹至今在流传，她们的名字已被人们铭记。

大寨村民：英勇救护红军伤病员

1934 年 11 月，十万坪大捷后，红二、六军团在龙家寨创建了龙家寨乡苏维埃政府，这是湘鄂川黔革命根据地的第一个乡政权，它如同一面鲜艳的红旗高高地飘扬在苏区上空。

1935 年农历二月，35 名红军伤病员由塔卧转移到龙家寨乡大寨村。村里的 17 户土家族、苗族贫农争先恐后地把伤员抬进家里。他们翻山越岭采草药，给伤员敷上；宁愿自己吃红薯、苞谷，也要把大米节省下来给伤员熬粥喝；有的用积攒的一点钱给伤员买来红糖补身体……红军离开后，白军转回，风声紧张。这 17 户贫苦农民不惧危险，不露声色，把红军伤员又悄悄转移隐蔽到一个深山岩洞里，轮流看护五个多月。后来，红军分三批把伤员接走，全部安全转移到龙山茨岩塘。

龙家寨贫农妇女张心兰养护着三名红军重伤员。她与丈夫悉心照料，千方百计让他们吃好一点，翻山越岭为他们采药。红军主力转移后，白色恐怖笼罩苏区，张心兰与丈夫又趁着黑夜，背着大背篓，把伤员一个一个转移到深山岩洞躲藏起来，并安排父母在山洞里照料伤员，她和丈夫就想办法到处弄吃的和药品。两年多之后，三名战士痊愈离开龙家寨去寻找大部队，张心兰一家人送出好几里，战士们依依不舍，感动得热泪盈眶。

龙家寨土家族草医彭善华，变卖衣物，换来鸡蛋、红糖给收养的两名伤员吃，伤员流脓，他就用嘴一口口吸，经他精心照料的伤病员，伤愈后都安全回到红军大部队。

丁祖华：宁死不屈守机密

丁祖华，1881 年出生于永顺县塔卧乡长溪坡一个雇农家庭，祖孙三代给地主当长工，受尽了剥削和压迫。

1934 年 11 月，丁祖华听讲红军到湘西来了，并在十万坪打败了国民党军，他高兴地对爱人说："有救了，红军来了，我们有翻身的机会了！"湘鄂川黔省委、省革委、省军区机关迁到塔卧后，丁祖华主动为红军当向导，参加打土豪、分田地。半月后，丁祖华便当选为塔卧乡苏维埃政府主席，1935 年 1 月加入中国共产党。

在粉碎敌人的反"围剿"战争中，丁祖华随军参战，先后参加大小战斗十余次。在龙山招头寨战斗中，他所在排的刘排长中弹牺牲，丁祖华就带领部分红军战士和赤卫队员浴血奋战。全连 100 多人，仅剩 23 人，丁祖华双眼受重伤，但他强忍剧痛阻击敌人，掩护同志们撤退。敌人逼近时，他顺手摸一脸血污，躺在尸体中。天黑后，他才艰难地爬行到比较安全的地方隐蔽起来，医治眼伤。半月后，眼伤稍好，丁祖华即去寻找红军，可红军已经转移，他只得乔装返回塔卧。

红军离开塔卧后，土豪劣绅纷纷卷土重来。丁祖华被国民党区长向召臣带"义勇队"捉住，用板桶盖压了三天三夜，威逼他交代哪些人是红军、共产党。丁祖华严守党的机密，始终只吐出三个字："不晓得"，敌人无可奈何，气急败坏地把他押到老虎坳杀害。

梁俏妹：堪比“大丈夫”的烈女

1935年11月底的一天，秋风萧瑟，落叶纷飞，在龙山县招头寨瓦房沟漆家湾坳上的一棵大树下，五个凶神恶煞的大汉扬刀举枪，围住一个反捆着双手，被推倒在地的妇女吆喝道：“你这个扫把星，茅坪被你和红军闹翻了天，你杀了我们十四人，今天要一刀刀割死你！”

这妇女就是梁俏妹，她微微睁开惺忪的眼睛，上气不接下气地说：“落到你们手里，我就没想到活。”

俏妹原名秀芝，1912年3月出生在龙山县苗儿滩镇土车村，在兄弟姐妹中排行第四，又叫梁四妹。由于她生得俊俏，做事泼辣，人们称之“俏妹”。

梁俏妹家里无田无地，家境贫寒。12岁时就随父母到洗车河一带做小生意，最后定居茅坪中街，佃屋开个小小的“大烟馆”来糊口。梁俏妹急于摆脱窘境，15岁就嫁给了瓦房沟的符隆培。符隆培原在刘紫梁部团防营长符威山手下当排长，婚后回家务农并开糟坊卖酒，不久又当上自卫队长，兼管收税，巧取豪夺欺压百姓。梁俏妹曾多次劝说他，他都不听，两人感情逐渐疏远，梁俏妹便回茅坪娘家居住去了。

1935年4月，红军到了茅坪，梁俏妹第一个报名参军。红五十二团政委、茅坪区委书记刘锡珍问：“你敢拿枪吗？”梁俏妹点点头，伸手就要枪。刘锡珍把手枪递给她，梁俏妹接过手枪，坚定地说：“我要拿这支枪打敌人，打天下！”刘锡珍十分赞赏。

后来，茅坪区委、区苏维埃政府积极组建地方政权和地方武装，发动群众打土豪、筹给养，先后建立了茅坪、猫儿洞等六个乡苏维埃及区游击大队和乡赤卫队、少先队等组织。梁俏妹任命为游击大队长。她把女儿托付母亲、妹妹看管，腰插连枪带人到各村寨会，发动群众打土豪、分粮食、插标分田，组织游击队两打芦毛洞，熏死江四老爷，赶跑了江五老爷，击破凌片洞，活捉伪保长向心志。自卫队难以立足，土豪劣绅对她恨之入骨。

1935 年 8 月，梁俏妹奉命率茅坪区游击大队去茨岩塘。刚走到水砂坪老场，王家车乡苏维埃主席张成庆派人赶来报告，土豪自卫队从洞里出来，杀了乡干部、游击队员和红军家属十多人。梁俏妹的父母和妹妹也惨遭杀害，女儿下落不明（后被群众收养）。听完报告后，她请求师长张正坤给她 50 个人回去报仇。张正坤速令一位勇敢善战的连长带上 100 多人返回茅坪惩罚土豪自卫队。梁俏妹跑回家门，见白发苍苍的父亲满身血污倒在门边，走到天井又见心爱的妹妹披头散发地躺在血泊里，房门口横着母亲的尸体。她头一甩，脚一顿，带几名战士直奔李家大屋，把李泽光、李约青等三个残害人民的土豪一刀一个，接着镇压了李树光、李吉安等 11 人。紧接着，她带领部队杀向长坡黑洞，把自卫队打得落花流水。

1935 年 11 月，红二、六军团主力突围长征，红十八师奉令留驻茨岩塘一带牵制敌人。同月底，红十八师完成牵制敌人的任务，准备突围追赶主力。梁俏妹回瓦房沟接女儿，她刚到家，就被反动鹰犬李先祥、符玉隆等匪徒抓住，五花大绑地捆绑在一棵大树下。

敌人恼羞成怒，用鞭子狠狠抽打，逼她招出红军情况，并许诺保证安全。梁俏妹怒视敌人，痛斥敌人。众匪徒兽性大发，剥光她的衣服，捆在树上，用荆条抽打，百般折磨。

李先祥问：“茅坪哪些人参加了共产党？”“哪些人参加了红军？”“哪些人参加了苏维埃？”

梁俏妹答：“我参加了共产党！”“我参加了红军！”“我参加了苏维埃！”

李先祥又气又恨，又羞又恼，用木棍乱打，梁俏妹筋断骨折，奄奄一息，说：“共产党还要回来，红军还要回来，苏维埃还要再起！……”

叭！叭！叭！几声枪响，震落了几片红叶，几只乌鸦“呱呱”惊飞远方。这位年仅 23 岁的俏妹，流尽最后一滴血，她像傲霜立雪的一剪梅，含笑在高高的山坡上。

孟子曰：“富贵不能淫，贫贱不能移，威武不能屈。此之谓大丈夫。”面对敌人的威逼利诱、残酷折磨，梁俏妹像一个大丈夫一样做到了不惧不屈不挠。

向冬梅：宁死不屈的红军女儿队队长

向冬梅，原名向冬妹，土家族，1901 年冬出生于湘西永顺县塔卧的一户贫苦家庭。由于家中人口多，父母又疾病缠身，向冬妹不满七岁，便做童养媳。苦难的童年生活，使向冬妹养成了嫉恶如仇的倔强性格。

1934 年 11 月，红二、六军团挺进湘西。有一天，红军工作组来到向冬妹的家乡开展扩红宣传会议，向冬妹第一个报名要求当红军。红军女宣传员欧阳凤拉着她那粗糙起茧的大手，高兴地问她的名字，她说："我从小叫冬妹。"欧阳凤打量着她那高大的身材，以征询的口气说："你改名叫冬梅吧，能抗冰雪的梅花。"向冬梅爽快地答道："只要准我参加红军，叫什么名都行。"从此，向冬梅成为全乡第一个参加红军的妇女。

向冬梅参加红军后，样样工作都不甘落后，她把小孩托给婆婆照管，全身心地投入了艰苦的革命斗争，不到半个月就被任命为塔卧区红军女儿队队长，并被派往塔卧红军学校学习，学习期间加入了中国共产党。

1935 年 1 月，向冬梅率领女儿队参加了湘鄂川黔革命根据地反"围剿"斗争。她和姐妹们日夜赶做军鞋，筹集粮草，以支援红军前方作战。4 月上旬，红军开始撤离塔卧、龙家寨地区向北转移，向冬梅留守家乡组织贫苦农民坚持斗争。此时，敌人已血洗了塔卧，丈夫涂忠勇也已病逝。向冬梅强忍悲痛，来到有一定群众基础，距塔卧十余里的九冲乡开展革命活动。

由于地主武装"义勇队"的烧杀，九冲乡也笼罩在一片阴霾之中。4 月下旬的一天下午，她刚隐蔽下来，突然峡谷口传来几声枪响。她仔细一看，几个扎着绑带的红军伤员正向一条死沟退去，后面一大帮"还乡团"团兵紧追不舍。向冬梅立即冲出芭茅丛，跑到红军伤员身边说："我是特区妇女委员向冬梅，你们快跟我来！"这几名红军伤员跟着向冬梅走了一里多路。

向冬梅给他们指明了通往龙家寨的路径，她自己则朝着红军相反的山岗跑去，目的是引开敌人，保护红军伤员安全脱险。她故意暴露自己，牵着敌人跑了一岭又一岭，当她跑到一个名叫茶园坡的地方时，已经气喘力竭，再也跑不动了。

敌人赶来抓住了向冬梅，气急败坏的“还乡团”头子未见到红军，知道上当了，顿时火冒三丈，拿起皮鞭往她身上猛烈地抽打，一边打一边说：“只要你说出红军伤员的去向，就可免你一死。”向冬梅怒视着敌人，痛斥道：“你们这些猪狗不如的禽兽，活不了几天了。红军就要回来，你们就要见阎王了。要杀就杀，不要啰嗦！”“还乡团”头子恼羞成怒，一边咬牙切齿地说：“我就不相信共产党不怕死！”一边命令匪徒将向冬梅捆在树上，把衣服全部剥光，用荆棘条抽打，用小刀乱戳。鲜血流遍了向冬梅的全身，浸红了她站立的土地，但她始终坚贞不屈。敌人终究未能从她口中得到红军伤员的去向，恼怒的敌人用马刀朝着向冬梅的头颅砍去……

优秀红军女战士向冬梅就这样英勇牺牲了，她倒下的地方，梅花年年怒放，向人们展示着向冬梅那不屈不挠的斗争精神。

王光良：不怕牺牲的土地委员

王光良，龙山县马蹄寨人。幼年随父砍柴卖柴、挖蕨菜度日，成年后靠帮人做工、卖苦力为生。

1935 年 2 月，红军在马蹄寨、农车一带建立苏维埃政权，开展革命斗争。王光良见到红军部队，心里特别高兴。他主动为红军筹粮、筹款，侦察敌情，协助红军开展政治宣传，受到红军首长赞扬。农车乡苏维埃政权建立后，王光良担任土地委员。他带领儿子王习友、王习富登门串户，发动群众打土豪、分田地。同年 4 月，红军撤离农车，王光良送 16 岁的儿子王习友参加了红军。同年 6 月，王习友在湖北咸丰的一次战斗中光荣牺牲。

红军转移后，躲在山洞里的土豪劣绅气势汹汹地返回老巢，扬言要把参加农会的人斩尽杀绝。王光良只好迁往大安、乌鸦河一带谋生。乡民团营长田金安派人把王光良诱骗回农车老家。同年 7 月上旬的一个深夜，王光良刚上铺睡觉，田金安指使的保长胡武万、打手向青天等一伙人，手执长矛、大刀闯进王光良的房间。王光良惊醒后，赤手空拳与匪徒搏斗。向青天挥动大刀向王光良猛砍，其右手被砍断，鲜血直流，昏倒在地。匪徒们将王光良捆押到犀牛洞旁的山脚下杀害，时年 52 岁。

有革命就会有牺牲，为革命而牺牲，可谓死得其所、死得光荣！今天的幸福生活来之不易，享受静好岁月的人们，各尽其责各负其责，有一份光便发一份热，当是对先烈们最好的告慰！

石元晋：从被逼逃壮丁到主动投红军

从被逼离乡逃壮丁，到主动参加红军队伍，南征北战 16 载，吉首籍唯一老红军石元晋的从军经历极具传奇色彩，也见证了湘鄂川黔革命根据地广大群众对中国共产党和红军队伍的高度认同。

逃脱“壮丁”当红军

1902 年 6 月，石元晋出生在吉首市马颈坳镇毛坪村的一户苗族家庭。毛坪人生性刚烈，有尚武之风，石元晋自小跟随长辈们学习武术，身材壮实，灵活敏捷，也是家中的好劳力，十岁就跟父亲给地主打短工、放牛、种地，20 岁时，就给地主当了长工。

1921 年，“湘西王”陈渠珍为了壮大自身实力，不顾百姓死活，四处强抓壮丁。1932 年的一天，为逃壮丁，石元晋连夜离开毛坪，一路逃到江西，靠做苦工讨生活。

1933 年夏，石元晋从江西回到辰州，靠挑脚谋生。1934 年 10 月，石元晋和十几个挑夫一道挑桐油，赶往来凤。当挑至龙山县农车镇马蹄寨时，天色已晚，只得歇下。第二天醒来时，只听见门外人声喧哗，脚步杂沓。石元晋起来往门外一看，只见一个个头戴五角星、身背长枪的士兵来回穿梭。原来，就在头天晚上，红军攻进了马蹄寨。

门外的路边，一些红军战士在架锅煮饭，另一些摆起四方桌招纳新兵；家家户户的壁板上都写着“打土豪、分田地”“打倒军阀”的标语。石元晋看到红军官兵对百姓和气亲切，再联想壁板上的标语和自己逃壮丁的痛苦经历，“干脆当红军去！”他下定决心，走到招兵台前，毅然报名参加红军。

板栗园重创敌军

1935 年 8 月，红军准备围攻龙山县城。国民党军队闻讯后，先后从招头寨、靛房、板栗园等处向龙山县城合围，石元晋所在的红四师十二团重机枪连受命途中对其进行伏击。

经过一下午的急行军，石元晋和战友们在天黑之时赶到了板栗园。板栗园是一条大山沟，两边高山峻岭，山布密林，中有小溪，是打伏击战的最好地形。国民党八十五师共 1 万多人，由师长谢彬亲自指挥，从汉口赶来，取道板栗园向龙山县城逼近。谢彬没料到红军行军神速，所以，大胆地进入了山沟。清晨 8 点多钟，敌军已大部分进入了埋伏圈。红军一声令下，红十团、红十一团及十二团与敌军接上了火。

石元晋所在的重机枪连守在敌人正面板栗园隘口。看到敌人从山脚下蜂拥而上，石元晋等战士用重机枪狠狠进行射击，打退了敌人的几次冲锋，敌人在阵地上一排排倒下。至下午 4 时，敌人的尸体布满山沟，红军取得了板栗园战役的胜利。

从 1934 年 10 月参加红军到 1935 年 11 月突围长征，石元晋随部先后参加十万坪等大小战斗数十次，历任红四师十二团重机枪班班长、副排长。

英勇为长征开道

1935 年 11 月 19 日，石元晋随红二、六军团从桑植县刘家坪出发开始长征。

1936 年 4 月，石元晋加入中国共产党。这时，红二、六军团渡过金沙江，开始翻越第一座大雪山。石元晋所在的红四师十二团担任全军的开道先锋，先后经亚日贡、红日贡、刀许、巴塘城东到达巴安县城（今巴塘县）。1936 年 7 月初，红二、六军团开始向茫茫松潘草地进军。曾日行百里的红十二团，在草地上一天只能走三四十里。8 月 18 日，历经千难万险终于走出了草地时，红十二团已从长征出发时的 1200 人减至 800 人。

1937 年 7 月，卢沟桥事变发生，石元晋随队被编入八路军一二〇师，从西安东渡黄河，开赴晋西北抗日一线。抗战期间，石元晋先后参加了忻口战役、百团大战等重大战役，经历了雁门关伏击战、陈庄运动歼灭战、砚湾伏击战等大小战斗数十次。

1941 年底，石元晋在攻打山西宁武县二马营日军的战斗中，腿部中弹，负了重伤，导致三级残疾。

新中国成立后，石元晋回到长沙工作。

1987 年 12 月，老红军石元晋在吉首逝世，享年 85 岁。

全永山：父子四人当红军

1934 年 11 月，红二、六军团在湘鄂川黔革命根据开展了扩红运动，提出了在三个月内扩大 1.2 万名新战士的任务。红军的各级机关、苏维埃政府和连队，都分别组织工作队一边为贫苦农民分田分粮，一边动员群众参加红军。根据地很快掀起了父母送儿子、妻子送丈夫、兄弟几个争先恐后参加红军的热潮。

一天，永保县岩板铺农民全永山看到红军纪律严明，不拿群众一针一线，对老百姓嘘寒问暖无微不至的关怀，认定红军是为天下穷苦人翻身闹革命的队伍。因此，他主动要求报名参加红军，并动员三个儿子也加入了红军队伍。

全永山的母亲王翠花早年丧夫，知道儿孙四人当了红军，自己年老没有儿孙在身边，觉得十分孤独。想到这，她不由痛哭起来。全永山是个孝顺的儿子，便跪在地上对他娘说："娘啊，儿子不孝，我没有和您商量就报名参加了红军，不能在您的膝下侍奉左右呀，让您受苦了，您要照顾好个人。"顿时，娘俩抱头大哭。他娘哭着说："孩子，娘不怪你，娘虽然不识字，可娘知道红军是为我们穷人打天下的队伍！等打跑了敌人，还怕没有好日子过吗？"

当红军临别之际，全永山的母亲把攒下许久的十几颗鸡蛋煮熟，分发给儿子和孙子。她饱含热泪地说："你们要相互照顾好，枪子不长眼睛啊！你们都要后好好地给我回来，我想你们呀。"全永山父子四人跪在地上说道："娘，儿孙这一走不知什么时候才能回来，活着不能伺候娘，死后也要埋在娘的身边，日日夜夜陪伴娘。"说完，他站起来为母亲擦去眼泪，理理头发，毅然转过身，带着三个儿子随部队离开了家乡。

1935 年 8 月下旬，全永山父子四人在常德伏击战中光荣牺牲。这位伟大的母亲，就这样失去了自己至亲的四位亲人。

钟及先：邀约一群放牛娃投奔红军

1935年5月的一个清晨，东方刚刚露出鱼肚白。和往常一样，龙山县新城乡蔡家堡的孤儿钟及先，牵着伯父家的大水牛早早出门放牛。太阳冉冉升起，同村另外六个守牛娃也都来到了山坡。与往常不同，七个守牛娃没有去放牛，而是把牛儿一拴，按之前约定好的一起去投奔红军。

红军从村里过路有一阵了，他们到底住在什么地方？要往哪里去找呢？七个放牛娃中，钟及先年龄稍长，他说："往红军离开的地方去找，一定能找到！"于是，七个放牛娃小跑着出发了。春夏之交，日头有些毒，过了石羔山，到了十字路，汗流浃背的小娃们终于见到了红军，高兴极了。

钟及先就是这样参加红军的。经过一个月新兵集中训练后，七人被编入各个连队。8月3日，钟及先随队连夜行军，翻山越岭，赶路百余里，到达湖北宣恩县的板栗园，迂回包抄消灭前来增援龙山的敌人。年小体弱的钟及先与战友们奋勇杀敌，赢得了板栗园大捷，大大增强了革命必胜的信心。

钟及先历经红军长征、抗日战争、解放战争。新中国成立后，从东北军区转业到长春铁路分局工作。1975年12月，任广州铁路局怀化分局顾问直至离休。

田老大：誓死守护红臂章

1935 年 3 月，红军离开保靖后，昂家游击大队长田保清出发追赶红军队伍，路经孔木洞时，不幸被反动保安团截住，第二天惨遭杀害。

这个消息传到昂家，田老大等群众十分悲痛，当晚悄悄相邀，避开团防哨卡，赶到田保清的牺牲地，冒险安葬了田保清的遗体。在烈士入土前，田老大把他的臂章摘下来小心翼翼地收藏在自己身上。回到家后，田老大架起梯子，把这件珍贵的红军遗物收藏在了瓦檐上。

第二天，田老大等人安葬田保清、收藏红臂章的事走漏了风声，一伙反动团防穷凶极恶地闯进了他的家，翻箱倒柜，四处搜查。敌人一无所获，就把田老大五花大绑关进了团防局。敌人脱掉他的衣裤，把他吊在屋梁上，轮换着人用皮带抽打，要他交出田保清的红臂章。

田老大想着红军带领穷人打天下一定会取得胜利，又想着田保清为了革命连命都舍得，浑身都有了劲。他被敌人打得皮开肉绽，也一声不吭，只字未透露红臂章的半点消息，而是用生命顽强地守护着这枚被烈士鲜血染红的红臂章，守护着“红军一定会回来”的革命信念。三天三夜过去了，敌人用尽酷刑仍然一无所获，只得把奄奄一息的田老大扔了出去。

1949 年 11 月，解放军挺进保靖，田老大这才从瓦檐上取出守护了 14 年的红臂章。有人问他为什么连命都不要，却要保护红臂章？他说：“红臂章代表红军，它在，红军就在；红军在，穷人的好日子就在！”

第七章 回望初心

战斗在湘西的革命先辈

湘鄂川黔革命根据地时期，任弼时、贺龙、关向应、萧克、王震等为代表的革命先辈在湘西这片红色沃土上带领广大军民浴血奋战，为中国革命培养出一批杰出的政治领袖和优秀的军事指挥员，其中开国元帅 1 名，上将 5 名，中将 5 名，少将 100 余名，他们为中国革命的胜利和中国人民的解放抛头颅、洒热血，建立了彪炳史册的不朽功勋，将永远为后人所敬仰。

任弼时与“铁匠主席”

任弼时总是强调，全党要高度重视组织建设和干部队伍建设，把培养干部工作当作大事急事来抓。

为了提高干部的政治素质和领导经验，湘鄂川黔省委在根据地创办了党校和红军学校，县区经常办轮训班，派巡视员指导工作。任弼时总是挤出时间和干部谈话，他的谆谆教诲和艰苦朴素的风格，像润物的细雨，感染和教育干部。

龙家寨党支部是湘鄂川黔革命根据地的第一个党支部，书记是 19 岁的土家族青年田玉祥，他是铁匠出身，在十万坪战役中曾积极为红军带路。龙家寨乡苏维埃政府成立时，他担任乡苏维埃政府主席，不久被提拔为永顺县的财政部长，永保县革委会建立时，又任县革委会主席。

在参加省委第二次党的活动分子会议期间，田玉祥穿着打土豪分得的皮大衣、皮靴，手上戴着金戒指。会议休息时，田玉祥到丁家大院拜访任弼时。田玉祥回忆道：“弼时同志穿着朴素的灰布军装，嘴上蓄有胡子，个子很高，看样子是 40 多了（其实他只有 30 多岁）”，“房里陈设很简单，一床灰布棉被，一条灰色军毯，一口木箱，桌子上有一大堆书，壁上贴着列宁像和一张地图，外面有部电话机子。火炉盆子里装有一罐子药，看来弼时同志身体是不太好的。”省委书记任弼时的穿着陈设，和田玉祥相比形成了强烈的反差。

任弼时看到田玉祥这个样子，没有批评他，而是通过启发和教育让他觉醒。田玉祥回忆道：“弼时同志问我的出身，问我识字不识字，问我工作困难不困难，还问了当地一些风俗习惯，我都一一作了回答。弼时同志要我好好工作，不要脱离群众；要我保持艰苦朴素的劳动人民的作风。他说：艰苦朴素是革命的传家宝，还要我多读革命书，懂得革命的道理。”临走时，任弼时送给田玉祥两本小册子，一本是《土地改革法》，一本是《红军作战战术》。

经过这次教育，田玉祥主动地将缴获的贵重物品交了公，脱掉了皮大衣，又穿上粗布衣，恢复了铁匠面目，刻苦学习起来，成为湘鄂川黔革命根据地有名的“铁匠主席”。

我要回家乡湘西

“湘西是我的家乡，我从民国五年开始就在那里拉队伍，和北洋军阀打了几十年的仗，我人熟地熟，干起暴动来方便，有成功的把握。”①南昌起义部队南撤广东失利后，贺龙在同周恩来谈话时，主动请缨回湘西拉队伍，搞武装暴动。贺龙对湘西有着深厚的感情，在他波澜壮阔的革命生涯中，湘西是浓墨重彩的一笔。

1927 年 8 月 1 日，南昌起义的枪声震惊了国民党，引来了国民党军的猛进“追剿”。8 月 4 日，粤系军阀张发奎电令各部“进剿”贺龙、叶挺部。10 月，起义部队南撤广东潮汕地区失利，在向海陆丰前进的时候，遭到广东军阀陈济棠部的突然袭击，部队被冲散。周恩来、贺龙经香港秘密到达上海，开始谋划新的革命斗争。党中央认为贺龙是南昌起义代总指挥，是国民党反动派的“叛逆者”，处境非常危险，出于安全考虑，决定要贺龙与刘伯承、林伯渠一道前往苏联学习。对于这个决定，贺龙表示服从组织安排。11 月 16 日，因一个共产党秘密机关被敌人破获，敌人知道贺龙到了上海，下令挨家挨户严密搜查。贺龙只得停止一切活动，严密隐蔽起来。第二天刘伯承、林伯渠登船走了，贺龙未能同行。于是，贺龙向党中央请求返湘。

党中央对贺龙提出的返湘工作高度重视，同时引起了激烈的争论。在 1928 年 1 月 6 日的中共中央常委会议上，共产国际代表当即表示不赞成，担心贺龙“回去要变成军阀”。周恩来坚持认为贺龙应该去湘西，到湘西才能发挥他的作用。1 月 8 日，本着实事求是的原则，中共中央常委会议定：（一）派贺龙回湖南；（二）派周逸群同行；（三）成立湘西北特委；

---

①《贺龙传》，当代中国出版社 2015 年版，第 60 页。

（四）……郭亮任湘西北特委书记，贺龙、周逸群、徐特立、柳直荀为委员。

一番乔装打扮，几经辗转，险象环生，贺龙、周逸群等一行十余人，终于在2月28日到达了桑植县的洪家关。为尽快组建起义武装，贺龙等湘西北特委领导利用亲族关系，联络各地农民武装。

当时，贺龙的一些亲属和老部下各自都拥有武装，这些武装的情况十分复杂，他们为了各自生存，常常发生利害冲突，矛盾不断发展，正在酝酿互相火并。贺龙听到消息后，他连忙派人送信，让他们不要轻举妄动，等他回来解决。贺龙赶到以后，将他们召集在一起说："退下子弹，再也不许打了，都跟我干革命。我把话讲明白，这次回乡，就是干共产党，干工农革命军，干土地革命，推翻蒋介石、汪精卫，打到反动政府。我们南昌暴动的队伍在广东被打散了，我就不服气，你们呢？"人们嚷了起来："哪个龟儿子才服气，我们打不垮这些家伙才有鬼！"贺龙说："对啊，咱们的队伍几起几落，总是会搞起来的。不过，这次与过去大不相同，我们搞的是为工农打天下的革命军，想跟我贺龙升官发财做不到，要吃苦！哪个不想干，就讲清楚，我绝不阻拦，可有一条，不准和反对派搅在一起反对革命。"大家都表示愿意跟着贺龙干革命[①]。

在回湘西不到一个月的时间，贺龙、周逸群等就领导了一支3700余人、1500余支枪的革命武装，拉开湘西地区轰轰烈烈的革命斗争序幕。1928年的清明节前夕，湘西北特委将部队进行改编，成立工农革命军，打出了湘鄂边区第一面红色军旗。

---

①《贺龙传》，当代中国出版社2015年版，第66页。

从“搭档”到“最佳搭档”

同生死、共患难，住茅庐、榻高堂；湘鄂边、云贵川，抵分裂、促北上。在革命斗争中，点点滴滴、时时处处，无不见证关向应与贺龙之间共同的革命意志、默契的战斗配合、深切的战友情谊，赢得了“最佳搭档”的美誉。

1934 年，红三军和由任弼时、萧克、王震等率领的红六军团在黔东的木黄胜利会师。经中革军委批准，红三军恢复红二军团番号，贺龙任军团长，任弼时任政委，关向应任副政委，恢复和创建了湘鄂川黔革命根据地。在这段革命历史时期，关向应与贺龙一道同心同德，密切配合与“左”倾错误作斗争，保存和壮大了革命队伍。

湘鄂川黔革命根据地时期，贺龙与关向应共同指挥了几乎所有的重大战斗，他俩精诚团结、紧密配合，发起了著名的湘西攻势，有力地策应了中央红军长征。在这个历史时期，两人结下了深厚的革命友谊，也可以说是湘西这段艰苦而辉煌的战斗岁月让贺龙与关向应成为了一对“最佳搭档”。

在长征途中，关向应任第二方面军副政委，与贺龙一道，坚决抵制张国焘另立“中央”、分裂红军的错误行为。1937 年，他任八路军第一二〇师政训处主任，与贺龙一起开辟了晋绥根据地。

1946 年 7 月 21 日关向应病逝于延安，贺龙在前线知道关向应病逝的消息，写下了悼文《哭向应》，痛悼这位与他并肩战斗了 15 年的亲密战友：“整整 15 年，你我同生死、共患难。洪湖、湘鄂西、鄂豫川陕边，酷暑炎天；湘鄂边，湘鄂川黔、云贵川，甘陕、雪山草地，西安平原；踏晋绥、出河北，几万里长途征战，入死出生，无论在战场上、工作中，也不管在茅庐草舍、大厦高堂，我记不出何时不在一起，何时有所分离。而今，你我是永别了，翘首苍天，你是音容宛在，而我则寝不成眠。你死了，悲痛了千万人的心，我把悲痛变为力量，我对你沉痛的纪念，就是永远以我的心血，实践你临终恳切深谈的遗言。革命完全胜利之日，就是你含笑九泉之时。”

将军本色是诗人

金戈铁马、雪山草地，给了这位将军诗意的土壤、灵感和空间，溪州、万坪、塔卧，成了这位诗人将军的回忆、念想和笔墨。这位将军，这位诗人，便是萧克。

萧克是一位骁勇善战的将军，同时是一位终生笔耕的诗人。在戎马倥偬的日子里，他偷闲赋得许多动人的诗篇，记下了他的情感和思考，袒露了他的心路历程。萧克的诗歌创作，大部分是反映自己的亲身经历，与中国革命事业息息相关，闪烁着时代性与革命性的光辉，也体现了萧克伟大的革命乐观主义和革命浪漫主义情怀。

《萧克诗稿》是名副其实地反映红军战士艰苦卓绝长征历程的“诗史”。1934 年 7 月，萧克担任红六军团军团长，奉命率部先遣西征，为党中央和红一方面军的战略转移开辟通道，拉开了中国工农红军万里长征的序幕。《突破镇石封锁线（二首）》便是在此背景下完成的。

同年 10 月，红二、六军团在会师之后，立即发动湘西攻势，策应党中央和中央红军长征。他参与指挥了十万坪、陈家河、板栗园、忠堡等战斗，把国民党军 130 多个团的兵力引在湘鄂川黔边地区，创建了湘鄂川黔革命根据地。1935 年 11 月的刘家坪会议，作出了红二、六军团实行战略转移的重大决定。长路迢递，萧克在转战湘、黔的行军途中，先后写下《声东击西》《大战将军山（二首）》，反映了红军欲往黔东，先向湘中，跳出包围圈，调动敌人，打乱其部署的“神来之笔”。

1983 年 12 月，萧克重返湘西，回到自己曾经战斗过的这片热土，写下了新的诗篇：“敢驭黄狮上碧空，青岩列列峻奇雄。放眼九垓富新气，回首溪州索旧踪。万坪大捷奠基业，塔卧高碑仰高风。重别金鞭鞍未歇，征途万里仍从容。”

“夫妻将星”情定湘西

1955 年，在中国人民解放军首次授衔时，有唯一的一对“夫妻将星”，他们是甘泗淇上将和李贞少将，他们在湘西浪漫的革命爱情故事更是感动了一代又一代湘西人。

1934 年 8 月 7 日，甘泗淇任红六军团十八师政委，奉命率部从湘赣根据地突围西征。同年 10 月，红二、六军团在木黄会师后，转战湘西创建湘鄂川黔革命根据地，甘泗淇调任第二军团政治部主任，原为红六军团组织部长的李贞调任湘鄂川黔省军区组织部长。

1934 年 11 月的一天，风尘仆仆的李贞刚从外面回到家中，任弼时的夫人陈琮英就跟了进来。陈琮英和李贞是老相识，李贞一边请陈琮英坐下，一边忙着倒水。先谈了一会儿工作后，陈琮英突然话锋一转：“妹妹，瞧你一个人怪孤单的，我给你介绍个人怎么样？”“谁？”李贞好奇地问。“甘主任，你认识的！”陈琮英微笑着说。“他？甘泗淇？”李贞感到有些意外。对于甘泗淇，李贞非但认识，还很熟悉。1930 年前后，甘泗淇任湘赣省委宣传部长期间，她恰好也调到湘赣省委工作。李贞对甘泗淇印象一直很好，认为他是一位心胸开阔、平易近人、有知识有才华的战将，但要和他谈婚论嫁，自己却从来都没想过。“恐怕不行吧。”李贞低着头，一下子没了刚才谈论工作时的兴奋劲儿：“人家是到苏联留过学的，我却是个童养媳出身的人，没文化，不般配。”“那有什么，我当年不也是个童养媳？再说了，他文化高，你文化低正好可以帮你嘛！”陈琮英说得很认真。进而她又透露说：“我听弼时讲甘主任对你印象不错，说你泼辣能干，作风扎实，是个了不起的女同志。”听到甘泗淇对自己有如此评价，李贞感到非常欣慰，脸也不由自主地红了起来。

1935 年元旦，由任弼时主婚，李贞和甘泗淇在永顺县塔卧举行了结婚仪式。1936 年 7 月，红二、六军团长征到达四川甘孜后改编为红二方面军，甘泗淇任红二方面军政治部主任，李贞任政治部组织部副部长。长征胜利后，贺龙称赞甘泗淇、李贞夫妇是“两个模范干部，一对革命夫妻”。

1955 年 9 月，两人一同走进中南海怀仁堂。周恩来亲自把上将军衔授予甘泗淇，把少将军衔授予李贞。周恩来握着李贞的手，亲切地说:“祝贺你，李贞同志，你是我们新中国第一位女将军啊！”

方汉英与段五姑：23 根麻纱牵出忠贞不渝的爱情

按照土家习俗，人死后要身缠麻纱。段五姑慢慢地将 23 根麻纱系在方汉英的腰上，表示他已年满 23 岁。一根麻纱，一岁年龄；一根麻纱，一缕思念……

一个来自于江西萍乡，一个来自株洲茶陵。两个天南地北的人，却因共同的理想信念，在烽火岁月中相识相知相爱，他们用赤诚和热血在龙山大地谱写了一曲悲壮的革命赞歌！

方汉英，又名方献宇，出生于 1912 年。早年加入中国共产党，从事党的地下工作。1935 年 5 月，湘鄂川黔省委迁到龙山县茨岩塘，急需稳定后方。同年 6 月，根据上级指示，方汉英临危受命赶赴龙山担任第三任县委书记。

来到茨岩塘后，方汉英马上融入老百姓之中。他包上青布帕，穿上对胸衣，脚踏水草鞋，打扮成土家后生的样子沉到区、乡。在方汉英的带动下，农车、茅坪、兴隆街、茨岩塘、水田等地的土地革命搞得如火如荼，广大翻身农民踊跃参军支前，妇女们也运粮草、抬担架、做军鞋、送亲人当红军。

方汉英的能力和才干，被时任妇女干部的段五姑深深地看在眼里、记在心里。而英姿飒爽、清爽干练的段五姑，也深受方汉英的赞赏。两个年轻人的心，因为共同的理想信念和长期的工作接触走到了一起。但方汉英总是说，等打赢茨岩塘保卫战，等打了一个大胜仗再结婚吧。板栗园战斗、芭蕉坨战斗……红军打了一个又一个胜仗，而婚期却遥遥无期，段五姑掩不住心头的失落。

一个月朗星稀的夜晚，当段五姑提起婚期的时候，方汉英指着天上的星星说："我们都还年轻，现在形势十分严峻，你愿意因为我们的结婚而影响工作吗？等革命胜利了，推翻了压在我们头上的大山，就没有什么可以阻扰我们在一起了。"没有甜言蜜语，没有海枯石烂，朴素的誓言深深地引起了段五姑的共鸣和理解。两个年轻人相互依偎，相互陪伴，遥望璀璨的星空，满怀憧憬和向往。

然而，曾经的誓言，再也不会实现，曾经的战友和爱人，再也不能相见。

1935 年 10 月 9 日，那是一个极度阴霾的日子。方汉英白天下乡工作劳累了一天，晚上回县委机关杨家大屋休息。半夜，被敌人策反的秘书符东山伙同警卫班班长田和儿等几个叛徒，手持大刀、梭镖，悄悄摸进方汉英的住房。警卫员小刘紧急呼喊："方书记，有叛徒！"话音未落，小刘已被歹徒连砍数刀，倒在血泊之中。方汉英不顾危险，猛冲了过去。歹徒们挡住去路，猛然用椅子将他抵住，又一阵疯狂地乱刺、乱砍，将方汉英残忍地杀害了。那一年，他仅仅才 23 岁。

段五姑闻讯赶到后，只见方汉英被卡在椅子里，满身鲜血……

"汉英！"不管段五姑再怎么呼喊，再怎么悲痛欲绝，方汉英再也没有了任何回应。

为了表达对方汉英的忠贞和深深的爱慕之情，段五姑做出了一个惊人的决定：以妻子的身份为方汉英行安葬大礼。她的请求得到红十八师师长张正坤等领导的同意，大家为她和方汉英的遗体举行了简单凄惨的婚仪，了却了她嫁给方汉英的心愿。

灵柩启动那一刻，段五姑号啕大哭，"汉英，你醒一醒啊，明天你还要主持召开支前群众会啊，你不能撒手不管啊！"在场的红军战士和老百姓看到此情此景无不失声恸哭，场面悲戚。

可是，段五姑不会想到，穷凶极恶的反动派，在红军突围长征之后，丧心病狂地将方汉英的墓挖开，将尸体用桐油焚烧，还广为告示。

敌人的淫威吓不倒革命群众。茨岩塘的贫苦农民董承恩，冒着被反动派杀头的危险，悄悄将方汉英骨灰用红布包好，掩埋山中。新中国成立后，人民政府给方汉英烈士立碑时，董承恩才敢把骨灰献出来，声泪俱下地讲出了"二十三根麻纱"的故事……

革命何等悲壮？但见烈士英年许国！

群众何等英勇？冒死也要抢藏骨灰！

爱情何等坚贞？阴阳两隔亦成婚礼。

小小红军哥：湘西投军踏上戎马生涯

“儿童团去放哨，盘查路行人。东瞧瞧西望望，没见一人行……”80多年前，湘鄂川黔革命根据地流传的这首《龙山红军儿童团哨卡歌》，生动再现了苏区少年儿童支援红军反“围剿”、立志革命打天下的历史事实。

在开创湘鄂川黔革命根据地的艰苦岁月里，红军队伍和共产党人始终保持与人民群众的血肉关系，坚决维护人民群众的根本利益，获得了当地劳苦大众的高度认同。在扩红热潮中，赤卫队、少先队、妇女会、儿童团等地方武装如雨后春笋一样组建起来。

少年儿童成为反“围剿”斗争中的一支重要力量，他们有的为革命奉献了青春稚嫩的生命，有的跟着红军去长征，戎马倥偬，闯过了艰险的革命岁月，走过了光辉的革命生涯。

“砰！砰砰！”1933年5月6日凌晨，天刚蒙蒙亮，在桑植与鹤峰两县交界的洞长湾崎岖的山路上，传来几声枪响。桑鹤游击队负责人贺英一边与国民党团防激战，一边掩护游击队员们撤退。

贺英被击中三枪，牺牲前，她把两支小手枪和几块银圆交给从小就跟着自己打游击的外甥向轩，并拼尽全身力气叮咛道：“去找红军，找大舅，报仇！”小向轩背着小包袱历尽千辛万苦，终于找到了大舅贺龙。自此，向轩就拿着贺英给的小手枪参加了革命，年仅七岁。

1926年3月，向轩出生在桑植，他是“湘西双枪女英雄”贺满姑的儿子。1928年6月，被团防侦探队长张恒如发现，贺满姑在永顺县桃子溪突围中被捕。两岁多的向轩和哥哥、妹妹一同随母亲被押往桑植县城关进牢房。大姐贺英知道消息后，托人将三个孩子救出。贺满姑宁死不屈，被敌人残酷杀害。从此，向轩便跟随贺英生活。

虽然来到人世仅仅七个年头，但小向轩经历了无数血雨腥风，也在心中埋下了革命的火种。

1935 年 11 月，红二、六军团撤离湘西开始长征，向轩随队出发，时年九岁，成为红军长征历史上年龄最小的红军战士。

作为红二、六军团司令部通信班副班长，向轩站岗、放哨，是通信兵，也是后勤兵、宣传员。他胆大心细，但调皮任性，常被贺龙教育批评。爬雪山、过草地时，组织为年纪最小的三个战士配了一头骡子，每天轮着骑。“革命的骡子驮大了我，革命的乳汁养育了我”——首长的严格教育、战友的革命情谊、反动派的残酷血腥、国恨家仇的深切，让向轩这个最小红军迅速成长为坚定成熟的革命者。

长征胜利会师后，向轩又参加了抗日战争、解放战争，迎来了新中国的成立，他以英勇的表现告慰了贺家先烈。南征北战，戎马一生，向轩身上有 26 处负伤，右眼被打瞎，脖子、背腰、膝盖、右脚等多处受伤，至今还有弹片留在体内。他用忠诚和热血荣膺三级八一勋章、三级独立自由勋章、三级解放勋章、三级红星功勋荣誉章。1982 年 12 月离休，现居四川成都。

2016 年夏，贺龙的女儿贺捷生在《人民日报》发表《去成都看红军哥哥》，让人们对向轩这位中国最小的“红军哥哥”有了更深入的了解。

第八章 历史回眸

目前湘鄂川黔边区的战争形势和党的紧急任务

（一九三五年一月六日）

任弼时

湘西北革命运动的新形势和敌人新的进攻

自从我红二、六军团汇合，在中央和军委指挥之下，进到湘西北一带地区之后，党即决定在这一地区创造新的苏区根据地。不到两个月时间，的确，我们在湘西北创立了一个新的形势，这在中国苏维埃运动发展上是有极大意义的。

我们英勇善战的二、六军团，坚决地执行了党的进攻路线，在短短的两个月当中，给了陈渠珍以致命的打击，打败了朱疤子和刚由江西调来进攻我们的罗启疆部，总共击溃了敌人十五个团，消灭了四五个团的有生力量，接连占领了永顺、大庸、桑植、桃源、慈利等城市。特别是我们进攻辰州，包围常德，给了湖南敌人和进攻我中央野战军的敌人总后方以很大的威胁，有力地配合了中央野战军的行动。在红军胜利影响和党的正确领导之下，永顺、保靖、龙山、桑植、大庸、慈利的工农群众都踊跃起来革命，到处撑起红旗，组织游击队，普遍建立了工农的临时政权。现在从洗车河到溪口有四百多里，从桑植以北到永顺的石堤溪以南有二百四五十里，这一地区已经成为我们的苏维埃共和国的版图了。

在这一区域有四五十万人口，群众的斗争已经从打土豪进到分配土地，消灭封建势力的更高阶段。广大工农劳苦群众从国民党军阀长期压迫之下

---

* 这是任弼时在中共湘鄂川黔省委召开的活动分子会议上所作《关于粉碎敌人大举进攻最后的彻底的粉碎敌人五次“围剿”前面党的紧急任务》报告的第一部分和第五部分。

解放出来，得到了切身的基本的利益，参加革命战争的积极性大大提高。首先表现在群众热烈地参加红军，使我们的主力红军扩大了一倍以上，其次是创立了大批的独立团、营和游击队，正在同地主武装进行残酷的武装斗争。各地群众都积极地分配土地，组织工会、贫农团，建立赤少队的组织，为保卫革命政权和已得利益而坚决斗争。

同志们！正因为我们的伟大胜利与成功，这就给了国民党军阀以很大的威胁。目前，他们正在征调力量，组织对我们二、六军团和新区的大举进攻。据我们由各方面得到的消息，湖南军阀何键从进攻我西方军的战线上抽调了两三个师，湖北敌人也调动了三四个师的力量，总共调了几十团的兵力，布置对我们进行大规模的“围剿”。

目前党的紧急战斗任务

湘西北的革命斗争形势已进到更残酷艰苦的阶段。我们要粉碎从外面进攻我们的敌人，同时要消灭苏区内部的封建势力和一切反革命活动，来保卫、巩固和发展我们这个新的苏区，彻底粉碎敌人的五次“围剿”，开展中国苏维埃革命运动新的胜利局面。摆在我们党前面最基本的战斗任务，就是以争取决战胜利为一切工作的中心，去动员、组织、武装广大工农群众，在满足群众要求基础上发扬群众积极性，造成群众一切为着战争的热潮。关于战争动员工作，省委已有一个给各级党的详细指示信。这里只简单说明几项工作的中心内容。

一、目前战争动员的第一个问题，就要在广大群众当中进行艰苦的政治动员

我们要使全体党团员个个都了解现在战争的紧张和战争动员工作的重要。到会的同志回到各县、区、乡去，应当有计划地召集县或区的活动分子会议，布置战争的动员工作，随即召集支部小组会，在党员中报告和讨论执行的具体办法，并实际分工，做到每个党团员作一件战争动员的具体工作，成为战争的组织者和领导者。在党的各种会议当中，要反对一切不正确的倾向。首先是反对在敌人大举进攻前面表示张皇失措、悲观动摇、

退却逃跑的右的倾向，同时对忽视敌人进攻放松艰苦战争动员的“左”的倾向也要给以严厉批评。

我们的动员不仅仅在党团内，还要去告诉广大群众，使群众清楚了解目前战争形势，相信我们能够胜利，巩固群众对战争的必胜信心。因此，党应经过革命委员会和各群众团体、赤少队游击队去召开各种会议，报告和讨论战争动员工作。县区一级应组织战争动员的宣传队，根据省委关于战争动员的宣言、标语，到各乡各村各屋坊中去做广泛的宣传鼓动工作。

二、在战争动员中摆在党前面最基本的任务，就是如何去加强对武装的领导和组织，加强游击战争的领导

第一，我们要保障完成省委扩大一万二千新战士的计划。一月份（一月十日至二月十日）应扩大四千新战士。我们如何去扩大?（一）依靠党、政府及各群众团体，在分粮、分田、增加工资的斗争中，密切联系扩大红军工作。这里要反对认为群众不愿当红军，当红军的早已去了的观点。（二）整批动员赤少队加入红军。我们编好了赤少队，就要抓紧其中心的工作，特别是模范营，准备整批动员起来加入红军。此外，动员游击队一部分加入主力红军，一部分加入独立团、营去。我们提出永顺、保靖、郭亮、大庸，每个县在一月份至少要做到一个模范营加入主力红军。（三）切实实行优待红军家属的十八条，过去这一工作是未引起各级党和政府的注意的。要立即动员群众去优待红军家属，在群众中造成当红军最光荣的社会舆论。

第二，我们应广泛发展游击战争。要认识这是配合主力红军争取决战胜利的一个主要条件。游击队要真能深入到敌人侧后方，积极行动，吸引和分散敌人，破坏敌人后方交通，瓦解白军，并领导群众斗争，消灭地主武装和敌人单个部队，发展游击队。这里必须保障游击队能绝对执行明确的阶级路线。现在有许多区、乡都有游击队，但领导不强，力量又分散。我们应该将分散的游击队以区为单位集中起来，组成区或县的游击队。加强游击队和独立团、营中党的领导是异常迫切的问题。在每一个连队中应建立党的支部，坚决洗刷其中的地主、富农和反革命分子。

第三，是迅速把赤少队编制起来。我们若能将几十万群众武装组织起来，这的确是可以当得几万几十万军队力量的，因为他能迷惑、钳制和疲

困敌人。譬如敌人进到永顺城，我们以赤少队配合少数部队四方八面将敌人围困起来，断绝他们的粮食，可以做到敌人不敢随便出城行动。这是便利我们主力各个击破敌人、消灭敌人的。赤少队编制好了，应加紧训练，一个月至少应下两次操，由区委或支部派人去上政治课。应经常准备好一切，以便能随时动员去参战。最近全省应做到动员三个模范营、四营赤少队去前方配合作战。

与巩固部队和保障战争胜利不可分离的，就是收集粮食的工作。这一方面是要从深入阶级斗争中，把查出地主的谷子，在说服群众、得到群众赞助下，留出大部分供给红军，并且将它撤到安全的地方集中储藏起来。另一方面，就是组织群众随游击队到白区去搬土豪的谷子。这里要防止脱离群众的现象，就是说要分一部分给当地群众，并向群众宣传解释充裕红军给养的重要，把谷子搬进来，分发一部分给搬运的群众，留出大部分保存起来。各区乡要组织粮食委员会和保管委员会来负收集和保管的责任。

三、迅速消灭新区的地主武装，镇压反革命的活动

造成巩固的赤色后方是目前一个很重要的工作。最近的事实证明，地主武装在敌人大举进攻和新区内阶级斗争深入的时候，必然要更加积极活动起来。我们若不能迅速消灭他们，将给我们以很大的阻碍。消灭这些地主武装的办法：第一是靠我们武装去打。但必须领导游击队、独立团营，配合赤少队去袭击包围消灭他们，利用土枪土炮土炸弹去对付他们，不应依赖主力红军去打。其次，除了用打的办法外，还应该用政治工作去瓦解地主武装和土匪队伍。分田时，他们中间工农出身的士兵应同样分得土地，要利用他们的家属或派人进去，进行瓦解工作。

被我们推翻了的豪绅、地主及富农必然要更积极活动起来。他们活动的方法主要是:（一）背起零星的枪支隐藏在山上，袭击暗杀我们的工作人员;（二）混进我们的武装和政权，破坏革命，阻碍分田斗争;（三）用欺骗威胁的办法来和缓群众的斗争，欺骗落后的分子。我们对付这些反革命是要以革命群众的暴力，用赤色恐怖手段来镇压他们。第一，对付藏在山上的豪绅、地主及反革命分子，应该发动赤少队，搜山捕捉；对积极从事反革命活动的地主富农，应立即由群众公审枪决。第二，平时应发动群众严

密监视地主富农的行动。要揭破豪绅、地主和反革命分子的欺骗阴谋，使群众从自己的经验和利益上不相信他们的欺骗。第三，要立刻检举混入政府、群众团体和武装部队中的豪绅、地主和反革命分子，对积极活动的必须捉起来公审枪决。

过去在肃反中，表现最危险的倾向，就是对反革命容忍姑息，妥协让步，我们应开展反对这种倾向的斗争。少数地方发生过捉到土匪不审查成分，不分别是否首领就杀，这也是不对的，因为这要妨碍我们瓦解他们的工作。

四、彻底分配土地，是完成战争动员不可分离的任务

这个工作我们已有一些经验。最主要的问题，就是靠我们发动农村中的基本群众，热烈参加这一斗争。群众起来了，地主富农是容易清查出来的，土地人口也很快可以登记，并且瞒田也无办法，很快便可把田分好。这里贫农团和工会的作用是很重要的，必须加强和扩大其组织，并发挥它们的作用。我们要反对迟缓分田的现象，因地主富农就是希望迟延分田的。我们要反对原耕不动的分田原则，因为这要使分进田的贫农、雇农、工人得不到好田，而且富农可以从中作怪。过去有些地方分配土地斗争中，不去经常严格检查，甚至地主富农混进了土地委员会都不知道，这必须严格纠正过来。各级土地没收分配委员会必须坚强。首先就是检查这里面的成份，经常指示他们进行工作的方法。龙家寨杉木村分田时，不要土地委员会，由群众去互相盘田，这并不是好办法，而且是错误的，因为分田中有许多事情必须要有一定的机关来领导指挥，没有这种机关是做不好的，并且富农地主可以利用机会偷取土地革命果实。分田的时候，要特别注意中农的态度，不使他们发生动摇、恐慌。要向他们解释，土地革命是不会侵犯他们的利益，而且是于他们有利的，使他们没有丝毫的怀疑，站在贫农雇农方面，一同来反对地主富农。这里首先就要靠我们从打土豪分东西起，直到分田，都不致侵犯他们的利益。特别要防止把富裕中农判作富农，弄错了的要立刻纠正，并赔偿他的损失。把富农当地主打，消灭富农的个别错误也必须纠正和防止，因为这样的事情也是可以引起中农动摇的。

在分好了田的地方，应即进行分山，分鱼塘和房屋的斗争，并应进行

查田的运动。如分田分得很坏的地方，地主富农窃取了土地革命利益的地方，则应重新分配土地。各地方党应抓紧这个基本的斗争，求得迅速解决新区的土地问题。实际经验告诉我们，土地问题正确解决了的地方，群众积极性要高些，各项工作都有成绩。

五、加强和巩固党与政权机关的领导力量，改善领导方式，成为目前一个很重要的任务

首先，是要反对依然存在着的关门主义，求得迅速在各部分都有我们党的组织，在每个乡村、工厂、企业、街道、学校等和武装中的每一个伙食单位，都要有党的支部，这才能够保障党的领导的加强。在今天发展党的组织，要把力量用在那些没有党组织的地方，特别要向工人、雇农、苦力大开其门，大胆地吸收无产阶级半无产阶级的先进分子。这里要反对那些“和平发展”的说法。要晓得，我们今天是一个斗争的环境，有什么和平可说！问题只是在于大胆发展当中，要注意防止异己分子混入我们党内来。

第二，仅仅有了很多党员还是不够的，必须健全支部的生活和领导。支部要有很好的分工，每一个党员都要负担一件经常的工作。要健全支部委员会的工作，使它真正能领导本乡的政府、赤少队和其他群众组织的工作，真正成为执行党每一决定的机关和群众中间的核心，这才是健强和巩固了党的领导力量。加紧党员的教育是很重要的。这主要是通过分配党员做实际工作去训练，其次是经常开办流动训练班。县委应开办干部训练班，培养大批新干部。要加强区委的领导，因为区委组织和领导加强了，才能推进支部的工作。

第三，改善党和政府的工作方式，学习领导群众的艺术。我们在工作中碰了钉子，工作推不动，就要研究其原因，从中去学习领导群众的方法。譬如塔卧乡开始分田的时候，群众会议总召集不成功，后来发现土地委员会中有个反革命分子，他在周矮子时代帮周矮子压迫群众，红军来了他就借红军名义打贫家人的“土豪”，并且威吓群众说，现在分田将来革命军来了就要杀头，后来把他捉起来，经群众公审枪决了，群众热烈起来分田，什么工作都好做了。所以领导群众的艺术，就是在于去了解群众中一些实

际问题而给以适当的及时的处置，满足群众的要求。党和政府要经常检查下面的工作，如果只管发决议，下命令，不去检查，这种官僚主义的领导方式，对于我们是最有害的。各革命委员会的工作应当健强起来，党不能去代替包办政权的日常工作，而是应该加强对政权工作的领导，培养政权独立工作的能力。大的问题决定了，大胆交给政府工作人员去做，建立政权在群众中的威信和权力，使群众认识政权是自己的权力机关。革命委员会里面的消极怠工分子和阶级异己分子应加以清洗，多吸收群众中的积极分子来改选并健全本身的组织机能，使他成为目前战争中坚强的组织者和领导者。在分好了田的地方，应马上进行苏维埃的选举运动，把革命委员会转变成为正式的苏维埃政府。各级军事机关也必须以大力去健强其组织与工作。我们要认识，党、政府、军事机关在领导革命战争当中，是三个主要的机关。我们要反对党不管军事机关工作的错误倾向，同时也要特别注意防止军事机关超越党，不把重要问题提到党的会议上讨论，只是通知一下党，脱离党的领导的危险倾向。当然军事机关是有它的直接指挥系统的，但在军区的指示方针下，各级军事机关必须协同当地同级党委讨论决定具体执行的办法。

在边区和战区的党，应有秘密工作的准备，特别是边区的党更要注意，因为敌人容易伸进来破坏我们党的组织。在敌人暂时占领区域的党，应在当地继续活动，领导群众反抗白色恐怖和反对拉伕、修马路、筑炮台的斗争。全党应注意瓦解白军的工作，除对白军士兵进行一般的宣传鼓动外，应利用各种关系打入白军活动，特别是边区乡、战区和被敌人暂时占领地区的党，要努力进行瓦解白军的工作。

同志们！这就是目前党最紧急的战斗任务。我们同敌人的决战快要到来了，我们担负着伟大的历史任务，各个战线上正在那里与敌人肉搏冲锋，前方战士正在那里摩拳擦掌准备同敌人拼个你死我活，战争形势是很紧张严重的。我们及时把上面的任务完成了，才更能增加前方的战斗力量，保障迅速粉碎敌人的大举进攻，最后彻底粉碎敌人的第五次“围剿”。

（《任弼时选集》，人民出版社 1987 年版，第 82—91 页）

根据地的艰苦斗争

——回忆红二方面军（节录）

贺龙

创造黔东苏区

七、八两师分开前，对一些方针政策问题争了三天。一是建立游击根据地的点还是建立苏区的问题。夏曦强调建立面（苏区），而我们主张由点到面。二是打土豪及对团防的方针问题。小关提出只打罪大恶极的，夏不同意。我们打个旧社会的比方，问他是要千家怨，还是一家怨，是得罪一千家好，还是一家好？最后他才同意了。那时候我们对什么是中农，什么是富农也不大懂，夏曦也说不清。以前潘家询夫妇说夏“穿了缝裆裤讲开裆裤，还应当再‘讲习’（学习）一下”，夏很伤心。还是万涛他们一些人在洪湖时常常下去摸，还懂得一些。

七、九两师分开，我带九师，夏曦带七师，主要是搞五峰、长阳、巴东这块地区。结果，他跑到磨盘州、西斋搞了一下。在西斋，卢冬生和他闹。为什么他带七师呢，是他要带的。卢冬生是湘潭人，他是益阳人。我说你们在一块不一定搞得好。他说可以，但结果还是没搞好。

关于红三军入黔的原因，原来打算先把彭水打下来，给反动派一个下马威，回头来再占领酉阳。在酉（阳）、秀（山）、黔（江）、彭（水）建立根据地。因为这个地区是四川湖南交界的地方，反动势力统治薄弱，封建主、地主比较集中，贫雇农多，物质也较丰富；我的老关系多；山大，有利条件很多。打下彭水后，我们非常高兴，准备回头再打酉阳。但夏曦一个人不同意这样做，他认为彭水前面是江，后面是山，地势不好，敌人来了不得了，决定过乌江入贵州。

到了枫香溪以后，我说再也不能这样走了，我先与小关商量了如何创造黔东根据地，如何争取神兵的问题。在枫香溪会议上提出来后，夏曦不同意争取神兵的工作，但同意建立黔东根据地。晚上召开了干部会议，我去请夏曦。小关在会上作了报告，报告的内容是：登记党团员，恢复党的组织，派一批干部去做地方工作。小关主要是以自我批评的方式讲的。夏则一句未说。

建立黔东根据地的意义：如果没有这块根据地，六军团没有目标可找，也找不到部队，结果是不可想象的。那时六军团被敌人切成了三段，会师后连做饭吃的家具都没有了，马也都丢光了，很狼狈。我给他们营以上干部都配上了马，发了七八挺轻机枪。

红二、六军团会师

我们二、六两个军团会师以前都是多灾多难的。六军团肃反，不是也错杀了好多干部么，组织上让王震带一个班去杀张平化，王震去了一看，张平化那象个 AB 团呢？就没有杀。就因为这件事，王震也上了黑名单。王震指挥部队在九渡冲一仗打好了，这才解除了他的黑名单。那时，不是张启龙也开除了党籍吗？二军团就更惨了，党员只剩下夏曦、关向应、卢冬生和我四个人，根据地搞垮了，党也解散了，干部杀了一批又一批。洪湖到现在还一坑一坑地挖出白骨，干部损失最大。所以，两军都希望会师。六军团需要休息，二军团希望会师解决路线问题，党的领导问题。

那时，红三军听到六军团要来，但不知道什么时候到。我们出发是过去撞六军团去的，我们出发走了一天，六军团来了。第一批李达带二百几十个人找到我们；第二批郭鹏；第三批任弼时、王震、萧克都来了。

会师后，中央来电让分开，因为中央对六军团的情况不了解，对红三军的情况也不了解。两个军团不能分开，也不同意分开。

红三军有个特点，善于走路，一天可以跑百多里路，要打就打，不打就走，人不多但很精干。那时准备到陈渠珍的窝子里凤凰等地去，牵动敌人，减轻敌人对中央红军的压力。永吉城（应为“永绥”）不好打。茶洞一面是城一面是水，过去住个副将，是战略要地。围沅陵也是为牵动敌人。以后又打了浯溪后河。

红三军开始恢复政治机关，黄新廷任政治部主任，廖汉生任九师政委，后来在政治部。打下永顺后开了个会，解决夏曦的问题，很仓促。

二、六军团会师是团结的，六千多人，六千多个心，可是大家团结得象一个人，要怎么走就怎么走，要怎么打就怎么打。个别不团结的现象是有的，那是大海中的一个水泡。总之，二、六军团会师团结得很好，可以说是一些会师的模范。

关于反“围剿”问题

从常德、桃源回返大庸，是估计敌人的“围剿”要来了。在溪口可以把三县（永顺、大庸、桑植）把起（“把起”系桑植方言，即把守住的意思，下文“把澧水”，系指敌人把守澧水），把澧水封锁不了我们。那时，六军团只有郭鹏一个团行动，其余留在大庸、桑植一带。在大庸留些部队把守，主力放在慈利打两仗也可以，那里有平地又有山地，有密林，富足，人多，扩兵也容易，又是个很好的战场。黄石、浯溪河、蟠龙桥、凉水井、观音寺都很不错。临澧、石门南乡多富，北乡多肥呀！这地方地主多，通津浦有地主几十家。从慈利到大庸，走过沙木桥、九溪、三官寺，人口也很多，扩了许多兵。在新安，部队整训，可以不回来的。两军重新会合，看到这个地方（指大庸等地）很好。从前湘赣军区只有几十里路，现在看到这样大地区就满足了，想蹲下来，眼睛只看到大庸十八坪。红军扩大了（几千人），武器增加了，打敌人个把师是可以打的。这里有很广大的地区。从慈利出发带了一、二百只船上水回到大庸。我们回到大庸后再出肯定是可以的，澧水、沅水挡不住我们，走南面可以出，东面也可以出，北面也可以出。张家湾、竹子口、黄石，能打就打，不能打过澧水石门也可以。我们如一只拳头伸出去，可以威胁常德、桃源。在这期间打上一两个好仗，就可以粉碎敌人的“围剿”。我们主张伸出去，但六军团怕水。其实水不深，可以随便徒涉的，南边、北边都可以出去，把他们封锁打垮，里头一坨，外头一坨，比较灵活。总之，出去是比较有利的。出南岸（慈利、桃源）可能比较好些，能打就打，不能打就走。当时争论不休。我们是轻装，地形熟悉，敌情了解。论战斗力来说也可以，过去我一个人单枪匹马和他们争常澧，现在这么多人还怕？湘、资、沅、澧四水，我们困难，敌人也困难，他们要多少兵才能摆满。这边（西边）陈渠珍那边三个保安团和川军郭汝栋部，敌情并不严重，伸出去打比在里头打好。里头打，把坛坛罐罐打烂了。中央苏区也是向外面打。从前打仗自己用框子把自己框起来了，邓中夏、夏曦都是“寸土必争”，红军休息一天都是右倾机会主义，向南只能打长沙，向北，我们几次出去都打了胜仗。永顺城消灭了张振华一个旅，也是出去打的。打鱼的下拖网，鱼还跳出去嘛，我们比鱼还差？那还是“寸土必争”，根据地舍不得放，有个包袱，有的人不主张出去，就是中央红军（第五次反“围剿”时）寸土必争的东西。

溪口、后坪战斗，拼消耗，那个地方小，不能大踏步地前进后退嘛，自己被动。

围龙山，主要是想消灭陶广、陈渠珍。那一仗未打好，围城也未围好，军部住兴隆街，四师冒一点就冲出去了，有点右倾。原来围城、打援、休整，后来改为围城、休整、打援，是个被动的打法，力量分散了。围城、打援、休整、扩兵是正确的，如果围城打援，我们两军团的力量就集中起来了。打一路，打弱的，打了陈渠珍再打陶广，可以转得开的。这里有不同的意见，一个叫主动，一个叫被动。这是整个路线的问题。

两个军团会合是很好的，以后的行动也是很好的，出差错是个别的。两个军团团结得很好，互相帮助，互相支援，亲如兄弟。反“围剿”中某些战役没有打好，不是两个军团的问题，是整个路线问题。

根据地的路线政策问题

我们在湘鄂川黔根据地的军事路线和政治路线是逐步转变的。（遵义会议以后）接受了毛主席的领导，但是还存在着三次“左”倾路线的残余。

对毛主席的思想，我们是逐步认识的，并不是遵义会议的决议一来，就马上接受了，这其中有个过程。我感到我们对军事路线比对政治路线认识的好，军事路线转变的快一点。因为当时军事压力大，逼着我们去改，政治路线的转变则慢一些。

任弼时同志（在湘赣苏区）执行“左”倾路线，一到湘鄂川黔他就转变了？不能这样说，那么他对遵义会议的决议没有接受？也不能这样说，他接受了，但改的是很慢的。解决夏曦的问题，他的批评有很多重要的东西是不对的，如他批评夏曦时提到“北方落后论”和“罗明路线”。对贺炳炎的看法也有问题，他说自首（指在红三军“肃反”扩大化时自首）了的就不能重用，很长时间怀疑他。我对他说，贺炳炎大字不识，连共产党都搞不清楚，又怎么能是改组派呢？夏曦把干部杀完了还在六军团当政治部主任，是大会决定的是小会决定的，我是不知道的，关向应也不知道。夏去六军团在前，中央电报在后，战士们看到夏曦都是鼓起眼睛的呀。

我们这些人不是猫子，猫子拉了屎能埋起来，你还能埋起来的呀？“左”了嘛，很多不该杀的杀了嘛。湘鄂川黔就那么好呀！一点问题都没有？群众起来没有？

收集历史资料，收集什么？湘鄂川黔要不要红线？红线是那个？反面的多正面的少嘛。湘赣执行的是不是“左”倾路线？如果把毛主席的指示多研究一下，我们都拉出去了（指到根据地外部作战）。“左”的东西印象深。

同志们可以研究一下，对湘鄂川黔这一段，可以不当一个路线问题提，但是要把正确的和错误的写清楚，而且要说明是逐步转变的，这样才比较合乎当时的实际情况。

（原载《近代史研究》1981 年第 1 期）

从逆境中走向胜利

——红二、六军团会师前后（摘录）

萧克

一、六军团北上、西征及与二军团会师

一九三三年五月，中央为了加强湘赣苏区的领导，派中央政治局委员、中央苏区中央局委员兼组织部长任弼时同志任湘赣省委书记兼军区政治委员。六月间在永新，我们按军委命令，将红八军改编为红六军团十七师，我为师长，蔡会文任政委，李达任参谋长，李朴任政治部主任（不久，王震同志为主任），下属四十九、五十、五十一三个团。

南腰界红二、六军团
会师纪念塔

我十七师于（一九三四年）一月二十六日开始北上。这天的拂晓，在分宜县以东的肖公渡，我们一举突破了敌人沿河设置的防线，涉渡了袁水。我军涉袁水的行动，使蒋介石大为震恐，急令朱耀华等部进行堵截。这次战斗，敌五、六架飞机三次由南昌飞来临空助战，使我军战斗行动受到很大的阻碍，伤亡不小。当战斗正在紧张时，我巧妙地利用缴来的敌陆空联络信号，诱使敌机对开始溃退之敌狂轰滥炸，我全线乘胜攻击，敌全部溃退到潭山市。这一胜利，打出了威风，冲开了前进的道路。在黄沙战斗结束的当夜，我们

与红十六师会合了。

十七师北上以后，敌人乘机进攻我湘赣苏区，根据地的中心——永新城被敌占领了。我十七师回师湘赣苏区，同留在那里的十八师会合（实际上只有五十二及五十三两个团）。这时，敌人调集重兵，妄图乘我十七师长途行军的疲劳和严重减员，进行大举围攻。我们在任弼时同志的统一领导下，在地方武装和苏区人民的配合下，两个师协同作战，连续打了两个胜仗。一次是四月上旬，在永新附近的沙市，打了个漂亮的伏击战，消灭了敌第十五师王东原部二个旅，活捉了旅长侯鹏飞、团长徐本桢及旅参谋长赵楚卿，这是河西（赣江以西）战场五次反“围剿”以来最大的一次胜利。另一次是四月中旬，在安福、莲花间之利田，打垮敌六十二师的王唷英的一个旅。这样，湘赣苏区的局势就开始稳定下来了。但是，由于王明“左”倾机会主义单纯防御路线错误的干扰，搞短促突击，以堡垒对堡垒，五、六两个月部队消耗很多，加之敌人对苏区层层包围，严密封锁，又占领苏区中心的永新城、钱市街等地，分割苏区，我军的机动范围更狭小了。六月底七月初，主力不得不退出苏区的中心地区，撤到永新南面的遂、万、泰三县之交，也就是井冈山的东南面——牛田碧江洲一带。

这时，中央红军第五次反“围剿”屡战不利，被优势之敌压迫到闽赣边境。打破第五次反“围剿”的希望断绝了。在这严重情况下，党中央、中央军委开始作退出中央根据地的准备，同时于一九三四年七月二十三日，给湘赣省委来电指示：“中央书记处及军委决定六军团离开现在的湘赣苏区，转移到湖南中部去发展广大游击战争及创立新的苏区”。

经过充分的准备，我军于八月七日下午三时，全军九千多人，在独立四团的引导下，由遂川的横石出发，踏上了西进的征途。经日夜兼程行军，通过藻林、左安、高坪等地。连续突破敌人四道封锁线，于十一日中午到达了湖南桂东县的寨前圩。十二日，在寨前圩召开了连以上干部的誓师大会，庆祝突围胜利。根据中央军委指示，由任弼时正式宣布成立红六军团领导机关，萧克为军团长兼十七师师长，王震为军团政委兼十七师政委，李达为军团参谋长，张子意为军团政治部主任，龙云为十八师师长，甘泗淇为十八师政委，谭家述为十八师参谋长，方礼明为政治部主任。

九月八日，我们在西延车田接到中央军委的一个训令，要我们在城步、绥宁、武岗山地区打击敌人，最少保持到九月二十日，然后沿湘桂边境行动，与红三军联系，在凤凰、乾城、永绥地域建立巩固的根据地。训令的主要意图是要红六军团钳制敌人，直接与即将长征的红一方面军配合行动。当时我们由车田出发西进，准备取城步、绥宁、武冈地区，但未成功，后来准备在绥宁以西打击西进的湘敌，不料在小水遭敌五十五旅的突然袭击。这时，湘、桂、黔三省敌军也先后集结在靖绥以北地区，防我北进。我们又迅速改变了计划，夺路南下，占领通道县城。渡灌水，西入贵州。

红二、六军团会师后，十月二十六日，在四川和贵州交界的酉阳县南腰界开了会师大会。这时，经中央军委批准红三军恢复了红二军团番号。两军团会师，指战员无不欢欣鼓舞。不仅为解决两军团建设中各自存在的问题，创造了良好的条件，而且使来自两个战略区的红军，结成了一个团结战斗的整体，形成了一支强大的战略突击力量，为完成更大的新的政治、军事任务，开辟湘鄂川黔根据地，奠定了可靠的基础。

二、战斗在湘鄂川黔边

会师后，我们立即对当时整个战争形势和自己的任务，以及行动方针，进行了审慎的研究，认为：刚刚退出江西根据地的中央红军，正与优势敌军在湘粤桂边境苦战，夺路向西转移，二、六军团就应积极行动密切配合。我们两个军团会师的时候，二军团有四千多人，六军团有三千多人。当时人家说我们有万把人，其实只有八千子弟。虽然子弹不多，但士气旺盛，武器齐全。

湘西经济虽然落后，但我党的影响比较大。那里过去是贺老总领导的部队活动的地区，有比较好的群众关系。贺老总在这些地区人熟地熟，有利于我们发展。而且湘西的敌人力量薄弱，只有陈渠珍部三个旅和三个保安团，约万余人，加上被贵州军阀赶出来的杂牌军杨其昌、车鸣骥、雷明仇、廖怀均等部的四千多人，他们都是寄食于陈渠珍，总兵力不大，战斗力也不强，有利于我们向这个地区开展战略攻势。只有向湘西进军，才能达到牵制、调动湘鄂两省敌人，策应中央红军的转移；才能在游击战，运动战中建立根据地，不断发展、壮大自己，练出好队伍。

一九三四年十月二十八日，二、六军团从南腰界出发向湘西的永顺、保靖、龙山、桑植地区开进。这一行动惊动了湘西军阀陈渠珍，他害怕我军返回湘西，赶忙派出周仁杰、周燮卿和杨其昌三个旅共万余人，从永绥和保靖向北行动，企图阻止我军进入湘西。我先经湖北省西南角咸丰的百户司，向招头寨和龙山前进，将敌人向北牵动。当敌人进到招头寨南面的贾家坝时，我军即由招头寨突然转头东进，甩开敌人，乘虚袭占了湘西的永顺县城。

这时，陈渠珍的追击部队逼进。为迷敌诱敌，我们故意示弱，主动放弃永顺县城，向北撤退，果然敌误认为我军怯战，就经过永顺城向北追。我们一边走，一边看地形，选择有利于伏击、侧击敌人的地点和时机。第一次在永顺城北附近设伏于吊井岩，后又在颗砂和塔卧等地设伏，都因地形不利于大量杀伤敌人而作罢。最后，我们看准了龙家寨及其东北地区的地形。于是，决定在这里伏击敌人。贺、任、关率二军团部和四师部署在毛坝附近，把十七师（两个团）放在杉木村东山，把十八师（一个团）放在北山。十一月十六日下午四时左右，敌前军龚仁杰、周燮卿两个旅进入我伏击圈，当他们准备在碑里坪宿营时，我们乘敌立足未稳，六军团从侧翼向敌本队发起猛烈攻击，二军团从正面猛打敌前卫龚仁杰旅。敌在运动中突然遭我猛烈冲击，兵多摆不开，枪多不能发扬火力，无法构成有力的防御配系。只两个钟头，龚仁杰、周燮卿两部就被我们打垮了。我们立即向前追击。追了十多里，发现杨其昌旅在距龙家寨北五里地左右的把总河构筑工事，企图顽抗。我六军团五十一团和二军团第十八团，立即准备夜战。经简短的火线动员，第十八团从右侧攻击，五十一团从正面攻击，不到两小时，就把敌人大部消灭。第二天追到永顺城，敌狼狈南窜。这一仗是一个漂亮的伏击战，缴枪二千支，打垮了湘西地方军阀陈渠珍。

就在这一两个月的时间内，红军纵横驰骋于湘鄂川黔边区，约百万群众开始发动起来了。打开这个局面，是具有重大意义的：第一，为开辟湘鄂川黔革命根据地创造了一个很有利的条件。第二，部分的打乱了蒋介石围追堵截中央红军的部署，迫使他们不得不抽出大量兵力对付我们，有力地配合中央红军在湘黔地区的行动。

三、贯彻遵义会议精神，胜利进行反“围剿”

一九三五年初，敌人派兵六个纵队，向我们建立不到三个月的湘鄂川黔边游击根据地进攻，这是敌人对我们的第一次“围剿”。敌人为了保障其追击我中央红军的侧后安全，企图趁我军在湘西立足未稳之机，迅速将我军孤立、限制和消灭于湘鄂西边境地区。

面对敌人的“围剿”，在任弼时、贺龙、关向应同志的领导下，湘鄂川黔根据地广大军民，进行了积极地反“围剿”准备工作，制定了作战方案。这时，党中央举行了遵义会议，克服了当时党内极为严重的也是主要的“左”倾路线的错误。以毛泽东同志为首的中央革命军事委员会在得知湘鄂敌人的联合作战计划以后，于二月一日给我二、六军团来电，要我们“应利用湘鄂敌人指挥上的不统一，与何键部队的疲惫，于敌人离开碉堡前进时，集中红军主力，选择敌人弱点，不失时机的在运动中各个击破之。总的方针是决战防御，而不是单纯防御，是运动战而不是阵地战，辅助力量是游击队和群众武装活动”。

三月，我们发现湖南敌人一部由王村向永顺城前进。我向前迎击，消灭了敌一个团，取得了反“围剿”的初战胜利。

四月中旬，敌人深入到我们的中心地区——永顺一带。那时我们的思想是很明确的。不再采取以主力对主力，以堡垒对堡垒的打法了，而是采取机动灵活的战略战术，有机会就打，时机不成熟就转移，在内线如果没有歼敌可能，就转到外线寻找战机。

队伍从中心区向北走了一天多路，到了桑植县陈家河，发现离我们十五里的地方有敌五十八师陈耀汉部来堵截，大约有两三个团。第二天早上，我们向前占领了阵地，认为地形对我有利，恰巧敌人向我攻击，我们稳住阵地，打退了进攻的敌人第一线兵力。在敌人刚溃下去的时候，我们抓住时机，转为战术反击，打到敌人阵地的纵深，两三个钟头就把敌人一个旅打掉了。

打掉这股敌人，就进一步把情况摸清楚了。陈耀汉还有一个旅和一个师部，可能会从塔卧向桃子溪方向来。于是，我们决定向桃子溪方向前进，打遭遇战。虽然不知道他有多少，但估计是五十八师的另一个旅加师部。因为他们刚到，马上打，就带着突然袭击性质。在离桃子溪八里的叉路上，把两个团展开，向敌人猛扑过去，敌人措手不及，一下就被冲垮了。敌人退到后山，我军继续攻击，一直打到晚上八、九点钟，战斗才结束。给陈耀汉的师部和一个旅一个歼灭性的打击。由于敌五十八师的覆灭，震撼了敌人，各路“围剿”之敌纷纷后撤。这样我们就粉碎了敌人的第一次“围剿”，从而为巩固根据地，转入反攻创造了条件。

五月，敌人又增加了兵力，集中八十个团对我们进行第二次“围剿”。这时，湖北徐源泉的四十三师、四十八师和谢彬的八十五师都来了。湖南方面，虽然不那么积极，但数量大，三个正规师（一师六个团）加七、八个保安团。我们就采取东守西攻的方针：东南对湖南取守势，西北对湖北、贵州取攻势。从五月起到八月初，在三个月的时间内，我们转到湖北靠贵州边界地区和敌人作战。在忠堡战斗中消灭了四十八师一部分，俘虏该师师长张振汉，八月初又在板栗园战斗中，一举消灭了八十五师，击毙了师长谢彬。这样就粉碎了敌人的第二次“围剿”。

我们粉碎了敌人第二次“围剿”后，在新建立的根据地和边缘地区，还有许多反动的游杂武装。省委决定，领导机关分为前后两摊。前面一摊领导打仗，后面一摊领导地方工作，其中包括红军学校和留守根据地的红十八师，地方武装及军队后方工作。在“左”倾教条主义统治时期，规定红军的任务就是打仗。但二、六军团由于受红四军“九大”决议（即古田会议）的影响，六军团产生于湘赣苏区，是朱、毛红军在井冈山地区时的地方党和游击队发展起来的，所以三大任务的光荣传统，始终保持着。遵义会议后，这个传统在湘鄂川黔根据地的建设中，更加发扬了。后来我们到华北，华东，还是这一套。

四、退出湘鄂川黔根据地的根本原因

我们粉碎了敌人第二次“围剿”以后，根据地和红军都扩大了。二、六军团会师时共八千人，刚过一年，即从一九三四年十月到一九三五年十月，就发展了两倍半，有二万一千多人。在敌人新的大规模进攻将开始的时候，我们于十一月十九日，离开湘鄂川黔根据地，开始了新的战略转移。

反“围剿”既然胜利了，为什么要离开根据地呢？

第一，敌人来得多。敌人从十月开始又组织第三次“围剿”，这次“围剿”的规模比前两次更大。第一次“围剿”敌人有六个纵队，四、五十个团，第二次“围剿”是八十个团，这一次是一百三十个团。敌人鉴于前两次“围剿”的失败，认为是使用杂牌军多及指挥不统一，这次“围剿”，以蒋介石的嫡系、半嫡系中央军为主。蒋介石还派陈诚到宜昌设立行营，统一指挥。在根据地四周不断增加兵力，构筑大量的工事碉堡，形成了更大包围圈。同时，厉行更为严密的经济封锁。

第二，地形条件不利。湘鄂川黔苏区周围，东有洞庭，北有长江，南有沅澧二水，西北崇山峻岭，粮食困难，在绝对优势的敌人重重包围、严密封锁的情况下，不利于我大兵团的机动。

第三，经济落后，封建地主独霸一方，割据一地。在大割据中又有若干小割据。湘西地方军阀陈渠珍，名为统治十三县，其中若干县又有人割据，甚至有割据三两区、乡的。有些大地主也有枪，在山顶上占据自然溶洞，他打你容易，你打他就更困难。后来我们想了个办法，攻占洞口，用辣椒烧火熏烟，用风车吹进洞内，一边熏，一边喊话：“你们出来，我们不杀你们。”这样就打开了许多洞子，搞了一千多条枪。即便如此，民团地主的小区割据还是不少。

第四，政策过“左”，根据地不巩固。湘西的社会情况有两个特点：一是土地特别集中，地主、富农占人口不到 10%，而占有土地却在 70%—80% 以上，一是游民特别多，游民武装也很厉害。湘西自民国以来，就出现过许多草莽英雄，如汤子漠、周朝武等。省委对土地革命是积极的，抓得很紧。根据地中心地区大部分都分配了土地，但那时的社会政策，基本上是三次“左”倾路线那一套。划阶级成份，地主和富农超过百分之十，就把有些富裕中农划成富农了（地富比例，各乡村虽不一样，但平均不到百分之十）。分配土地只是抽肥补瘦，地主不分田，富农分坏田，甚至对富农过重地征收粮食（百分之四十），这是错误的。还有，对工商业征税太多，对游民、杂色武装，绿林会道门武装没有按照毛主席的政策改造他们，至少使他们中立。由于过“左”政策没有纠正，就孤立了自己，把许多可以争取和使之中立的队伍，推到敌人那边去了。所以在根据地的大半年中，一方面消灭了许多反动的游杂武装，另一方面却又产生了许多<新>的游杂武装，同地主武装结合，一起反对我们，严重地影响了地方工作的开展和根据地的社会秩序及政令的实行。军队的组织成份，由于游民大量加入，军队政治工作不够，土地革命也因时间和战争关系，还没有在更广大的地域深入，就影响了部队的巩固。带枪逃跑，甚至成班逃跑的，为数不少。如果当时的政策不搞得那么“左”，就不会树敌过多，不会成为在强敌包围下非走不可的因素之一。

从前述四个因素来看，二、六军团退出湘鄂川黔根据地是正确的。退出苏区之前，只是想转移一下，摆脱敌人包围，保存有生力量，到湘黔边或黔东地区建立新的根据地，但并没有想到要过长江，渡金沙江，更没有想到要长征到陕北。

五、伟大的战略转移——长征

红二、六军团退出湘鄂川黔根据地，是主动地、有计划地进行的，不是流寇式的单纯军事行动，也不是搬家式的消极逃跑，我们吸取中央红军及六军团自己的经验教训，退出时行李简化，只带一、两天米，轻装前进。

我们的运动方向是向西。为了迷惑敌人，则故意向东南，也就是古代兵法讲的“声东击西”。我们从桑植出发，走了两天到大庸县城东三十里之兴隆街地区，乘夜突破了由敌十九师李觉部防守的澧水防线。再向南急行军两天，到沅江北岸之洞庭溪，突破了沅江防线，全歼敌一个营。继而向东南猛进，一下子插进湘中最富裕、人口最多的地区新化、锡矿山、辰溪、溆浦。经过十多天工作，才真向西走，到芷江、晃县之间的便水，与追敌十六师、十九师全部及六十三师之一部大战一场。这一仗虽然是个消耗战，但制止了敌人的急迫，取得了在江口和石阡的短时休整，并迎回了我主力由湘鄂川黔苏区出发时留在苏区坚持斗争的部队——六军团第十八师之五十三团及地方武装。

还在我们从湘鄂川黔快出发的时候，接到共产国际关于建立反对法西斯统一战线的指示，又接到中央关于统一战线和抗日救国的指示。我们边走边打边宣传，严格三大纪律八项注意。我们在湘中活动一个短时间，就转向西面，敌人妄想利用湘西和黔东险峻山岳地带，构筑封锁线，阻我西行，我军打破敌人多处关隘，突破了敌人层层封锁。全军经湘西、横贯贵州，渡过干坝河，逼近贵阳，又渡鸭池河，占领黔西、大定、毕节。走了不少路，打了不少仗，队伍却没见减少。为什么呢？就是一路宣传抗日救国和红军纪律，做群众工作，打土豪、分财物，得到广大群众拥护。

我们在南北盘江搞根据地的架势，敌人也看出来了，就部署新的围攻。由于敌长途与我作战，被我歼灭，死的、伤的、病的、逃的很多，兵员不足，加上北方与江淮一带出来的兵员，新到这层峦叠嶂和少数民族聚居地区，敌人不如我军之耐苦及适应地区生活（当时我军多为湘西籍，又吸收许多贵州籍士兵），所以士气不高，行动较缓慢。贺龙同志为首的军分会（军分会受双重领导，即中央军委和省委）就决定经滇中到金沙江上游渡江。我军已拉开了在南北盘江站稳脚的架势，突然来个向西，就摆脱了强大敌人的追击。但进到昆明北面百余里准备渡过河的时候，遇到强大的滇军的堵截，打了个恶战。西渡未成。我们就从普渡河向南，转向昆明附近，又摆出一副“攻其所必救”的架势，打个圈子转到昆明以西，继续西进，就把堵截的滇军主力甩到后面了。从此，虽然后有追兵但前无堵敌，行动就主动得多了。由于云南敌人对我们有个错误的判断，说红军没有炮，打不了碉堡、城市，在我军接近云南的时候，令各县迅速构筑碉堡，修理城垣，把各县重要物资运存于碉堡和城市之中，由各地民警团队守备。但这些团队训练不良，我们分两路前进，先头部队猛打猛冲，攻占禄丰、楚雄、盐兴、姚安、祥云、宾川、鹤庆、丽江等数城和无数碉堡，吃的穿的，无所不有。“因粮于敌”，士气旺盛，虽然日行百里，而体力强壮，士气高昂，从盘县东进才二、三十天，就到了金沙江畔的石鼓圩，渡过金沙江。

七月二日，二、六军团齐聚于甘孜，与四方面军胜利会师了。就在这时，党中央命令红二、六军团组成二方面军（将三十二军编入二方面军），贺龙为总指挥，任弼时为政委，关向应为副政委，我为副总指挥。从此，我们就用二方面军的番号了。

长征途中，我们同天斗，同地斗，同阶级敌人斗，克服了种种难以想象的困难，战胜了无数艰险，部队始终保持着旺盛的士气。在草地行军，最大的问题是两个。一是自然条件的障碍，也就是大家熟知的雪山草地。第二个大问题，是粮食缺乏。除了前述两大困难外，还要同反动土司的骑兵作斗争。经过了近两个月的艰苦奋斗，终于在一九三六年九月一日走出了草地，胜利地到达了岷县的哈达铺。

至此，我们完成了伟大的长征任务。这就是中国历史上有名的全国三大基干红军在陕甘宁的大会合。“长征是以我们胜利、敌人失败的结果而告结束”。这就是历史——中国共产党领导的千百万人民创造的历史，红军创造的历史。

（原载《近代史研究》1980 年第 1 期）

突围西征展英雄本色

——红六军团小史（节录）

王震

七、红六军团的突围西征

红六军团军团长萧克（右）与政治委员王震（左）

中国共产党中央和革命军事委员会鉴于中国民族危机加深，为了组织全国反日反卖国贼的民族革命战争，为了保存中国红军的实力，不中敌人的诡计（敌人企图围困我们于狭小地区，最后用飞机、大炮、毒气来消灭我们），在1934年7月底，决定红六军团开始实行突击的反攻战略。那几天的黑夜，全体指战员都没有睡觉，整夜的行军，爬山涉水，忍受一般人所不能忍受的疲劳，以奋发战斗的精神，完全冲破了敌人包围湘赣苏区的封锁线，如入无人之境地进入湘南。

当时，为了保守军事秘密，突围时，没有公布湘赣红军新的组织与新的任务。直到突围成功后，才在湖南桂东的沙坪圩宣布了红六军团正式成立。红六军团军政委员会为最高领导机关，主席任弼时，委员萧克、王震。军团长萧克，政委王震。萧兼十七师师长，王兼十七师政委，张子意同志为红六军团政治部主任。龙云同志为十八师师长，甘泗淇同志为十八师政委。

8月5日从沟石向西行动。那时红日若火，天气炎热。每日都是行军百里，神速机动地深入湘南。沿途击破与焚烧敌人的碉楼不可数计，指战员们都高喊着:“烧乌龟壳呀！”“烧鸡笼呀！”群众都眉飞色舞地观望着，并大声叫着“烧得好呀！”同时，群众沿途挑水送茶给红军喝，他们用亲切的口吻说着:“同志们！辛苦了，喝茶吧！”我们拿钱酬谢他们，他们非常高兴，经过五、六天的急行军，攻占了新田县城。只休息一天，又继续前进。至永州抢渡湘水，因敌人阻碍未成。我们前卫部队为抢渡湘水，一天一夜走了240里，又转过湖南著名的杨明山。我们爬了整整一天，只爬过一半，即在山上露营。第二天，翻过杨明山，到了白果市，从四倍于我之湘桂军包围中，毫无消耗地脱离了敌人，神速经过宁远、嘉禾、蓝山、江华等县，胜利地渡过了潇水。进行了湘桂交界之永安关的战斗，击破了堵截尾追我军的湘桂军队三个师，得以顺利进入广西。又经全县、灌阳，进入湘西，占领通道县城。再渡渠水，进入贵州。在新厂一役，击溃何键之补充纵队，缴获甚多，使敌不敢轻易尾追。于是，我们从容地从锦屏、黎平、剑河、台拱之间通过，渡清水江，经过邛水、施秉，占领黄平，再走余庆、瓮安到河坝场，渡余庆河，继续向石阡县前进。甘溪的战斗，敌人将我军截为两段。四十九、五十一两团政委晏福生、苏杰同志和军团参谋长李达同志，率领两团之一部首先到达黔东之松桃地区，与红二军团会合了。而五十团与四十九团之一部、十八师、军直则在无人迹的丛山峻岭中，开辟道路，打破湘桂黔敌军二十个团的包围，经过两周的艰苦的行军，战士们大多数都是打赤脚跑路。贵州的苗山地区荒凉，人烟稀少，道路崎岖，粮食困难，有时每天只吃一餐饭。由于指战员英勇卓绝的艰苦奋斗精神，终于通过了石阡封锁线，打坍了广西、湖南、贵州军阀的堵截和追剿，到达黔东之松桃，与红二军团胜利会师。

与红二军团会师是1934年10月24日，地点在贵州松桃之石良场（偏僻的山地）。贺龙、关向应、夏曦同志等及其所领导的二军团全体同志，举行热烈盛大的欢迎，两军指战员政治情绪及阶级友爱提高到了极点。因为我们经过三个多月的远征，天天处在行军作战的环境里，现在战胜了敌人的追剿、堵截，克服了一切险恶困难，完成了与二军团会合的光荣任务。

石良场会合后，经过两天的行军，进入黔东苏区（二军团1934年创造的）的南腰界。休息两天，举行二、六军团的大会师大会。二、六军团的指战员站满了一个草坪，两军欢呼声震天动地。宣布开会后，全场严肃地听中共中央代表任弼时同志、我军领袖贺龙同志演说。全体指战员都十分相信我们二、六军团的伟大力量，决心在党中央和贺、任首长领导之下，团结一致，争取革命战争的胜利。

八、贺龙、任弼时同志为领袖的二、六军团的斗争

我们的会师大会，亦是誓师大会。为准备迎接敌人的反攻，中央军委电令红二、六军团由贺、任为首长，统一指挥。我们的领袖贺龙同志，是在这个区域——湘鄂川黔群众的长久斗争中产生的、具有崇高威望与荣誉的领袖。熟悉那里的社会经济，政治、军事和地理地形道路。他迅速地定出了袭击四川酉阳，进入湘鄂边地区，占领永、保、龙、桑的战役计划。十月革命节（11月7日），我们攻克了永顺城。尔后休息了一个星期，收集物质资材补充了部队，发动与组织群众斗争。湘西军阀陈渠珍，集中其湘黔十个团以上的兵力，联合地方民团向我们进攻。我们退出永顺城，连日行军，诱敌尾追，于地形有利情况下，坚决的反攻（这也叫做杀“回马枪”）直到11月16日退到龙家寨杉木村，敌人陈渠珍中了我计。这一战斗，敌人十个团惨败。我缴获人枪各二千余，乘胜追击，永顺城重入我手。为了呼应一方面军的行动与扩大战役胜利，我们留下一小部巩固永顺，掩护临时后方医院，进行地方工作，扩大部队，建立临时政权，集中主力乘胜东进。11月24日占领大庸（继二军团十六团一营占领桑植）。当此战役胜利结束后，即决定为创造新的根据地，成立党政和军事领导机关，贺龙同志为军委分会主席，任弼时同志为省委书记兼军区政治委员，贺龙、夏曦为省革命委员会正副主席，关向应、萧克、王震、张子意均为省委和军委分会委员。二、六军团主力于1935年春进取辰州未得手，即向东转移，取得浯溪河战斗的胜利，击溃敌军三个团，乘胜占领桃源，包围常德，岳州动摇，长沙震动。在这个时期中，红二、六军团英勇地、艰苦地在湘鄂

川长江南岸进行战斗，配合全国红军的行动，创造了以永顺为中心的苏维埃区域（包括永顺、桑植、大庸全部，龙山、慈利的一小部分区域），使得二、六军团有了新的根据地，部队得到了新的发展。

敌人从“追剿”中央野战军的战役上及湘鄂赣等省调遣军队，于1935年2月开始组织新的大举“围剿”。这个新“围剿”采取了五次“围剿”中进攻中央苏区的策略。四面封锁包围，组织六个纵队（每个纵队都在十个团兵力以上）。其中陈耀汉、郭汝栋、陶广、李觉四个纵队从东南进攻，以合击大庸为目的，徐源泉、张振汉两纵队从西北方向堵截和威胁我后方，并有一部分敌军扼守乌江，防止我们与野战军会合。这个时期，我们集中主力，消灭和打击东南面的敌人，因此有2月8日溪口的战斗，3月14日后坪的战斗，3月21日高粱坪的战斗，给了郭汝栋、陶广、李觉等纵队以重大的打击。然而这些战斗没有取得决定意义的胜利，我军一天一天被紧缩与围困在狭小地区。4月间，情况要求我们转移到敌人的后方和侧翼，从大规模的运动中实行反攻，以打破敌人的包围。4月13日陈家河的战斗，我消灭陈纵队一旅，乘胜追击敌人。15日桃子溪的战斗，消灭其由桑植退走的另一旅。陈耀汉师全部覆灭后，我们恢复了桑植苏区，从被动转为主动的局面。5月间有慈利、石门之行动，人员资财得到了补充。6月11、12、13日三天，在忠堡地区战斗，击败了张振汉纵队十个团，俘获纵队司令兼十一师师长张振汉。忠堡战斗胜利后，开始围攻龙山，创造龙、来，宣、恩、利新的苏区，给了增援龙山的敌人许多打击。7月3日小井战斗，六军团击败增援之陶纵队。7月10日象鼻岭战斗，二军团击败增援之潘旅。7月中旬胡家沟战斗，打坍增援之黄纵队。长江南岸胜利发展中的二、六军团，给了统治阶级极大的威胁，使敌人不断地进行“围剿”。7月27日，我军自动撤龙山之围。7月28日招头寨战斗，击败继续增援之陶纵队。我们年青的勇敢的苏杰同志（十七师师长）率领四十九及五十团勇猛冲锋，光荣地牺牲了。8月3日板栗园战斗，打坍敌人八十五师，师长谢彬负伤被俘后死了。8月8日芭蕉坨战斗，打坍陶纵队十个团，完全打破了敌人的“围剿”。

总结我们在湘鄂川黔一年多（1934年11月7日至1935年11月19日）

的艰苦斗争，宝贵的经验与伟大的胜利的原因是：

（1）二、六军团在党中央的直接领导与贺、任统一指挥下，在艰苦独立作战的困难环境中团结得象一个人一样，成为不可分离的整体。在历次英勇的战斗中，象一个人的左右两手——两只铁拳自然而灵活地互相配合着，一拳一拳地打中敌人的要害。因此，它在五次战役中获得了胜利，在中国革命史上写下了光辉的一页。

（2）开辟了湘鄂川黔广大地区的土地革命斗争。红军占领永顺、大庸、桑植、慈利、桃源、津市、澧州、临澧、石门等城市，建立了劳动人民的政权（革命委员会），领导了群众的土地革命斗争，武装工农群众，开展了游击战争。

（3）粉碎了敌人的“围剿”，打垮了一百个团以上的敌人，缴获了万余枪枝，毙伤敌万人以上，俘虏八千余，俘虏纵队司令张振汉兼五十八师师长 1 人，旅参谋长 2 人，团长 3 人，营以下军官三百余人，击毙师长谢彬、旅长二人、团长五人。

（4）扩大了部队，比会合时在数量上增加两倍。

（5）正确运用战略战役的机动原则，大大发扬了干部机断专行和部队勇猛果敢的精神。

（《湘鄂川黔革命根据地》，中共党史资料出版社 1989 年版，第 434—439 页）

一场空前的生死较量

——回忆湘鄂川黔边的斗争（摘录）

晏福生

挺进湘西　站稳脚跟

晏福生

一九三四年，王明“左”倾路线造成了第五次反“围剿”的失败。我们湘赣苏区的红六军团十七师、十八师九千三百多人，作为红军长征的先遣队，于七月二十三日从江西永新牛田出发，实行战略转移。六军团在任弼时、萧克，王震等同志的率领下，转战千里，冲破敌人重重封锁，克服无数艰难险阻，途经湖南南部、广西北部，于十月二十五日进入贵州印江木黄地区，与贺龙、关向应等同志率领的红三军（后恢复为红二军团）胜利会师。当时，我在六军团十七师四十九团担任政治委员，团长是吴正卿。

我团是六军团的前卫团，行军途中，我们亲眼看到湘西人民的生活很苦。官、匪、霸结为一体，四处横行，使这里的土家、苗、汉各族人民处在水深火热之中，很多农民无家可归，常年住在阴冷潮湿的岩洞里，秋收不到两个月，大多数群众就断粮了，只好靠挖葛捣蕨糊口度日。进入冬季，许多群众没有棉衣，连一些十七八岁的姑娘，身上也只裹着用包谷壳编织成的草衣。晚上睡觉没有棉被，就围在火塘边烤火取暖度夜。有首山歌唱道：“蓑衣当棉袄，蕨根当粮草，松膏当灯盏，赤脚当鞋跑。”这是湘西人民悲惨生活的真实写照。他们早就盼望红军到来。这一点，对于我们在这里站住脚跟是个很好的群众条件。

十一月七日，我团进抵永顺。接着，二、六军团的主力沿猛峒河进入永顺县城。红二、六军团进入湘西，使湘西军阀头子陈渠珍惊恐万状，立即纠集周燮卿、龚仁杰两个旅和贵州的皮德培、杨其昌两个师共十几个团的兵力尾追我军，妄图趁我立足未稳，一口将红军吃掉。我红二、六军团面临着一场严峻的考验。能不能在湘西站住脚跟，打开局面，把根据地建立起来，关键就在于能不能歼灭尾追的几股敌人。

总指挥部作出了决定，命令部队弃城北撤。刚刚住下来就要撤退，有些战士想不通。我们团领导是理解总指挥部的意图的，知道这是诱敌深入，寻机歼敌，便分头到各连和同志们谈心，做深入细致的思想工作，很快统一了全团干部战士的思想。十一月十三日，部队撤出县城，到永顺城北西的吊井岩埋伏下来。

敌人是狡猾的，第一天没有上钩。他们一进永顺城就按兵不动了。第二天，为了迷惑敌人，二军团经颗砂、新寨往西北撤退，六军团经颗砂、塔卧往西撤退。第三天上午，两军在龙家寨会合。当天下午，军团首长仔细观察了地形，贺龙同志看到山下民房很多，眉头皱得紧紧的，他对其他领导同志说："这里尽是老百姓的房屋，打起仗来会给群众造成很大损失，我们把敌人牵远些打吧。"任弼时、关向应，萧克、王震几位首长一致同意他的意见。于是，立即改变计划，留下侦察分队在龙家寨侦察敌情，部队则撤离到龙家寨四里外的十万坪。

为了打好这一仗，当地人民群众为我们作了不少工作。他们一方面主动向我们报告敌情和当向导，向敌人封锁消息，监视土豪劣绅的活动，另一方面，故意给敌人提供假情况，让敌人变成瞎子和聋子。我团是这次战斗的主力团，王震同志亲临我团指挥。他身先士卒，既是指挥员又是战斗员。战斗打响后，趁敌人混乱时，王震同志从阵地上站起来，大声喊道："同志们，我们要在这里创造根据地，必须坚决消灭这股敌人，大家跟我来，冲啊！"他一马当先冲向前去，接着，全团战士跟着他象猛虎下山一样扑向敌人。这时，二军团也冲过来了，两个军团的部队密切协同，把敌人分割成几块。战士们发扬勇敢顽强的战斗精神，以压倒一切敌人的英雄气概，把敌人打得丢枪弃马，溃不成军，纷纷往龙家寨方向逃窜。二军团乘胜向敌人发起了勇猛追击。当地群众看到敌人溃退了，便一呼百应，男女老少搬起门板、杀猪案板、桌椅板凳，堵塞了路口、街巷、桥头，断了敌人的退路，使敌人更加拥挤不堪，乱作一团。待我追击部队赶到，很多来不及逃脱的敌人都乖乖地当了俘虏。

红二、六军团首战告捷，红军军威大震，民心大快。这一仗，为创建湘鄂川黔革命根据地打开了胜利的局面。

建设政权　巩固后方

十万坪战斗结束后，部队沉浸在欢乐的气氛中。这时，通讯员跑来报告，说军团首长要我马上去一趟。根据以往的经验，我心里估算，一定有重要任务。

军团指挥部离我们驻地有好几里路，我三步并作两步，一口气跑到那里。贺老总见我进来，忙招呼我坐下，笑呵呵地对我说："军团领导决定，要你带四十九团二营暂时留在龙家寨，一是负责打扫战场，处理俘虏，安排好伤病员的治疗；二是掩护二、六军团机关留下来做地方工作的同志，在这一带开展群众工作，建立政权，清剿土匪，巩固根据地的后方。这个任务很重要，有了安定的后方，主力到前方打仗才无后顾之忧，部队需要的人员和物资才能得到补充，伤员的治疗问题也才好解决。"接着，任政委也亲切地作了许多指示，指出了工作中可能会碰到的困难，以及要注意的问题。其他几位首长都关切地问我有什么困难，我说："我们一定努力完成任务，有困难依靠大家想办法克服。"我快步赶回二营，把首长的指示及时作了传达，并进行了具体部署。

这一带受党领导的湘鄂西武装斗争的影响比较深，群众基础比较好。工作队下去之后，以讲演、出布告、开座谈会等方式，向群众宣传革命道理，揭露土豪劣绅压迫剥削农民的罪行，把打土豪得来的粮食、衣物分给贫苦农民，并镇压了那些罪大恶极的土豪劣绅，支持和发动农民起来向地主恶霸作斗争，局面很快就打开了。

由于红军主力到根据地边缘作战去了，根据地武装力量比较少，潜藏的地主、土匪武装便乘机大肆活动，仅在塔卧一带流窜的土匪就有四、五股。这些匪徒啸聚山林，昼伏夜出，袭击基层政权，杀害区乡干部，威胁恫吓群众，制造白色恐怖，马光、王茂庆、鲁吉生等几个游击队长都被杀害，匪首顾定山还窜犯过永顺县城，对我安定民心、巩固根据地的革命秩序危害很大。其中，盘踞在白水洞的王金礼、张奎全两股人枪比较多，活动尤为猖獗。我们部队外出活动，经常遭到他们袭扰，军团首长命令我们首先消灭这两股土匪。

一天傍晚，北风呼啸，寒气袭人，我们找来一包棉絮，包上辣椒，浇上煤油，用绳子捆好，点着火，设法丢到洞口的茅屋上，茅屋立刻着火，火乘风势，又烧着了旁边几堆木柴，一会儿功夫，烟和辣椒味熏得众匪徒眼泪鼻涕直流，乱喊乱叫。没过两天，土匪个个干得喉咙冒烟，嘴唇也裂开了口。许多被胁迫进洞的土匪和一些土匪家属，眼看实在熬不下去，思想动摇了。我们趁这机会，加强政治攻势，在山下阵地里组织大家轮流喊话，宣传党的政策，命令他们投降。但是几个匪首很顽固，还不断向我们打枪，挑衅性地扔下大米和腊肉说：“红军哥，我们这里有很多好吃的，上来吧，我们把枪支给你们。”战士们看到这些情景，肺都气炸了。向大同志主动提出，他熟悉地形，请求带几个人用突然袭击的办法下洞消灭土匪。我们经过研究，采纳了他的意见，立即组成一个突击组，和向大一起在火力掩护下，用棕绳从山顶吊下去，快接近洞口时，突击组接连摔出几颗手榴弹，消灭了洞口的土匪，迅速控制了两个洞口。战士们高喊：“缴枪不杀，红军优待俘虏！”众匪徒早就感到穷途末路，无法活下去了，哪里还敢抵抗，便一个个缴了枪。几个匪首看到大势已去，也无可奈何地放下了武器。这次战斗，一共毙俘二百多名土匪，缴获四挺机枪、一百多条步枪和许多光洋。

与此同时，各级地方武装建立起来了，县成立了独立团，区、乡成立了游击队、赤卫队，配合主力红军对地主土匪武装进行清剿。到十二月底，各地共收缴长短枪二千二百余支，基本上平息了匪患，巩固了后方。

粉碎“围剿” 胜利长征

根据地的发展壮大，震撼了国民党反动统治集团。蒋介石害怕我军夺取长沙，遂于一九三五年元月，调集了十一个师又四个旅，共十多万兵力，分六路纵队，采取四面包围、分进合击的战术，开始对我根据地发动大规模“围剿”，扬言要把我二、六军团“压缩在庸、沅、桑、永地区，聚而歼之”。在这严重关头，传来了遵义会议胜利闭幕的消息。党中央和毛泽东同志给我们及时来电作了明确指示，为我们反“围剿”制定了正确的方针和策略。

一九三五年二月初，我率二营奉命调到大庸天门山四斗坪，一方面阻击敌人，一方面开展群众工作和扩大红军。不久，我们即以四十九团二营为基础，组建了五十三团，并把两个县独立团扩编为五十二团和五十四团，在永顺成立了十八师，我调到十八师任政治委员，张正坤任师长，马赤任师参谋长，李信任师政治部主任。我们师经过短时间的整训，于三月十四日参加高粱坪战斗，在马桂山、胡芦坪击溃敌人两个保安团，并给予前来增援的敌陶广纵队两个团以沉重打击，挫败了敌人的锐气。接着，我们又北上大庸，三月二十一日在鸡公垭击溃了敌李觉纵队三个团，为主力部队的转移赢得了时间。

四月十二日，二、六军团主力和省委机关撤出塔卧，向湖北鹤峰、五峰一带转移。当天下午，我们到了桑植西南的陈家河。不料敌北路纵队陈耀汉的五十八师一七二旅抢先到达这里，截断了我军北进的道路。军团首长分析了当面敌人的情况，认为一七二旅孤军深入，两翼暴露，陈耀汉驻守桑植城，离这里六十多里，沿途山高路险，不易增援。而且这个旅多是北方兵，行装笨重，不善于山地作战，我军兵力集中，超过敌人数倍，完全有把握消灭这股敌人。接着，军团首长亲自到各师动员，布置战斗，传达贺老总的指示：要求大家做好充分准备，坚决打好这一仗，为主力转移开辟一条通路。部队趁天黑占领了陈家河东、西两侧的山头，控制了渡口。第二天发起攻击，我们师从侧翼出击敌人，首先占领了敌人铜关槽一线的阵地，歼敌一个团，然后由东往西打，把敌人压缩在狭长的山沟里。战斗打得相当激烈，到黄昏时，全歼敌一七二旅，击毙敌旅长李延龄。

一七二旅被歼后，陈耀汉的北路纵队只剩下一个旅驻在桑植城，东南的李觉、陶广二路纵队龟缩在八十多里外的塔卧，不敢轻易出来，西面的张振汉纵队离这里更远，还在湖北来凤一带。十五日下午，我们直插永顺县桃子溪，正好碰上了陈耀汉。这时天已大黑，滂沱大雨下个不停，本来很难走的田埂路，此刻被雨冲洗得象浇了一层油，滑得实在厉害，一不留神就会摔倒。我们以每小时十里的速度，一股劲地往前进。到了预定位置时，正面突击的部队已经打响了，战士们猛然向敌人发起冲锋，村里的敌人猝不及防，顷刻陷入一片混乱，战士们乘势冲进村子，把敌人分割开来，然后一部分一部分地予以歼灭。战斗发展得很顺利，几个小时就歼灭敌人一个师部、一个旅和两个团，活捉敌五十八师参谋长周桂先。

接连打了两个大胜仗，敌人的包围圈被我们打破了。当时，湘、鄂、川、黔的军阀互分畛域，都有自己的势力范围。他们为了保存实力，看到北路纵队被我歼灭，便纷纷后撤，于是，我军又恢复了以永顺、大庸、桑植为中心的大片根据地。六月上旬，我们大踏步转向西北，经永顺、龙山进入湖北来凤、宣恩，寻求新的作战机会。七月二十八日，我奉命从龙山洗洛出发，到招头寨配合十七师，堵截增援龙山的敌李觉十九师。八月三日，在板栗园以伏击手段，歼灭了增援龙山的敌八十五师，击毙敌师长谢彬，并解放了宣恩县城。八月八日，在芭蕉坨打垮敌陶广纵队十个团。几个月来，我二、六军团密切协同，穿插于敌人重兵之间，避强击弱，寻机歼敌，打得机动灵活，有声有色，运动自如，连战皆捷，痛快淋漓地粉碎了敌人的反革命“围剿”。

在将近一年的时间里，我二、六军团粉碎了敌人一百多个团的“围剿”，毙伤敌人一万多名，俘获敌人纵队司令以下官兵八千余人，钳制敌人三十多万，减轻了中央主力红军的压力，在战略上有力地配合了中央主力红军长征。

（《湘鄂川黔革命根据地》，中共党史资料出版社 1989 年版，第 498—513 页）

痛失四位亲人

——我参加革命的经历（摘录）

田玉祥

一九三五年古历十月初一，红军攻克了永顺县城，国民党部队都跑光了。湘西军阀陈渠珍乱了手脚，调来他的周燮卿旅、顾家齐旅、龚仁杰旅加上贵州军阀杨其昌师、皮德培师共三万多人马，尾追而来。红军为了打击凶恶的敌人，争取在湘鄂川黔边创建革命根据地，于古历十月初七撤出永顺。贺龙同志用骄兵之计，放火烧了小西门桥，然后向吊井岩、颗砂、仓坪等地撤退，沿途设下埋伏。但是，狡猾的敌人多次尝过红军伏击的苦头，远远跟在后面不上套。加之这些地方地形狭窄，敌人太多，装也装不下，没有成功。初九，红军退到龙家寨，敌人紧紧盯在后面。

龙家寨下的十万坪是个天然的好战场，长约十五华里，宽两三里，坪中间有河流，有田坝，两边是满山密林。贺龙同志和二、六军团的首长们选定这个地方，安排了天罗地网，决心在这里消灭敌人。初十这天天还没有亮，就吃了饭。红军埋伏在十万坪的两边山上。专等敌人钻进口袋里。那时，我正好十九岁。帮我爹打铁，一家人的生活很苦。原先龙家寨有个地下工作人员名叫唐自成，以卖红纸为掩护，大家都把他喊“红纸客”。这时，“红纸客”身佩短枪，当了红军营教导员。他深知我家受苦很深，对我父亲进行阶级教育，动员我给红军带路，我父亲答应了。红军给了我一双草鞋，一条皮腰带，并给一条梭标，我带着红军出发了。

事先贺老总派卢师长率一营人埋伏在梨子坳。初十上午九点钟的样子，周矮子、顾家齐、龚仁杰等旅从塔卧仓坪到梨子坳，卢师长率一营人和敌人打了一阵子，就假装打败撤下了。这一下周矮子更骄傲了，他说：“这就是贺龙的伏兵呀。”十点钟他们大摇大摆地开进了龙家寨，接着敌杨其昌师从新寨坪开来，敌皮德培师从杉木河开来。他们会合后，抓来当地老百姓审问，老百姓说，“贺龙去远了，前锋部队快到桑植了”，这时周矮子神气地说：“贺龙已成了惊弓之鸟，这次他又要回湖北老窝去了。如果放走，龙归大海又难制服了”。他们一面给陈老统（即当时的湘西地方军阀，新三十四师师长陈渠珍）拍电报，说是活捉贺龙就在眼前，一面命令部队通过十万坪向毛坝、官坝方向猛追。下午一点左右，敌人全部装进了十万坪这个大口袋。

大约吃晚饭的时候，周矮子人马开到杉木村，有个坏蛋给周矮子报告红军有埋伏。周矮子惊慌失措，急忙命令士兵抢占大堡这个山堡，并且无目的乱打枪。贺龙同志的作战指挥部设在毛坝，眼看敌兵全部钻进口袋，一声信号炮，埋伏在十万坪两山的红军立即全部冲出，王震同志、萧克同志都在前沿阵地上，红军四面八方都吹起冲锋号，红军分三路进攻，中间一路从杉木村进到碑里坪，左边一路由乌龟洞经碑里坪后山到多士坪，右边一路由高岩壁经错落到里作坪，将敌人团团围住。敌人遇到埋伏，无险可守，压到坪里，那里都是冬水田，烂泥很深，拔不出脚，硬象赶鸭子一样到处乱扑。机枪声、步枪声、手榴弹爆炸声、冲锋号声、“捉活的”、“交枪不杀”的喊声，响成一片。战斗到晚上十一点基本结束。这一仗，敌人溃不成军，被打死一千多人，活捉两千多人。缴获各种枪支三千多支，几个头头化装成叫化子逃跑了。十万坪大捷，是二、六军团会师后的第一次大胜仗，为在湘鄂川黔边建立根据地打开局面打下了基础。

十万坪大战时，我给红军带路。战斗中，我用一条梭标也抓到几个俘虏，红军连长对我爹说，“你的儿子不要打铁了，跟我们干事吧！”十月十三，就是十万坪大战后三天，我由刘亚球同志介绍加入了共产党，从此我就参加了革命工作。不久，在龙家寨成立了乡苏维埃，接着杉木、大寨、毛坝等地都相继成立了乡苏维埃，龙家寨成立了区，我当了乡、区苏维埃干部，二十多天后，湘鄂川黔省苏维埃政府在塔卧成立了，任弼时同志当了省委书记，贺龙同志当了省主席，湘鄂川黔边区红成了一片，革命声势越来越大了，不久，我被调到县里，先是永顺县苏维埃政府财政部长，后永顺县分成永保、郭亮两县，我当了永保县苏维埃政府主席。永保县委书记是刘亚球，刘调到大庸后由李国华，再后由严汉万接手，郭亮县的县委书记是刘俊秀同志。

一九三四年古历腊月，我到塔卧省政府参加省委召开的五县联席会议（永保、郭亮、大庸、桑植、龙山）我看到任弼时同志和二、六军团的很多首长。

任弼时同志穿着朴素的灰布军装，嘴上蓄了胡子，个子很高，看样子是四十多了（其实他只有三十多岁）。他给我们作形势报告，那时我才晓得有个毛主席，有个朱总司令。

休息时我到丁家院子里看弼时同志，他坐在一间房子里，房子陈设很简单，一床灰布棉被，一条灰布军毯，一口木箱，桌子上有一大堆书，壁上贴有列宁的像和一张地图。外面有部电话机子。火炉盆里装有一罐子药，看来弼时同志身体是不太好的。弼时同志问我的出身，问我识不识字，问我工作困难不困难，还问了当地的一些风俗习惯，我都一一作了回答，弼时同志要我好好工作，不要脱离群众，要我保持艰苦朴素的劳动人民的作风。他说艰苦朴素是革命的传家宝，还要我多读革命书，懂得革命的道理。弼时同志和我象谈家常话一样，我一点也不觉得紧张，后来他又给我两本书，一本是《土地改革法》，一本是《红军作战战术》，我一直珍藏着。后来在搬屋时丢失了，我心痛了几天。

开会期间，省委、军区司令部、保卫局、军医院、红校都请我吃过饭，饭后开晚会搞得很热闹，唱《十送我郎当红军》、《拥护苏维埃》、《蒋介石成了什么样》等歌。我记得任弼时同志唱了一首军歌，吴德峰同志的夫人给我们唱了段京戏，叫做《太君辞相》，那时上下级的关系，真是亲密无间，好象一家人一样的亲。

一九三四年腊月三十，由于我们守城力量单薄（只有两连人），敌人占领了县城，我和县少共书记谢尤生连夜奔到省委找到弼时同志。到塔卧时快到了入睡的时候了，弼时同志还没有睡，一见了他，我哭诉道："任政委，永顺县城丢了！"弼时同志安慰我们说："不要那么急，等洗了脚，吃了饭再慢慢讲吧。”等我们吃饭时，任政委给军区司令部打电话把王震同志、张子意同志都请来了。王震同志见了我们笑着说：“小伙子，那么急什么，明天替你们把永顺城收回来，把敌人一个个赶到水里泡死他。”说得我们都笑了。我们休息了，半夜还见省委书记任弼时同志的房里，灯火辉煌，首长们还在论讨收复永顺城的事呢。

第三天，正月初五，大雪纷纷，我们跟王震同志踏雪出发了。这次带了一团人，调红校学员打先锋。开到五里铺，王震同志召开连以上的干部会，研究怎样打法。他问我敌人到底有多少，我说大约有三千来人吧，王震同志严肃地说：“三千有三千的打法，一千有一千的打法，不能用大约这个估计哩！知己知彼，才能百战百胜。”说的我脸上火辣辣的。第二天拂晓攻城，敌人溃退，打死一百多，敌头头田少卿、顾定三成了漏网之鱼。事后一调查，敌人只有一千左右，王震同志笑着说：“侦察不落实，把兔当老虎打，可惜大王八没抓到哪。”革命老前辈实事求是的精神，对我们终生是一个很好的教育。

后来形势发生了变化，敌人分六路向我进攻，为了粉碎敌人进攻，四月十二日，我省政府由塔卧撤出，我们地方工作人员随军转移，我参加陈家河、桃子溪及围龙山和忠堡诸战役，多次看到贺老总和二、六军团的首长亲自在阵地上指挥，取得这些战役的胜利。

主力红军长征后，我留下来在十八师。在龙山和酉阳交界一次战役中我和部队失掉联系，只好潜伏下来。反动政府出了活捉共匪田玉祥赏光洋六百元的布告，在人民群众的掩护下，我没有落在敌人的手里，但我的爹爹和一个哥哥、一个弟弟被敌人抓去抵我命杀害了，我的爱人也被敌人抓去卖到龙山了。

（《湘鄂川黔革命根据地》，中共党史资料出版社 1989 年版，第 548—554 页）

英雄之城洒热血

——在龙山的一年（摘录）

谢曙光

谢曙光

我红六军团一九三四年七月底，从江西永新县牛田奉命西征，经过三个多月的艰苦行军和战斗，十月下旬到达黔东印江木黄与红三军会合。十一月中旬，我军在湖南永顺的龙家寨击溃和歼灭了湘西土皇帝陈渠珍等部十个团的大部分，并占领永顺、大庸、桑植三座县城及周围各县广大地区。

在这有利的形势下，红二、六军团决定，在这里创建湘鄂川黔新苏区，将红四十九团一分为二，团长吴正卿和副政委段培钦带三营及二营的一个连，在保靖、龙山一带活动。政委晏福生和参谋长刘转连带一营和二营的其它连队，在永顺、大庸一带活动。任务是发动群众，协助建立地方苏维埃政权，扩大红军队伍。

当时我在四十九团三营任中心政治指导兼任八连工作。我们四十九团先在猫儿滩住了几天，就回到洗车河。团长对我说，省委指定我参加龙山县的地方工作，就这样我离开四十九团来到龙山县委工作，是县委常委之一。

红四十九团在洗车河只个把星期时间，就以四十九团和龙山县委的名义，召开了以洗车河为中心的方圆十余里周围村庄的群众大会，成立了洗车河区苏维埃政府。洗车河周围二三十里的村庄、山寨在一两天内都纷纷自动组织起来了，并推选代表到洗车河来与我们接头联系，有的要求我们派人指导他们工作。当时群众的斗争情绪好似干柴见到烈火一样，很快燃烧起来，三五天时间内周围五六个乡苏维埃政府很快的组织起来了，并将政府人员名单报到了区里，有的乡还组织了赤卫队、少先队、妇女会、儿童团等群众组织。

革命形势蓬勃发展，对敌人也是一个极大的震慑，连二十余里山上一支四、五十人的土匪队伍，也愿意归顺我们。他们通过洗车河的哥老会和我们拉关系，表示愿意接受我们改编和领导。这股土匪的头子名叫穆世顺，他有三十多支新汉阳造步枪，有五六支短枪，子弹也不少。我们四十九团首长临走时嘱咐我要想办法争取他们接受我们的改编。

红四十九团留下的一个姓游的排长在猫儿滩游击队当政委，在我们改编穆世顺股匪后的第三天，他率领该游击队去找四十九团，经过洗车河时对我说，住保靖的国民党军队有向猫儿滩、洗车河一带进犯的动向。中午时我们又得到情报，说敌军有一个团正向洗车河开来。我们在靠山边的一个小坡上集合等第二游击大队，我先后两次派通讯员去催第二游击队，等了很长时间未见他们来。我预感有问题了，但没想到情况变化这样快。为了搞清楚情况，我们又等了几十分钟，才见他们来，并且队伍很整齐，一律掮枪行进。穆世顺走在前面，头上包一块兰布包头，肩上掮一支汉阳造步枪，离我不到三十步远的地方停下来了，穆首先大声问我："政治委员，往哪里开？"我回答他说："我们向县委住的农车靠近。"我的话音还未落，穆世顺就举枪对我射击，我见情况突变，身子往旁边一歪，子弹从我的耳边飞过。第一游击大队长是个军人出身，见穆匪开枪打我，他三两步跑上去把穆世顺抱住说："你不能打政治委员。"这时区少先队长手拿着一杆梭标跑上前去向穆世顺的腰间刺了一梭标，其它匪徒都朝我们开枪。顿时枪声大作。穆世顺这股匪徒事前已作好了反水的准备，由于我们麻痹大意，当时完全处于被动状态，加上第一游击大队组建不久，又未参加过战斗，武器弹药又少，遇到心怀鬼胎，蓄谋已久的惯匪，思想无准备，警惕性不高。这样，我们的区级干部和游击大队一下就被冲散和缴械了，游击大队长和区少先队长当场被穆匪杀死。我是这二位同志用生命救出来的，我现在还深深地怀念着这两位烈士。

匪徒们走后，我慢慢地向上爬，不敢沿大路向农车方向走，只好从那荆棘丛生、野兽成群、毒蛇遍地的崇山峻岭中攀爬。我走几步又被绊倒了，双手双脚都是血痕，爬到半山腰又累又饿，两脚实在拖不动，就倒在一棵大杉树底下坐下来想睡。刚坐下来就听到四处野兽嚎叫，走又走不动，睡又不敢睡，心里确实很害怕。最后我横下一条心，管它死活睡了再讲，这样我就倒在树下睡着了。等到我冻醒时天快要亮了，摸一摸身上的衣服湿湿的，为了生存下去继续革命，我又坚持着往上爬。等我爬到山顶时，太阳已照着山头，我还是朝着农车方向走。刚走不远见到一条小路，我沿着小路大约走了半个小时见到一家人户，我心里非常高兴，便向这户人家走去。这户人家的主人开始有点害怕，我就向他说明，我是贺老总的红军战士，主人对我观察了一阵，脸上才慢慢地显出了笑容，对我改变了态度，给我让座。我实在饿了，便对主人说："老大哥！你能帮我弄点东西吃吗？我已经是一天没吃到饭了。"主人带着为难的样子说："红军同志，我家只有红苕和包谷米。"我说："行啦！你们能吃的我也能吃。"这样，他才叫他的妻子给我做饭吃。我边吃边和他们谈家常，从谈话中，知道他家夫妻二人有两个小孩，靠种地主家的几亩山地为生，粮食不够吃，冬天来了就要到山上挖蕨根来当粮食吃。我又问他从这里到农车去还有多远路，他说还有三十余里，从这里再往前走十几里路就有个乡苏维埃政府。我吃完饭后，就将身上仅有的两块银元给他送了一块，他夫妻二人很高兴，并带我到岔路口，指明向农车方向的路。

快到中午时来到了离农车十余里地方的一个乡苏维埃政府。这个乡政府的工作人员先是很凶的样子盘问我，当我说明是从洗车河回到县委的，他们就热情起来了，要弄菜做饭招待我。我说："饭我已经吃过了，现在请你们将我送到农车去吧！"他们马上就派了两位赤卫队员护送我。到农车后，县委书记严汉万同志第一句话说："嘿！老谢你回来了，真是马克思保护了你，我们听游政委说，他们在洗车河北面的大山腰时，听到洗车河方向枪声大作，估计可能是区里发生了问题，我们接连派了三趟人去寻找你的下落，回来都说没有找着。又听说洗车河后街山边被杀了几个人，我们还担心着你，老谢你是从那里跑出来的？”我就将前后的经过情况向严汉万同志说了一遍，他说：“谢天谢地！你回来了就好了，先休息一天再说吧！”当天晚上，我们县委开会讨论洗车河区的工作，决定：一、将事件的经过情况报告省委；二、继续派人去坚持领导群众斗争；三、将农车区的游击队改称为洗车河游击大队，由朱继先同志任游击大队政委和洗车河区委书记，我就回到县委工作兼任农车区委书记，从此我就离开了洗车河。

一九三五年一月下旬的一天，在农车发生了县委遭地主土匪武装袭击的事件。那天晚上，马蹄寨的地主土匪武装田金安、田高梁等百多人趁我县独立团去招头寨、茅坪一带活动，游击队也去红岩溪打地主岩洞去了，家里只有一个没有武器的新兵连和少量的工作人员，便冒充我们的游击队摸了我们的哨兵，有十多个土匪冲进我们县委住的房子。当晚我们县委几个同志正在开会，见土匪冲进来了，组织部长罗华生同志就向外跑，当即被土匪杀害在大门口，同时还杀死我们一个炊事员。房内进行一场搏斗，县委书记严汉万同志头上被砍了三刀，手上也砍了三刀，脚上被刺了一梭标，乘我和土匪还在房里搏斗的机会，他跑出去了，躲在附近一家老百姓的厕所里才幸免一死。在砍严汉万同志时，我的颈部也被土匪砍了一刀，在他准备继续砍我时，我把前面的一张小桌子往上一顶，马灯掉在地上被甩熄了，整个房子一片漆黑。我当时年青，人还算机灵，乘灯熄房内一片混乱，我身子贴着墙壁，一步一步慢慢地往门边靠，靠到门边我就不顾一切地往外冲。土匪一听到往外冲的脚步声，就拿刀乱砍，一个在门边的土匪当了替死鬼。我一冲出大门由于路线熟悉，就从一个小巷子里钻进去往山上跑，外面的土匪发现了就高声喊：“跑出来了一个。”随着“巴啦！巴啦！”向我开枪，我一直跑了一里多路，快到山腰了，下面的土匪还在开枪，眼看着他们无法追上，我就坐下来休息，怎么搞的，觉得颈上冰凉的，用手一摸发现有血，这才感觉伤口痛，我顺手扯了一些草药用手揉烂，敷在伤口上，解下绑带缠在颈上，这样才止住血。休息了一会儿，我又继续爬上了山顶，辨明了方向，朝着靠永顺的一个乡苏维埃政府走去。第二天到了永顺地界的一个乡政府，恰巧严汉万同志也被抬到那里，问明情况才知道我们的游击队闻讯后赶回来才把土匪赶跑。这个乡政府搞了两副担架，把我们二人送到塔卧医院治疗。

我在塔卧治疗休息了半个月时间，伤还没有完全好，又回到了农车，继续任县委宣传部长兼农车区委书记。一直到一九三五年四月初，由于蒋介石集团对我苏区的“围剿”，整个根据地缩小了，红二、六军团准备离开湘西，这样，我们县委也撤出了农车到了塔卧，仅留下朱继光同志一人仍然坚持在龙山工作，但县委和县委机关没有了，这就是一、二次组建龙山县委的情况。

从农车撤出后，我就回到了部队，被分派到红二军团四师政治部工作团做群众工作。四月中旬，我们随省委转移准备去鄂西另辟根据地。在转移途中，我红二、六军团主力在陈家河、桃子溪打了一个大胜仗，消灭了敌陈耀汉的五十八师，我军乘胜收复了桑植、永顺等县城，粉碎了敌人的“围剿”。这样。省委决定不走了，迁移到龙山兴隆街、茨岩塘，继续坚持湘鄂川黔根据地的斗争。

在围攻龙山县城前，红六军团把我要回去了，分配在军团警卫连当指导员。我们这个警卫连是个大连，有四个排二百四十多人。在围攻龙山县城时，我们六军团的军团部设在石羔山，我没有直接参加攻城。由于龙山县城十分坚固，我们当时没有重武器，有一些小炮，但弹药不多，围了很长时间一直没有攻下。敌人的飞机天天来龙山支援，到城周围轰炸，四十九团供给处主任邓友禹同志就是在石羔山被炸而牺牲的，他是湖南茶陵人。

一九三五年六月中旬，我们红二、六军团从龙山出发包围湖北宣恩县城，听说敌张振汉的四十一师从来凤开往利川，我们又连夜从宣恩出发，赶到咸丰忠堡，截击敌人，一举消灭了这个师，并活捉了敌师长张振汉。忠堡战斗结束后，我们连夜赶到和龙山交界的永顺小井截击敌李觉的部队。小井这一仗，由于我们没按时赶到，敌人却抢先占了有利地势，因此打得不好，虽然消灭了一些敌人，但我们也付出了重大牺牲。小井战斗结束后，我军主力回到茨岩塘。九月省委和二、六军团主力转迁到桑植准备突围长征。十一月下旬，由于龙山县委和县政府内部出了叛徒，方汉英同志惨遭杀害，同时附近的一些区乡苏维政权也遭受了一些损失，我们红岩溪也发生了一次叛变。我们整个游击队三十多人只剩下两条步枪，常到红岩溪、茅坪、比沙沟一带游击。搞来搞去，我们游击队发展到了一百多人三十条枪。

一九三五年十一月中旬，我们红二、六军团主力红军从桑植突围长征了，留下红十八师牵制敌人坚守根据地。到十一月中下旬由张正坤师长，把我们红岩溪游击队加上茅坪、茨岩塘等地的游击队四百多人，合编成龙山独立营，我当营长兼政委。不几天又把龙山独立营、龙桑独立营、湘鄂边独立团合编为红十八师五十二团，刘峰同志任团长，刘诚达同志任政委，我在第三营当营长。红十八师有两个团，五十三团是原来的主力团，五十二团是新组建的团，在张正坤师长兼政委的领导下，留守在茨岩塘一带牵制敌人，策应主力红军突围长征，一直到一九三五年十二月上旬，完成牵制任务后，从茨岩塘突围长征，追赶主力红军。

我从湘赣苏区，来到湘鄂川黔根据地，在这块红色的土地上，我和龙山人民并肩战斗了整整一年时间，那里的人民勤劳勇敢，深受地主、官、匪的压迫，革命觉悟高，富有顽强的斗争精神，给我留下了深刻的印象。离开他们快五十年了，但我时刻怀念着用生命保护我的英雄烈士，我怀念着和我并肩战斗的战友们，我十分感激龙山各族人民对我们红军战士的支持和爱护。

（《湘鄂川黔革命根据地》，中共党史资料出版社 1989 年版，第 555—565 页）

不破楼兰终不还

——我的战斗生涯（摘录）

向玉卿

投奔红军

一九三四年十一月七日，红军攻占了永顺。这个消息传到我们卡什湖，有钱的人家都很恐慌，穷人们却悄悄议论开了，那是过去打死向子云的贺龙的红军，听说还有个萧克。

“穷人只望刀兵动，老鹤哪怕火烧山！”第二年二月间，红军由我们卡什湖过路，象蚂蚁牵线，我和嫂子就在门口看热闹，当时，我哥哥怕是国民党的部队要抓伕，就骂：“看什么，还不躲？”我硬要看，心里还想：“在屋里受罪不如去当兵，奔个出头的日子。”我哥拖我，我不顾一切撒腿就跑，向红军开的方向追去。赶到龙西湖，又赶到伴湖，找红军的官长要求当兵。红军不要我下连队，怕我是探子。跟了几天，弄清了我的情况，才把我编在十八师独立团三营七连一排一班当战士。

在猫儿山打顾桓臣

十万坪大战之后，红军回师收复了永顺县城，主力随即东下慈利、桃源作战，永顺县城城防由我们四十九团独立团负责。这时反动地主武装头子顾定山、顾桓臣、向源生、王玉山、何祉麻、沈旦轩、向泽生等互相勾结，在县城附近不断扰乱。为了巩固红色政权，必须立即剿除这股土匪。

顾定山是永顺的大恶霸，自称“剿共义勇队”的总队长，顾桓臣是他的兄弟，他们的匪部扎在猫儿山。这两个家伙称霸一方，群众又怕又恨，不打倒他们，群众很难发动起来。

民国廿三年冬天，我们独立团配合四十九团去打猫儿山。敌人凭险据守，在登山要道处设置了许多滚木擂石。他们把一些树条编扎在一起，两端系上粗绳吊在岩坎上，形成炕状，上面堆放大石，红军若从下面经过，他们便砍断绳索，木条、石头一齐滚了下来，以此阻止红军上山进剿。四十九团从岩板铺出发，进攻几次冲不上去，我们独立团就从侧面包抄，奋勇冲杀。敌人见我来势凶猛，四处逃窜，我们放火烧掉山顶上的庙，拔掉了这个反革命据点。

打猪鼻洞

一九三五年三月，上级派我们七连到龙山县农车一带去打土豪。

农车西边的山腰间有一个猪鼻子洞，四面峭壁悬崖，无路可通，当地土豪劣绅都纷纷躲进了这个洞里去了。

我们班来到山下，仔细观察地形，发现峭壁上每隔几尺就有一个刀把子大的小孔，显然，这是敌人向山洞攀登时，在小孔中插上木棒作为梯级用的。我们赶削一些木棒插入石孔中，凭借木桩一级一级向上仰攻。攀登时我在最前面，爬到十二级处，发现洞内的敌人，正用棉絮来挡洞口，我立即开枪射击，首先打倒了在洞口处的一个人。以后，我们就用几根长竿接起来做成火把，象烧蜂窝一样伸向洞口，棉絮着火燃烧了，烧着了洞内的一个火药桶，发出了猛烈爆炸声，顿时石块纷飞，硝烟弥漫。我们乘势攻入洞内，洞里的土豪、地主几乎全被烧死，只有一个男的尚未断气，我们把他背了出来，想了解些情况，但没有救活。我们在洞内搜索，揭开一块大石板，发现了五钵鸦片，又在石壁上的一个岩孔里搜得光洋二百二十元。

小井战斗

一九三五年七月初，敌六十二师陶广部队由永顺开往龙山增援，上级就命令我们去永顺截击援敌。六月四日早上我们开到瓦厂。这时，瓦厂有地主王玉山、彭孝斋的队伍，我们一开枪，敌人就爬上了山。在卡什湖遇敌六十二师匪部，一场猛烈的战斗就开始了。

这一天，整天下大雨，雨雾弥漫，对岸看不清楚人。我们的部队布置在张家湾、子棚、烂塘坳、卡什湖、大坳一带，萧克军团长亲自指挥。指挥部就设在烂塘坳岩屋里，岩屋外面有一蔸大青枫树，萧克军团长不时出现在青枫树前用望远镜察看敌情。敌人陶广的师部在富坪，前线指挥部设在燕子坨。我们分成三路，从大竹岗、卡什湖进攻燕子坨。敌人的火力很足，大炮不时落地开花，轻重机枪不断扫射，他们还砍了一些竹子构筑工事，封锁着我们前进的道路。红军前仆后继，伤亡很多，冲不上去，雨水夹着血水，满地流淌。后来我们从小井、王家坡过拱桥，走周家寨后迂回包抄，彭海东（永顺人）他们冲上熊湾，用大刀砍死了敌机枪手。我军发起猛烈冲锋，打得敌人东奔西窜，四处溃逃。阵地上满山遍野都是刺树，敌人连跑带滚，有的被打死，有的被摔死。这一仗歼敌两千多人，残敌往向家寨、陈家寨逃窜。我们完成了阻击任务，准备开往龙山之前，还把牺牲了的团部周参谋长和他的警卫员彭孝斋的遗体用棺材装殓，安埋在上仁寨。

“革命兄弟，同生共死！”

一九三五年八月，红二、六军团开始长征，在贵州大定、毕节游击了一个时期，渡过了乌江，转入云南，在宣威和滇军打了一次恶仗，我就是在那次战斗中负伤，眼睛也被打瞎了。

那次战斗，敌人陆空配合，前堵后追，地上炮火纷飞，猛烈轰击；天空飞机盘旋，投掷炸弹，战斗异常艰苦激烈。十七师打先、十六师增援，同志们无所畏惧，前仆后继，终于把敌人打败了。我当时和弟兄们把死尸堆成掩体，奋力抗击。敌人一颗炮弹飞来打在我们排的阵地上，炮弹炸开了，把我和一些死尸都抛在空中。跌下来后，我被压在死尸当中，眼睛震伤，什么也看不见了，只听见人喊马嘶，我头晕耳鸣，呻吟等死。幸好，八连的刘排长还在后面，他听见呻吟声，扒开尸首看见了我，就喊："向排长！向排长！你怎么搞成这个样子了？"说完便立刻把我背着去赶部队。他背着我，我就背着两个人的枪和手榴弹，走一阵，歇一阵。我心里难过，一再对刘排长说："你自己赶队伍去吧，不要管我了，我情愿死也不能连累你。"他不听，坚决要背我一起走，还不断安慰鼓励我："革命兄弟，同生共死，有我就有你！"这样走走停停，经过了二、三十里地，时间也到半夜了，忽然，我们发现前面不远的一个山头上有几堆火光，是我们的还是敌人的？刘排长把我放下来商量，他决定去探情况，如果是敌人，拼不过就砸烂枪支，准备牺牲。大约一个钟头后，他带着担架回来了。我躺在担架上回到了部队，真是绝路逢生，我不禁哭了。营长陈华堂安慰我，还批评了连长（连长以为我已牺牲，报告给了营长）。部队第二天又出发了，营长把骡子让给我骑，要带着我走，不准留在当地。

（《红色塔卧》，青海人民出版社 2016 年版，第 269—272 页）

誓死跟着红军走

——忆参加红军前后（摘录）

欧国清

参军第一仗

一九二九年七月间，向子云匪部窜犯泥湖塔打贺龙，我们欧家寨的人都听说，贺龙已经当了红军司令，打富济贫，把向子云打败了。不久，又听到向子云带兵要到桑植城去打贺龙的消息，我那时正在桃子溪做木匠。有一天我到泥湖塔赶场去买木匠工具，只见许多红军在场上打着招兵的旗子，我心里就想，在这个世界上，父亲一辈子当木匠，苦得要死，缺吃少穿，一家人还是活不下去。我又想起自己小时候，跟娘在田里捡谷子，被地主婆打了几个耳光，打得满口流血，倒在水田里的情景，就动了参加红军的念头。

初进红军队伍，没给枪，只给一根梭标。过了十来天的一个晚上，奉命令集合，半夜过后大约三点钟就吃了饭，开到桑植城后的桥子垭山上的包谷坪里埋伏着。不久，向子云匪部来了，有两三千人。他过赤溪河时，我们红军便衣队发动老百姓给他搭了浮桥，放起鞭炮，口喊："欢迎司令官进城安民"。向子云坐着大轿，身背令箭，前呼后拥，神气十足。他一进城，到了街门口一下桥，我们枪就响了，城内外伏兵齐出，高喊："捉活的呀！"向子云被这突然而来的喊声、枪声吓得魂不附体，加上又被乱枪打伤，只好由他的卫队扶着向赤溪河逃命。赤溪河的浮桥早已被我们砍断，他受了伤，连黑骡子也骑不稳，过赤溪河时倒在汹涌的激流中，后来连尸首也没找到。当时，我们参战的三个中队总共不过三百来人枪，以一当十，歼灭了向子云匪部两三千人，这一仗，红军打出了名，敌军吓破了胆！

湘鄂边区打游击

赤溪河一仗之后，所谓“湘西王”陈渠珍派大兵来了。周燮卿、罗效之、吴尚、朱疤子等匪部都向我们进攻，我们转移到湖北鹤峰成立了红三军。

一九三〇年二月到了洪湖。一九三三年春，我奉命离开洪湖回永顺、龙山、桑植一带侦察各地国民党驻军兵力，为创建新根据地向部队提供情报。当时国民党防范很严，我们派出的侦察员虽然很多，但有的被捕，有的下落不明。我是提着脑壳跑路的，在古历五月初四，我到龙山县城以做木匠作掩护，探清了龙山城内保安团的编制、人员、枪械；也了解了洗车河保安团刘子良的兵力部署，和龙山自卫队的一些内幕，知道他们最近调来千余人，我就向上级作了汇报。后来，我们的部队从洪湖进驻到龙山马蹄寨，我当了班长。国民党部队和地方团防武装曾不断包围袭击我军，我们转战湘、鄂、川、黔边区打游击。在永顺塔卧捉国民党桑植县长胡锦心，到湖北利川打邓锡候，到四川打彭水，到贵州打务川。总之不是打仗，就是行军。每到一地，打土豪、筹军饷，把土豪的财物分给穷苦人。老百姓有什么话都肯给我们讲，我们搞侦察很顺利，我们是在明处，敌人是瞎子。那时，红军的纪律真是好，树上熟了的枇杷没有人摘来吃，红军和老百姓是一家，敌人只能被我们牵着转，他们有什么办法！

苏区兵工厂

湘鄂川黔边革命委员会于一九三四年十二月十日由大庸迁至塔卧，随即建立了区、乡苏维埃政权，打土豪、分田地，成立游击队，扩大红军。

我因为是木工，被分配在兵工厂工作过一段时间，主要是装枪壳子。兵工厂是省委迁塔卧不久就建成了的，设在付家塔，实际上只不过是一个修械所。政委是晏福生，厂长是马宜胜。马宜胜是塔卧有名的铁匠，过去就会造快枪。工厂共八十多个人，分五个班，有红炉班、冷作班、连发班等。当时战斗频繁，缴来的、搜来的破旧枪枝很多，需要立即装配、修理，特别是子弹很缺，需要自己制造补充，所以工作十分繁忙，白天干一整天，晚上点上煤气灯到半夜以后还不放手。我们把空弹壳装上土火药、火蒂把，把废铜钱溶化后制成子弹头，还用土火药试制手榴弹、炸弹等等。

一九三五年春，部队在慈利缴获了朱疤子（际凯）的车床、刨床，规模就大些了。万坪多仕坪兵工厂就是由塔卧分去的，工人增加到一百二十多人，加上警戒部队共有两三百人。不过当时最感困难的是缺乏动力，大小机器只好用手摇干活。

我在塔卧兵工厂、龙家寨兵工厂都工作过，以后兵工厂又转移到龙山茨岩塘。长征时，小机件带走，笨重四大件都埋藏或销毁了。

解放塔卧　剿灭土匪

一九四九年，东北全境解放，部队由哈尔滨南下入关。我因病留在军区医院治疗，一九五〇年元月得到上级批准退伍，返回故乡永顺。这时土匪尚未肃清，阶级斗争十分激烈。作为一个老兵，我又返回革命队伍，参加地方工作。当时，县长张骥要我到塔卧当特派员，接着担任六区区长，和一四一师剿匪部队在塔卧区一道开展剿匪工作。

塔卧匪情复杂。匪团长丁雍臣、田贯生、雷湘帆都是塔卧的。我们配合解放军，一面作宣传贯彻“首恶必办、胁从不问、立功受奖”的剿匪政策，瓦解一部分土匪，使他们自首登记；一面对那些顽抗到底，拒不投诚的匪徒实行武装进剿。

匪首谭再坛（小名“坛坛儿”）在沙坝乡蟠龙山一带聚集一千余人。有一次他纠合所部，公然扬言要打区政府。我得到情报后，立即报请永顺军分区派部队前来进剿。我们区中队和乡公所配合解放军张营长分路向蟠龙山围歼。张营长从正面进攻，我堵三家田，曾衍鹄堵刘家坳。我方用六〇炮首先轰击，然后发起冲锋，匪部仓惶逃窜到西库去了。

有一次我们区中队和剿匪部一个排，由李家坪出发到冷水去打土匪覃大汉子。覃大汉子有一百多人枪，扎在周家坡。当我发现对面山上匪部哨兵在游动时，我和王排长带三个战士前去侦察，我们登上山头后，我只打一排子弹，喊几声“冲锋”，一百多个土匪竟被我们几个人连追两个山头，撵得远走高飞了。

砂坝乡向寿之原为国民党中立乡乡长，不相信党的政策，心存观望。我亲自到他家说降，说明形势，宣传政策，指出前途，要他打消顾虑，立功赎罪。临走时，我给他留下三十条枪，要他以乡中队名义，保护乡公所。以后上级命令收枪时，他们三十多支枪如数上交了。

砂坝土匪向质云，号称一个团，有两个营投降交了枪，还有一个迟迟不交。我先给他写了一封信，随后又找到他本人，要他通知这个营的排长以上的土匪军官来开会（包括他的兄弟向三营长）。我在开会时进行宣传，讲解政策，杀了一头猪，还发鸦片烟给他们吃，表示优待。三天以后，这个营的三挺机枪，几十支长短步枪都交来了。

（《红色塔卧》，青海人民出版社 2016 年版，第 297—302 页）

看见新中国成立是莫大的幸福

——我的革命生涯（节录）

彭南峰口述　程杰生整理

王村阻援　保证鸡公垭战斗胜利

彭南峰

一九三四年十二月初，二军团在大庸鸡公垭打国民党李觉、陶广部队，六军团在永顺侦察到国民党从沅陵调来一个军约两个师人，经过王村开往后坪增援李觉部队。萧克同志命令五十一团开往后坪配合二军团作战，四十九团到王村阻击敌人援军。

我们四十九团从永顺出发，走小路翻大山，一百多里路走了两天一晚，第二天下午爬上一个大山界，天黑时下了界，就到了王村街背后。王村前面是酉水河，后边是大山，街道像楼梯一样从河边一蹬一蹬爬上山。有三里路长，住着几百户商家民家，敌人的军部和一个师住在这里，还有一个师住在施溶溪。

我军到王村时，敌人正在吃夜饭。乘其不备，冲锋号一响，杀声震天，我们居高临下，冲进敌人驻地。敌人只听得见军号声、枪声，真不知来了多少红军，枪都来不及拿，就向河边跑，想过河逃走。我们缴了敌人的机枪、步枪，向河边猛烈射击，前边敌人上了船，有的在船上被打死，没上船的敌人只得泅水过河，天又冷又黑，水又冷又深，泅水的都淹死了。河里淹死了一千多人，俘虏了两百多，剩下的摸黑从东北二面山上逃走了，施溶溪的敌人怕遭到王村敌人同样的命运，仓促逃回了沅陵。我们在王村打扫了战场，休息一天又开回永顺。

茶林坡阻击战

一九三五年正月，我们到王村打了国民党的援军以后，到永顺休息，师部命令我们团到塔卧附近的茶林坡阻止国民党从保靖开往桃子溪的一团人。

茶林坡两面是斜阳偏坡，中间是沟，大路从沟中间过。团长刘转连作报告说:“我们打仗只赚不赔，一个要换敌人十个才合算”。

我们团有一千五百多人，先一天开到茶林坡，第二天一亮就埋伏在两面山上。上午国民党军队进了沟，一个团大约千把人。团长一声令下，军号声、枪炮声、喊杀声响彻云霄，震撼山谷，前边的敌人被打死几百，后面的敌人回头逃窜。茶林坡阻击战就这样胜利结束了。

胡家沟诱敌战

胡家沟距龙山有五六十里。我们打完小井以后休息了三天，又奉命到胡家沟，阻击增援龙山的敌人。敌人大约有一师人，我们一个团。胡家沟是个小沟，又是个重要的卡子。过了胡家沟是个大土包，上边有几个村庄，敌人都住在土包上，我们营打冲锋，敌人坚守。整整打了一天，硬攻不上去，连长、指导员、排长、班长都牺牲了。三连一百三十多人，连炊事员在内只剩下三十个人，剩下我一个班长。天黑时五十团、五十一团，还有二军团的兄弟部队，从大包后面攻上来，包围消灭了敌人，一个都没有走脱。战后才晓得我们的任务是引诱敌人。

回到龙山，我们连从游击队和俘虏当中又补充到一百五十多人。这一仗是我当红军以来牺牲最大，取得胜利较大的一仗。

渡金沙　爬雪山　过草地

一九三六年四月二十八日，我们渡过金沙江。在渡江前，国民党围追我们的有几个师，相隔40里，我们宿营他们宿营，我们出发他们也出发。为了甩掉敌人，迅速渡江以后还要爬雪山，上级命令轻装前进。我们团在桃子溪和忠堡作战时缴获的小钢炮、六〇炮都丢到金沙江里。个人也要减轻行李。我在澧县做的一件皮褂子，到云南换了五十盒十支装的哈德门烟，成了同志们休息时过烟瘾的珍品。

过金沙江那天，我们排放排哨。部队天不亮就过渡，从几个渡口过，下午全部过了江，国民党才赶到。隔着河喊得到话，我问他们赶得一双草鞋没有，他们举起一双草鞋，说："赶得一双草鞋"。我们讲：都是中国人，有本事打日本去吧，自相残杀是孬种。顺便说一下，犯有严重错误的夏曦同志，在过金沙江时掉到水里被淹死了。

过了金沙江，进入云南省中甸县的哈巴雪山脚下。二军团在前面打了几次小仗。我们跟在后面走，到隔哈巴雪山40里路的山脚下休息几天。休息时作过雪山的准备，收买生姜、辣子、草烟，打草鞋、找拐棍，治疗伤病员，恢复健康。五月初，我们从中甸出发，翻越海拔五千多米的哈巴雪山之后，接着在瓮水、那坡又连续翻越了两座大雪山。五月底离开稻城，于六月三日到达西康甘孜以南的甲洼附近，与一方面军第三十二军会合（原九军团，此时归四方面军统辖）。

六月三十日，二军团到达甘孜与我们六军团会合后，召开了四方面军和二、六军团会师大会。会上，朱德总司令号召红军团结起来，继续北上抗日。这时，我们看到总司令显得很消瘦，肯定在张国焘那里吃了不少苦，受了不少罪。大家义愤填膺，一致表示坚决反对张国焘分裂党、分裂红军的罪恶行径。不少同志甚至擦枪磨刀，准备应对不测。

七月五日，中革军委电令二、六军团和一方面军第三十二军合并组成二方面军，总指挥是贺龙，政委是任弼时，副总指挥是萧克，副政委是关向应。二方面军成立后，我们六军团下辖四个师，军团长是陈伯钧，军团政委仍然是王震。

第二天，我们六军团离开甘孜，踏上了通过草地的征途。七月下旬在下阿坝休息，收集粮食，准备继续行军。部队的前面是一片广漠的草地。这里地势很高，空气稀薄，几乎每天都在下雨。我们除了要与天斗、与地斗之外，有时还要同野生动物斗。尽管部队有极为严格的定量，粮食还是很快就吃完了，只能挖野菜吃，煮牛皮、牛羊骨头汤喝，有时找到了一方面军同志留下的大便，就用水将大便里没有消化的青稞洗干净，继续煮着吃。我们抱着“走出草地，就是胜利”的坚定信念，从甘孜出发，走了一千八百多华里路，终于八月底走出了草地，到了甘肃省岷县的哈达铺。

我们红军征服雪山和草地，付出了巨大的代价，许多战友长眠在那里。我的堂兄彭定奎和彭定武，一个牺牲在雪山，一个牺牲在草地。我们这些剩下的人真是很幸运，能够活着看见新中国成立，就已经是莫大的幸福了！

（《红色塔卧》，青海人民出版社 2016 年版，第 229—243 页）

第九章 红色文档

红二方面军重要文献选编

湘鄂西中央分局报告（节选）

（一九三四年三月十七日）

中央：

一、在1933年上半年我们已经恢复和发展了湘鄂边（包括鹤峰、宣恩、建始、施南、桑植五县之一部分）苏区。可是因为第三次、第四次红军的肃反，使得在敌人进攻时不能固守苏区，遭受破坏。又以主力游击利川、咸丰、来凤、黔江，大大扩大了政治影响，吸收了千余人参加红军，可是还不能从组织上巩固起来，才开始组织农民游击战争。

二、我们依据全国革命形势的发展与红三军的力量与政治影响，坚决执行组织群众，创造湘鄂川黔苏区的路线。因为主观力量一时不能击破围剿，采取游击战术，相机打击敌人。游击范围是川边酉、秀、黔、彭，鄂西施、鹤之东，湘西永、庸、龙、桑、慈、石等县附近。

三、湘鄂西苏区及红三军经过四次肃反，前后逮捕三千多人，党苏干部十分之九为改组派，因是决定解散党和青年团的下层组织，举行清党清团重新登记，现在只有红军中有党和团的组织。

四、（略）

五、（略）

六、（略）

七、（略）

八、去年12月蒋介石曾派一代表熊贡卿来游说贺龙同志，企图收编。熊先派一梁素佛来。贺龙同志首先即发觉和暴露来人之阴谋，认为侮辱，提到中央分局。我们为要得到蒋介石对中央苏区及四方（面）军之破坏工作的消息，遂允熊来。据熊说，蒋已派四个人（有三个是浙江人）到四方面军去，中央苏区亦建立多年工作，此等人均做上层收买工作。我们乃将熊事公开，举行群众审判枪毙之。

九、现在我们三人仍以中央分局领导一切工作，分工如前，同作军部，又组织湘鄂川黔革命军事委员会，为此一游击区域之苏维埃领导机关，以曦为革委会主席。

十、要求中央派一代表来审查和指示此间工作，因为一时不能作出书面详细报告，我们又不能抽人来中央讨论。

此致布礼

夏曦、贺龙、关向应

三月十七日

（《湘鄂川黔革命根据地》，中共党史资料出版社 1989 年版，第 31—32 页）

中央书记处、中革军委给红六军团及湘赣军区的训令

（一九三四年七月二十三日）

（一）中央书记处及军委决定，六军团离开现在的湘赣苏区，转移到湖南中部去发展广大游击战争及创立新的苏区。同时，除了六军团外，湘赣军区所属诸独立部队及游击队，应无例外的留在现有苏区及其周围进行广大的游击战争捍卫苏区。这个决定是从如下的政治与军事的考虑出发的。

（甲）目前苏维埃运动发展的一般的状况是：在江西及四川存在着巩固的苏维埃区域，而湖南将成为两省将来发展联系的枢纽；虽然在湖南有着我们发展的良好的客观条件，但是由于我们在湖南力量的薄弱，及二军团在湘西北行动的不积极，湖南的游击运动还没有广大的开展起来，这使湘敌可集中全力向湘赣苏区进攻。

（乙）在粉碎敌人五次“围剿”中，湘赣苏区是我们的辅助方向之一，在钳制与吸引敌人方面，湘赣苏区相当的完成了自己的任务。但是湘赣苏区本身是紧缩了。敌人正在加紧对于湘赣苏区的封锁与包围，特别加强其西边封锁，企图阻止我们力量的向西发展。

（丙）在这种情况下，六军团继续留在现地区，将有被敌人层层封锁和紧缩包围之危险，而且粮食及物质的供给将成为尖锐的困难，红军及苏区之扩大受到很大的限制，这就是保全红军有生力量及捍卫苏区的基本任务都发生困难。

（丁）改变这种状况的可能有两个：或者是取得足以促使敌人变更战略计划的胜利，迫使敌人不得不放弃现有计划，这在敌人堡垒主义及优势力量的条件之下，依靠湘赣苏区自己的力量是难以达到的；或者是主力离开

现有地区转移至更加广大与有自由机动可能的地区作战，并创造新的苏区，而以独立的与游击队的部队在现在区域及周围发展积极的游击活动，捍卫苏区。由于湖南中部敌人力量之极端薄弱及一般良好条件（湘南红军及游击队之活动证明了这一点），这种决定是更适当的。

（二）中央与军委这个决定，是有如下的目的：

（甲）六军团以自己在湘中的积极的行动，消灭敌人的单个部队，最广大的发展当地的游击战争与土地革命，直至创立新的苏区，给湘敌以致命的威胁，迫使他不得不进行战场上及战略上的重新布置，这将破坏湘敌逐渐紧缩湘赣苏区的计划及辅助中央苏区之作战。

（乙）最大限度的保存六军团的有生力量，并在积极的游击活动中加倍的扩大它。

（丙）尽量的组织与发展湖南的群众的革命斗争，反帝国主义的与土地革命的斗争。六军团应以自己英勇的斗争精神和革命的行动去改变湖南的环境，并鼓动与组织湖南的群众斗争，发展为革命的游击战争，彻底的土地革命，直至由建立苏维埃政权与新的大片苏区，确立与红二军团的可靠的联系，以造成江西、四川两苏区联结的前提。

（丁）为着保卫湘赣苏区，阻止湘敌组成沿赣江东向中央苏区进攻的可能，一切军区的独立部队、游击队及地方武装应留在现在苏区及其周围，发展积极的游击战争。

（三）中央与军委坚决的指示，绝不允许将这个决定，由我们（原文如此——编者）为放弃湘赣苏区与无计划地退却逃跑。中央与军委责成省委及军政首长进行坚决的斗争，反对我们队伍中的任何悲观失望的情绪，并依据这个训令采取一切必要的方法，进行各种具体的准备工作，加强游击活动及部队中的政治工作。

（四）六军团由现在苏区转移的时机，要看敌人的堡垒程度及我们行动顺利与否，而后由军委个别命令决定之，但现在省委、军区及六军团首长应立即采取各种具体的准备，以便必要时六军团首长有组织而不是阻碍的退出现在的苏区，主要的准备办法如下：

1. 重新分配党的干部，使一部分留在原地工作。现在就应派往加强各特委及中共县委的领导，使他们能独立自主的在敌人封锁线内发动广大群众，开展游击战争，并准备能转变为秘密工作的基础，在永新以南的新苏区万、太、遂地方应有得力干部主持，以便向南发展苏区。

另一部应派到六军团各级政治部去，加强其政治工作，并准备担任新苏区的地方工作。

2. 最高度的加紧动员工作，于八月十号前应充实十七、十八两师到九千人，步枪到三千五百支。军区部队中五个独立团，应于八月半每团充实到两个营的组织，庞大的分区直属队应编入独立团、独立营的基本游击队亦应充实起来，并进行广大的政治活动，广泛地发展群众武装自己及游审队组织与活动。

3. 红校的五百学生应组成干部队，以便随六军团行动，如已经毕业，应即分配给六军团，以少数的分配给地方独立队，并再立即成立新的干部队随军行动。

4. 应准备储两周粮食。

5. 加紧弹药厂的生产，保证在八月十号前六军团能补充必须的弹药。修械、弹药两厂应各分为两部，一部留下，一部随军行动。

6. 将军区医院分成两部，一部留下，一部组成全军团百分之十的人数的野战医院的四个所，随军行动。

7. 无线电台应留下一台小的随军区行动。

8. 军区组织及其直属队应力求缩小，便于行动与指挥游击战争，并须预先将决定留下的各工厂、医院等机关分置便于掩护的地域。

9. 在永新以南去到万、遂、五斗江上下七地域，现在就应以独立团的现时随独立团行动之吉安独立营为基干，加紧肃清当地地主武装，向南推广游击战争采取赤化。以利六军团的转移及其转移后的发展，向第一部预计的向西发展的路线，进行详细的敌情，道路及地形的侦察。

（五）准备离开现在苏区的部队应包括六军团十七、十八师全部及红军学校学生，无线电台两架，野战医院和制弹、修械厂、弼时同志及部分的党政干部应准备随军行动，弼时即为中央代表，并与萧克、王震三人组成六军团的军政委员会，弼时为主席。

留在现苏区的后方省委、省苏、军区及各分区地方党政组织、地方的独立团游击队，重伤病员、体弱的干部及苏区的基本群众，担任继续发展游击战争及党的工作。洪时同志留下为省委书记。云逸同志到后，王震任六军团兼十七师政委。

（六）预计的向湘南发展的路线、地域和行动：

1. 六军团由黄坳上下地域的敌人工事守备薄弱 <区> 或其以南转移到独四团行动的桂东地域，在转移中要迅速脱离敌人，以便到桂东的游击区域，高度地迅速地发展游击战争和推广游击区域。

2. 六军团在桂东不应久住，第二步应转移到新田、浏阳、醴陵地域，去发展游击战争和创立苏区的根据地。

3. 以后则向新化、溆浦两县间的山地发展，并向赣地域向北与红二军取联络。

（七）这一训令只限于给省委常委之 <与> 军团、军区的首长，不得丝毫下达。一切准备的第一步的行动，应伪装进攻湖南军队的行动行之。

（八）关于六军团在湖南中部地区行动时之政治任务及政治工作，及省委、军区在现苏区发展游击战争及党的工作，另发个别的训令。

（九）一切准备工作须限于八月中进行完毕。

党中央书记处

中革军委

1934 年 7 月 23 日

（《湘鄂川黔革命根据地》，中共党史资料出版社 1989 年版，第 95—99 页）

中革军委致六军团关于今后活动地区及其任务的指示电

（一九三四年九月八日）

六军团：

火急。任萧王密译。

在中央局、军委七月二十三日训令中规定的六军团第一步的动作，基本上是结束了。对六军团以后的行动，现有如下的补充训令：

1. 目前敌人企图当我六军团在城步地域及由城步北进时消灭我军。因此，敌人正分三个纵队行动。其第一纵队由东北经祁阳向我前进。第二纵队是由东面经零陵、新宁及新宁以南向我侧进。第三纵队之桂军及十六师则由东南向城步，进而向湘西北之三十三师向辰溪前进，为敌进攻之辅助方向。如六军团继续北进，则在敌人这种部署下可迫使我军于资、沅两源河套之间与（之）决战而消灭我军。

2. 估计到上述条件，七日训令中关于在新化、溆浦之间山地建立根据地的指示在目前是不利的。依地理条件及敌人部署，目前六军团行动最可靠的地域即是在城步、绥宁、武冈山地。六军团应努力在这一地区内最少要于九月二十号前保持在这一地区内行动，力求消灭敌人旅以下的单个部队，并发展苏维埃和游击运动，以后则转移至湘西北地域，并与红二军团在川、贵、湘边境行动的部队取得联络。为避免渡大河的障碍与不利的战斗，应规定沿湘、贵边的前进路线如下，即绥宁、通道至贵州之锦屏、天柱、玉屏、铜仁转向湘西之凤凰地区前进，这是九月二十日后的任务。在第三阶段中，六军团即应协同二军团于湘西及湘西北地域发展苏维埃及游击运动，并于凤凰、松桃、乾城、永绥地域建立巩固的根据地，其后方则背靠贵州，以吸引更多湘敌于湘西北方面。

3. 为达到上述任务，六军团务须转变其行动方式如下：①每日行程应缩短到三、四十里；②要在有利的地形下，如隘路、山地、渡河场，伏击或袭击敌军单个的部队；③当大敌来攻时亦应利用优越地形，消灭敌人的先头部队；④当敌人成并行路追击时，则应折转到侧面阵地，侧击前进之敌；⑤为扰敌及发展游击战争，应暂由主力中抽出一团以上的兵力出去活动，并应派地方工作同志（同）行，以便在群众中进行政治工作。

4. 为要执行这两周内的任务，六军团可暂停留于西延西北山地行动，首先钳制桂敌，而侧击向城步前进之胡旅，在执行这任务后即钳制由东西进之湘敌主力，折转过来消灭桂敌之先头部队，最后则向城步、武冈佯攻游击，诱敌北进，我则背靠城步西南山地，以保守我真正的企图。

5. 这一训令是绝对秘密的，只有中央代表与军团首长应知道并严禁下达。这是一般行动原则，详细行动得依情况变动由军委个别命令决定之。

中革军委

九月八日

（《湘鄂川黔革命根据地》，中共党史资料出版社 1989 年版，第 127—128 页）

红二、六军团决定东进湘西给中革军委的电报

（一九三四年十月二十七日）

朱　周：

1. 我二、六 < 两 > 军团明日（28 日）向龙潭前进，到酉阳、龙山、永顺、保靖、永绥间；用□秀山附近民众根据地，且向凤凰、乾城发展。

2. 我们不直接向乾城、凤凰，有如下原因：

A、凤凰、乾城、松桃，大半系苗吃子孙粮，武装多且极强，经常可动员万人，多受陈渠珍节制。

B、廖、李□□二十七日即进到乌罗司，分开堵我们，如我向凤凰、乾城，有被敌侧击之虞。

萧、王、贺、关

1934 年 10 月 27 日 22 时

（《湘鄂川黔革命根据地》，中共党史资料出版社 1989 年版，第 163 页）

红二、六军团东进湘西途中给中革军委的电报

（一九三四年十月二十八日）

军委：

1. 根据总司令部及我们所得的谍报，敌五、一两支队在松桃、秀山间，三十四师龚仁杰旅在茶洞防。松桃之木岩河船只少，不能徒涉，且敌必有防备。

2. 六军团除五十二团外，计三千三百余人，除留伤病员三百余人外，只存三千。二军团和独立师三千九百余人，卫戍及伤病员二百余，枪三千七百余。二军团每支枪子弹不过十发。

3. 在敌我及地方条件下，我们建议二、六军团暂时集中行动，以便消灭敌一、二个支队，开展新的更有利于两军团将来分开行动的局面。目前分开，敌必取各个击破之策。以一个军团力量对敌一个支队无必胜把握。集中是可以打胜敌任何一个支队的。且两军在军事政治上十分迫切要求互相帮助。

4. 今天两军进至酉阳、龙山道上的蚂蝗井才接到中央军委二十六日指令，因敌情地理关系，明日仍继续进到□□东四十里之板溪洼、分水岭一带。盼电复。

夏、贺、关、任、萧、王

1934 年 10 月 28 日 23 时

（《湘鄂川黔革命根据地》，中共党史资料出版社 1989 年版，第 164 页）

中共湘鄂川黔省委制定的分田工作大纲

（一九三四年十二月十六日）

甲、分田的意义

彻底解决土地问题是提高群众的政治觉悟与阶级觉悟，动员群众积极参加革命战争，巩固与发展新的苏区的主要条件。自龙家寨战争胜利以后，由于党与苏维埃的影响更加扩大：群众为粮食、为土地、为苏维埃政权而斗争的热情日益提高。由于我二、六军团红色战士与党的努力与团结，在中央路线与中央军委给予我们创造湘鄂川黔新的苏区，与新的根据地的总的政治任务底下，积极组织与领导群众的斗争，我们在永顺、大庸、桑植等县广大地区内建立了许多乡、区的临时政权，建立了许多党与群众组织，组织了许多乡、区的游击队，动员了成千的工农群众加入红军，群众分粮、打土豪的斗争是大大的发动起来了。摆在全党面前的紧迫任务是继续开展和深入农村的阶级斗争，求得这一广大区域迅速赤化与巩固发展，迅速动员更广大的群众参加快到来的新的决战，是目前工作中心一环。我们要用最大的努力求得在最短的期间（十二月份），将基本区域内的土地完全分配好，在分配土地斗争中创造许多新的经验，培养大批的工农新干部来开展和深入湘鄂川黔全省的土地斗争。分配土地是一个广泛的群众运动与残酷的阶级斗争，因此在分田当中应坚决反对一切脱离群众的官僚主义与非阶级路线，反对任何机会主义的动摇。根据我们过去分田与查田的经验草写成这一个工作大纲，以作分田的标准。需要同志们在分田的斗争中创造和收集许多宝贵的经验，新的工作方法与领导群众的艺术，以求得全省土地问题之迅速彻底解决。

乙、分配土地的办法

1. 分配土地的运动是艰巨的残酷的阶级斗争，必须依靠广大群众的发动和动员。当然群众是迫切要求土地，党和苏维埃的土地政纲纯粹代表工农阶级的利益（是）毫无疑义的，定能获得广大工农群众的热烈的拥护。但是要使党的关于平分土地的口号正确的在群众中执行起来，还须要许多艰苦的深入的宣传解释工作与组织工作，使广大工农群众深刻的了解而团结在党的周围。要在乡村屋场中广泛的宣传分配的意义与苏维埃的土地法、没收分配土地暂行条例和怎样分析阶级。要动员区、乡革命委员会团结当地积极分子（首先给他们以教育，使他们了解），到乡村屋场的群众中去讲阶级，讲怎样分田。经过群众大会、贫农团、工会会员大会、赤少队、游击队队员会议以及晚会等来深入这一宣传到广泛的工农群众中去。

2. 分配土地是一个广大的群众运动，不是少数分田突击队和土地委员可以完成的。一切企图放弃组织群众参加分配土地的工作，一定要遭受失败。因此，在进行分配土地的宣传工作当中，必须紧密的联系着组织群众的工作。但一定要随着做宣传工 < 作 > 的时候，立即建立与广泛发展工会、贫农团的组织，组织群众参加村与乡没收和分配土地委员会。按照地区和工作需要，可以吸收积极的工农群众，到几十个暂时脱离生产来没收分配土地委员会，参加没收分配土地的工作（乡村没收分配土地委员会可在群众大会上选举，应注意吸引中农参加），吸收大多数的雇农加入农业工会，吸引整个雇农支部与不分年龄、性别的贫农及工人、贫农的家属加入贫农团，要使工会、农业工会、贫农团成为分配土地斗争中的先锋队与领导者。

3. 分配土地的运动是要把土地的果实完全落在工人、雇农、贫农、中农的手里，不让豪绅地主窃取一切土地，富农窃取一丘农田。这必须：①执行明确的阶级路线，清晰的分析农村的社会阶层，正确的判断各个阶级。首先要动员整个的雇农支部、贫农团和土地委员会去进行阶级调查，人口统计与土地数量和质量的登记（另有两种表格发下）。这里必须要反对由几个人挨家挨户登门造册的办法，以作延缓土地的分配。另方面要反对放弃艰苦的从各种组织动员去□□□□，□□统计人口、土地、数量和质量，而只马虎检查一下，就召集群众的分配土地的方式。关于阶级分析，土地登记，必须动员工会支部，贫农团及土地委员会去进行调查与收集材料。登记户口、土地，不必挨户登门造册填表。应首先开工会、贫农团会议及群众举发地主、富农及一切异己分子，登记他的土地、人口和剥削。应着重查清与登记地主、富农，同对应发动贫苦工农自动的迅速的来登户口表。土地登记表则由土地委员会实际的到田野去填。已登记□□土地、户口调查表及各方面所收集的材料，经过当地没收分配土地委员会的整理，即用大纸多写几张在大路旁及屋场中公布起来，使群众大家来看来评论。并须首先提交农业工会的会议讨论和审查，来彻底举发隐藏在贫苦工农中的豪绅、地主、富农等，然后再经过贫农团大会的讨论审查与举发。如<无>工会组织的地方则又要经过贫农会议，最后再经过村或乡群众大会的讨论和通过。必须坚<决>执行中央政府的指示，最后决定阶级之权，要属于当地大多数群众。巩固工人、雇农、贫农与中农的亲密联盟，使豪绅、地主、富农等阶<级>异己分子无法假装贫苦工农。同时要防止把富农当地主、中农当富农，而进行消灭富农，动摇中农的倾向。②开展反对隐瞒土地的斗争。主要的是要粉碎豪绅、地主、富农隐瞒土地的企图。这就要加紧群众的阶级教育，提高群众对于豪绅、地主、富农的阶级仇恨。打破地方界限与族姓界限，揭破地主、富农的改良欺骗与阴谋。反对个别受地主、富农利诱而包庇地主、富农分子。并且要严格镇压破坏分田的豪绅、地主、富农。③确定土地的所有权。在调查和登记土地、户口，判断阶级清楚以后，即由乡革命委员会经过充分的宣传与准备工作，召集全乡的群众大会，由土地委员会做详细的报告。经过群众的讨论与决定，原则上应以乡分配土地为单位。但如大多数乡要求以村为单位分配时，应即以村为单位分配。这必须征求大多数群众的意见，按照少数服从多数的原则，由全乡群众大会表决。中农的土地是否平分，必须特别集合中农，征求大多数中农的意见，由中农表决。经过群众大会决定后，再由乡革命委员会领导土地委员会协同工会与贫农团，按照群众的意见，根据没收和分配土地条例，实行以村或以乡为单位均匀分配。要留出红军公田与公共事业田。分配完毕则召集全乡的庆祝分配土地胜利的群众大会，报告分配土地的经过，和通过某人分得某丘田，宣布确定他的土地所有权，给土地所有证，以后种到的谷子、麦子等都是自己的，不要完租给豪绅、地 < 主 >、富农。

4. 分配土地的运动是农村中最残酷最尖锐的阶级斗争。豪绅、地主、富农等封建半封建阶级，几千年来奴役剥削贫苦工农，占有大多数土地，一旦被群众没收和分配，这是给了封建势力致命的打击。所以豪绅、地主、富农（封建与半封建阶级）必然要利用一切办法，明的或暗的进行破坏分配土地运动，或公开造谣和威胁群众，以及利用地主武装与勾引白军向我们进攻，或假冒贫苦工农钻进革命队伍秘密破坏。必须提高我们的阶级警觉性，严厉镇压分配土地运动中的反革命活动，洗刷投机的阶级异己分子。特别是要驱逐隐藏在革命委员会、没收分配土地委员会以及工会、贫农团中的豪绅、地主、富农，揭破他们破坏分配土地的阴谋和欺骗宣传。对于乡村的“大老板”必须首先由革命委员会逮捕起来。

丙、关于领导方式

1. 分配土地的运动，是目前党最基本的紧急任务，是一切工作最中心的一环。分配土地运动胜利的开展，将要推进着各项工作的成功。如果把分配土地运动与各项工作分离和对立起来，必要受到工作中的损失。必须抓住分配土地的中心一环，紧密的联系着各项工作，完成省委决定：各级党部扩大红军；发展党员；收集粮食；编制赤少队与模范赤少队；建立与 < 扩 > 大游击队的计划。

2. 在过去一时期中，有些地方工作同志表现出实际工作中的右倾机会主义，以及官僚主义脱离群众的错误，这必然要阻碍分配土 < 地 > 运动的开展。因此，猛烈开展反对实际工作中的机会主义与官僚主义，是完成彻底分配土地的先决条件之一。

3. 分配土地运动的开展，毫无疑 < 问 > 的要涌现出千百万群众的积极分子和群众领袖，这就加重了我们提拔和培养他们成为最好干部的任务。必须在分配土地的工作当中和斗争当中加紧他们的教育，使他们学习怎样管理政权与怎样领导群众，使这一批在土地斗争中培养的干部，能够动员去帮助落后区的分配土地运动，与担负其他新区的较重要的工作，以求得湘鄂川黔苏区工作的猛烈与迅速的开展，这是粉碎敌人五次“围剿”中我们的基本任务。

最后，分配土地的斗争，是要经过宣传以组织群众的艰苦的工作，须要更深入群众的组织的动员。但绝不能借口“麻烦”、“复杂”、“群众组织未建立好”等而延迟分配土地的斗争，耽搁土地久不分配好．我们必须以突击的精神，组织强干的突击队，向着中心乡与重要的乡突击。一个乡的土地必须求得在十天上下分配完毕，并完成在十二月底彻底解决基本区域的土地问题。

中共湘鄂川黔省委

（《湘鄂川黔革命根据地》，中共党史资料出版社 1989 年版，第 179—184 页）

中央政治局关于战略方针之决定

（一九三四年十二月十八日）

各军团及军委纵队首长：

兹特电告中央政治局本＜月＞十八日关于战略方针之决定，此决定经你们传达至师及梯队首长为止。在部队中关于本决定之解释，总政治部另有训令。

中央书记处

中共中央政治局决定

一、鉴于目前所形成之情况，政治局认为过去在湘西创立新的苏维埃根据地的决定，在目前已经是不可能的，并且是不适宜的。

二、根据于：

甲、使我野战军于今后取得与四方面军及二、六军团之密切的协同动作；

乙、在政治的经济的及居民群众的各种条件上，求得有顺利的环境，便利于彻底的粉碎五次围剿及今后苏维埃运动及红军之发展。

政治局认为新的根据地区应该是川黔边区地区。在最初应以遵义为中心之地区，在不利的条件下应该转移至遵义西北地区。但政治局认为深入黔西、黔西南及云南地区，对我们是不利的。我们必须用全力争取实现自己的战略决定，阻止敌驱迫我至前述地区之西南或更西。

三、在向遵义方向前进时，野战军之动作应坚决消灭阻拦我之黔敌部队，对蒋、湘、桂诸敌应力争避免大的战斗。但在前进路线上与上述诸敌部队遭遇时则应打击之，以保证我向指定地区前进。

四、政治局认为，为着保证这个战略决定之执行，必须反对对于自己力量估计不足之悲观失望的失败情绪，及增长着的游击主义的危险。这在目前成为主要危险倾向。

五、责成军委依据本决定，按各阶段制定军事行动计划，而书记处应会同总政治部进行加强的政治工作，以保证本决定及军事作战部署之实现。

(《湘鄂川黔革命根据地》，中共党史资料出版社 1989 年版，第 185—186 页)

中共湘鄂川黔省委、军区政治部关于游击队中党的工作的指示

（一九三四年十二月二十二日）

农村阶级斗争的开展，尤其是土地斗争的发动，常常一开始便容易进到工农阶级与豪绅地主武装冲突，工农群众纷纷的自动起来组织游击队，进行打土豪、分粮与分配土地的斗争。

最近由于我红二、六军团的几次伟大胜利与群众革命怒潮的高涨，农村阶级斗争的尖锐，在永、保、龙、桑广大地区内，各乡、区游击队，如雨后春笋，纷纷自动成立起来。这些游击队成为保护土地革命、保卫新的苏区的伟大的群众的武装力量，将成为红军的最好的助手与后备军。

然而各地党部对于从群众斗争中所纷纷涌<现>出来的游击队的领导是异常忽视的。有些游击队还没有政治委员和共产党员，有的游击队把中农甚至贫农做土豪打（如龙家寨区），有的游击队混入了地主、富农、土匪头目等分子，甚至地主当队长。这种危险的现象将造成极严重的罪恶与损失，应引起我们极大的警觉与注意。

过去的经验证明，游击队中如果没有坚强的党的领导，便不能发挥其英勇伟大的作用，来担负其在土地斗争与革命战争中的光荣任务，或者要做出很多错误，造成脱离群众，侵犯工农利益，造成地方界限的严重现象，甚至为富农利用，破坏革命，或被地主、富农混入进行各种反革命活动，使游击队走到失败或消灭的危险。这对于新区游击队更为重要。因此郑重向各地方党部与政治机关提出加强党对游击队的领导，巩固扩大与健强游击队是保证土地革命胜利，争取战争胜利，保卫与扩大新的苏区的重要条

件之一。关于游击队党的工作有如下的指出<示>。

1. 各县委、区委和在当地工作之红军政治机关，必须立即派遣最坚强之共产党员去担任游击队政委，立即在游击队中，大胆征收先进之工人、雇农、贫农及最好之中农入党，得到当地上级党部或红军政治机关之批准，建立党的支部（区乡游击队的支部，应直接受当地区委管辖，县游击队支部直接受当地县委管辖）。

2. 游击队中党的工作的主要任务是保障党和苏维埃政策的执行，保证游击队绝对在党的领导之下行动。游击队的政治委员、党的支部和每个党团员，必须经过党的支部会与军人大会，随时随地同破坏党和苏维埃政策、违反阶级路线的举动（如侵犯工农利益、乱打土豪等）作最残酷的无情的斗争。从这一残酷的斗争中，驱逐混入游击队的坏分子与教育全体党团员与游击队员。

3. 游击队中党的支部，必须同游击队中可能发生的坏的现象作最坚决的斗争。支部必须在队员中，发动反对贪污腐化、违抗命令，反对嗜好赌博洋烟的运动。必须加紧党内与队员中的教育，预先防止这些现象的产生，应从斗争与教育中坚决消灭这些现象。

4. 游击队中党的支部，必须加紧对于党团员与队员的军事、政治教育。党团员必须领导队员学习瞄准、刺枪、劈刀、掷手榴弹；学习使用新式武器与各种旧式武器，学习游击队动作；广泛的宣传军事与政治纪律。必须立即开始上政治课。红军读本（主要教材）、土地法令、怎样分析阶级、没收分配土地条例等，必须有计划的立即开始在队员中讲授与讨论。党团员须上党团员特别课（材料可用新党员训练大纲），列宁室工作（如识字运动、墙报，文化娱乐工作）必须立即建立起来。

5. 游击队中党的支部，必须同混入游击队之投机、阶级异己分子与反革命分子进行残酷与最坚决的斗争。在支部的领导之下，进行队员成分严格审查，坚决洗刷地主、富农及一切异己分子。长期脱离生产之惯匪亦不应留在游击队内。从斗争中改造游击队的成分，吸引大批积极的工农分子，特别是工人、雇农成份加入游击队。立即建立反逃亡十人团的组织。支部内应讨论肃反工作，并帮助特派员建立工作。以最高度的阶级警觉性来破获一切反革命阴谋破坏活动企图与组织。

6. 支部委员会，应建立其集体领导与日常工作，依照红军政治工作条例建立支部的系统工作。支委会应有书记、副书记、组织、宣传、青年、地方工作等的分工。支委应分配与检查每个同志的具体的工作，每月终应向当地上级党部或政治机关作工作报告。

中共湘鄂川黔省委

湘鄂川黔军区政治部

（《湘鄂川黔革命根据地》，中共党史资料出版社 1989 年版，第 192—194 页）

中共湘鄂川黔省委为粉碎敌人新的进攻保卫新的苏区宣言

（一九三四年十二月）

湘鄂川黔边的工人、农民、一切劳苦民众与革命士兵们：

全中国的民众是处在生死存亡的关头！

日本帝国主义，经过国民党，不费一枪一弹占领了华北，进行攫取内蒙古，并在福建开始其侵略的企图。英帝国主义占领康、藏、黔边，进攻新疆、四川。半个中国已被帝国主义瓜分去了。

国民党无耻的卖国，它不仅将华北奉送给日本帝国主义，而且要将整个的中国奉送给帝国主义，使中国完全变为帝国主义的殖民地，使全中国的民众，变为帝国主义的奴隶——亡国奴。

国民党七年来血腥统治的结果，不特造成了中国的奇耻大辱，而且造成了中国空前未有的灾难。由于国民党的反动统治，帝国主义的侵略，军阀的苛捐杂税，豪绅地主的压榨掠夺，使劳苦群众陷于破产穷困、失地失产、流离失所，过着悲惨的非人的奴隶的生活。

封建军阀的割据，使得湘鄂川黔的民众，遭受更深刻更惨痛的压迫与剥削。大军阀（如陈渠珍）霸占一方，小军阀（如周矮子、朱华生等）割据一县数县，俨如土皇帝。奸淫掳掠，拉夫派饷，残害民众之暴行应有尽有。巧立名目搜括民众，苛捐杂税之繁重甲于全国。白军民团屠杀工农，打劫贫苦民众，抽收烟捐，包运烟土，鸦片之流毒普遍民间。集天灾兵灾匪祸烟毒之大灾难，加以极残酷的封建的奴隶的剥削，使湘鄂川黔广大工农陷于水深火热，民不聊生的道路。

亲爱的工农劳苦群众们！我们再不能忍受了。起来！寻找危机中革命的生路，推翻帝国主义、国民党、军阀、地主、资产阶级的统治，建立自己的苏维埃政权，为土地、为粮食、为增加工钱而斗争。

全国苏维埃运动的发展与红军的胜利以及我红二、六军团最近几次的伟大胜利，摧毁了湘鄂川黔边的反动统治与豪绅地主封建势力，创造了大块苏维埃区域。广大工农群众革命热情的高涨与兴奋，成千成万的群众踊跃的加入红军，自动的起来打土豪，分粮食，成立游击队，进行分配土地的斗争，是为苏维埃的巩固发展而斗争。这是直接威胁和动摇了帝国主义国民党的统治，帝国主义及其忠实的走狗蒋介石不得不指挥与组织湘鄂川黔的军阀，准备新的对于湘鄂川黔边区与红二、六军团的绝望的进攻。

工农群众们！国民党军阀正在手忙脚乱，调兵遣将，准备对我们新的进攻。徐源泉、郭汝栋、陈渠珍等军阀的部队，已经开始移动了。红军占领区域内，已被打倒和尚未肃清之豪绅地主与反革命分子，正准备在内面响应敌人新的进攻。他们为的是要恢复豪绅地主军阀的统治，夺回我们从分粮分田与打土豪的斗争中所已经得到的利益，准备新的大屠杀与镇压工农的斗争！

我们坚决相信，以我们工农自己的武装力量，以我们英勇红军的铁拳，一定要粉碎敌人新的残酷的进攻。

屡遭惨败之徐源泉、陈渠珍、何键等军阀，在红军胜利的前面发抖。特别我中央野战军的胜利，逼近湖南和贵州的边境，与红四方面军在四川的伟大胜利，使敌人更加崩溃与动摇了。英勇的红军得到了广大工农劳苦群众的拥护与共产党的正确领导，是更加强大与无敌了。我们已有了争取战争胜利的一切条件。胜利一定是我们的。

工农劳苦群众们！要保障我们已得的利益和土地革命果实，就要粉碎敌人新的进攻，争取革命战争更伟大的胜利。城市的工人与贫民们！武装起来参加分配豪绅地主的粮食与房屋的斗争，提高我们的工资，改善我们的生活待遇，加入工人的赤卫军，反抗敌人的进攻，为保卫城市的赤色的政权而斗争。乡村的基本农民与手艺工人们！武装起来，彻底消灭封建与半封建势力，自己动手来没收与分配豪绅地主的土地、粮食与财物，组织赤卫军少先队与赤色游击队，坚决消灭豪绅地主的武装与土寨子，同进攻我们的国民党军阀斗争到底。

工农群众们！武装上前线，加入红军，配合红军作战，帮助红军带路、侦探消息及担架运输，消灭陈渠珍、何键、徐源泉。

赤少队与游击队的队员们！夺取地主的枪枝，用一切旧式武器来武装我们自己。学习军事与政治，配合红军行动，破坏敌人后方与交通，加紧赤色戒严，巩固赤色后方，发展游击战争，扩大与保卫新的苏区。

青年们！劳动妇女们！争取妇女青年的特殊利益与解放，积极参加分粮与分田的斗争，参加武装斗争与苏维埃政府的一切工作。先进的贫苦工农青年与劳动妇女到苏维埃政府办事，学习自己管理自己的政权。

白军士兵们！反对军阀的奴隶的压迫与打骂，反对军阀屠杀工农与进攻红军，要求发清欠饷，组织兵暴兵变，同暴动起来的工人农民携手，一同去打土豪分田地！同红军战士携手，一同去打倒帝国主义、国民党，进行神圣的反日反帝的民族革命战争。

全湘鄂川黔的工人、农民、贫民与革命的学生们！起来！反抗军阀的拉夫派饷，奸淫掳掠，反对一切苛捐杂税，反对豪绅地主的压榨与剥削，实行罢工与武装自卫，反对国民党军阀进攻苏区和红军，反对法西斯蒂的血腥恐怖。拥护苏维埃与红军，实行分粮抢粮，夺取地主与军阀的武装，捕杀反动之乡长保长豪绅地主，实行农村暴动，响应红军胜利，为土地粮食而斗争。

工农武装上前线！

保卫与扩大新的苏区！

粉碎敌人新的进攻！

彻底的粉碎敌人五次围剿！

保障分粮分田胜利！

为苏维埃政权而奋斗到底！

（《湘鄂川黔革命根据地》，中共党史资料出版社 1989 年版，第 195—198 页）

中共湘鄂川黔省委关于土地问题的决定

（一九三五年一月廿八日）

彻底解决土地问题，是清肃农村封建与半封建势力，巩固与扩大新的苏维埃区域，动员广大群众参加革命战争的主要前提之一，也是中国革命的基本任务之一。只有使土地革命的果实完全落在雇农、贫农、中农的身上，才能大大地提高广大群众的政治积极性，更进一步的改善工农群众的物质的文化的生活，吸引他们整个的力量与热忱，卷入于工农民主专政新的国家建设工作之中，卷入于神圣的保卫苏维埃领土的民族革命战争之中。

最近二、三个月来党在艰苦的领导斗争中，运用了老苏区，特别是江西苏区过去分田与查田的宝贵经验，领导了塔卧、龙家寨等区，以及其他各地个别乡村的广大群众的分配土地的运动。在这些区域内许多乡村已经依照党的正确的路线与策略分好了田，群众的积极性与保护土地革命利益，保卫苏维埃的决心是大大提高了。然而多数地方党部与革命委员会不了解分配土地斗争的重要意义，缺乏充分动员群众的工作方法，甚至重复了过去分田中的许多错误。如抽多补少，抽肥补瘦，原耕不动，分田不分青苗，以及登门造册，挨户调查等非阶级非群众路线。特别是有些地方地主、富农，以及地主、富农派遣忠实走狗混进革命委员会与土地委员会造谣、威吓、欺骗，阻止群众的分田斗争。而我们党政工作人员，尤其是肃反机关的工作人员，没有高度的阶级警觉性，尖锐的揭破与动员群众严厉的镇压一切地主、富农、反革命的活动。所以这些错误和缺点，必然要阻碍分田运动，造成地主、富农窃取土地革命果实，或者“分假田”的恶果。省委为着迅速的彻底的解决全省土地问题，防止与纠正土地斗争中的一些错误，

特有如下的决定，

（一）各级党部必须立即领导青年团、革命委员会、肃反委员会、工会与贫农团等，一致动员起来，进行分配土地的突击运动，立即以县为单位召集政府负责人员、土地委员与贫农团主任的联席会议，同时在县、区两级及先进区乡征调积极干部，给以几天的训练，组织分田突击队。首先集中力量，抓住几个重要的区乡突击，定出十天或半个月的工作计划与工作日程，并以县为单位，征调各乡干部，开办分田训练班（十天一期，每月两期）。

（二）估计到新区环境的复杂，才暴动起来的农村无产阶级和农民的阶级觉悟程度的不够。同时，刚被推翻之封建与半封建阶级，利用他们现在还保存着的经济的政治的势力，过去统治的经验与一切封建关系，疯狂的企图复辟，首先就是反抗土地斗争。因此，必须充分地说服群众，揭破地主、富农的阴谋活动与欺骗宣传，尤其是镇压他们破坏分田的企图。各级党部必须根据省肃委会第一号训令，提高阶级警觉性，大量发挥各级肃反机关的权能，执行革命群众暴力的赤色恐怖，严厉镇压地主、富农的阴谋破坏、公开的秘密的活动与反抗分田斗争。

（三）在土地斗争中必须执行明确的阶级路线，以农村无产阶级为基础，依靠贫农，巩固与中农的联盟，以消灭地主和削弱富农。这里首先必须正确地分析阶级，判定某一个地主或富农必须经过工会支部与贫农团会议的讨论，再由群众大会表决通过。对于那些介在中农与富农之间的疑似成分，以及没有把握判定的成分，必须报告上级批准。其次在分配土地方面，必须反对“抽多补少，抽肥补瘦”以及“原耕不动”等错误办法。贫农自己少数的土地，原则上应拿来同没收来的地主、富农土地一起混合均匀的分配。中农的土地不得本人同意不能平分。再次是避免一切氏族与地方斗争。在过去或现在发生姓界斗争的地方，在分田时应首先召集两姓的代表会缔结“团结公约”，充分说服群众，解释过去这种受豪绅地主欺骗的错误，发动本村本姓的贫苦工农，反对本村本姓的地主、富农，以阶级斗争代替姓界斗争。

（四）只有发动了广大群众自己动手来没收与分配土地，才能彻底解决土地问题。因此，必须进行充分的群众动员，派出大批的流动宣传队与分田突击队，到村子屋场群众中去“讲阶级”，“讲土地法令”及分田方法，宣传老苏区群众得到土地革命利益，生活大大改善的事实，发动党团支部、工会、贫农团中热烈的讨论与“查阶级”的运动。首先将地主、富农彻底查出，然后进行户口登记。关于登记土地的数量和质量，必须动员整个的工会支部，贫农团会员，吸引中农在党支部的领导与乡革委、土地委员会或突击队的指示之下，分几路到田野中去正确估量与按丘登记。在分配时关于距离、春肥、分青苗（青苗应归分得田地的人耕作与收割，不过要偿还原耕之贫苦农民以人工、种子、肥料费或估计成本与劳动力，由分得田的人收获后，分几分之几给原耕之贫苦农民）等问题，应倾听与遵照群众的意见，由土地委员会协同工会、贫农团委员会将田分好，发展群众的讨论与认记自己的田。

（五）分配土地与武装斗争是不可分离的任务。因此，动员广大群众，消灭民团及一切反动武装，用一切旧式武器武装广大群众，建立赤少队与游击队，必须与分田斗争同时并进。过去有些地方脱离武装斗争去分田，以致工作人员、土地委员被民团、土匪杀害，或者因动员群众消灭反动武装而停止分田，这都是错误的。

（六）在土地斗争中，应抓住群众高涨着的政治情绪，与立即执行红军优待条例，帮助红属春耕，解决红属的一切困准问题。发动群众耕种红军公田，来造成热烈的扩大红军运动，动员广大工农加入红军。在分田的各种群众会议上，进行充分的鼓动与征求新战士的工作，同时从彻底消灭地主经济，没收与查出地主财物、粮食，向地主罚款等工作中（在已经确定了阶级的乡，应开始向富农捐款），筹定大批战费与收集粮食（与征发富农多余粮食的一部分），充实红军给养，争取前线上的胜利。

（七）在分配土地之先，县区政府必须重新划分乡的行政区域，破坏旧的行政疆界。划定后，哪乡的土地，即归哪乡的群众去分配，防止乡与乡发生争田的现象。分好了田之后，应立即进行分山（大森林不分），分土，分池塘、房屋等，并没收地主及富农多余的耕牛、农具，组织犁牛合作社，解决贫苦农民的种子与粮食问题。同时由政府发给土地所有证，使农民深信，已经分得的土地，即是自己的土地，使土地在农民手中巩固起来，并热烈参加生产，发动广大的春耕运动，进行土地建设，使农民由土地上得到更多的利益。

（八）各级党部接到这一决定后，应立即召集会议，检查土地斗争，开展反对富农路线，反对对革命斗争估计不足和不相信群众力量的右倾机会主义，反对“左”的侵犯中农利益，与消灭富农的倾向；反对脱离群众的官僚主义。并定出具体工作计划，进行分田突击运动。在已经分配了土地的地方，立即检查土地，继续深入“查阶级”的斗争。在分配了土地而没有查出什么地主、富农的地方，立即进行查田运动。只有在土地果实落在地主、富农身上的地方，才应重新分配土地。在分田斗争中应实行严格的工作检查，执行“三日检查”制，随时纠正下面的错误与给以分别的指示，防止“分一次错了又分一次”的现象。

中共湘鄂川黔省委于塔卧

（《湘鄂川黔革命根据地》，中共党史资料出版社 1989 年版，第 247—250 页）

中共湘鄂川黔省委为筹足革命战争经费，收集粮食，统一财政，反对贪污浪费给各级党部的指示

（一九三五年一月二十九日）

各级党部、亲爱的同志们！

目前在我们战线上与敌人新的决战，对于湘鄂川黔苏区的巩固和发展，以及配合全国红军最后的粉碎五次“围剿”是有严重的意义。我们党的中心任务，应当以一切努力来争取这一决战的全部胜利。筹足革命战争经费，收集粮食，保证革命战争的物质供给，是争取这一决战全部胜利的条件之一，同时统一财政，反对贪污浪费，是筹足革命战费不可分离的工作。因此，省委特有下列的指示：

（一）关于收集粮食

粮食恐慌已经威胁在我们的前面了，而收集粮食工作恰是我们工作中最薄弱的部门。各级党部与政府必须立即动员在分配土地斗争中，收集大批粮食，一方面在分田查阶级中，全部没收地主粮食；另方面发动群众在解决种子与粮食斗争中，来彻底调查地主以前隐藏的或寄存的粮食（但今年没有缴给地主的租的，我们不能向贫苦工农取这种租谷）。在广大群众的发动之下，我们一定能查出很多粮食，但没收来的粮食，一定要分一部分给当地最贫苦的群众，以解决他们的粮食问题，否则定要脱离群众，而收集粮食运动，亦无法完成。

其次要从发展游击战争中，去白区运一部分粮食回来。白区地主粮食，应大部分给当地群众，同时发动新区群众同武装部队去挑一部分，宣传他拿出一半或三分之一来供给红军。并建立各级政府粮食部的组织和工作。

（二）关于筹足革命战争经费

新的苏维埃区域革命战争经费的负担应当完全加在剥削者——地主、富农、资本家身上，这是苏维埃财政政策的原则。在阶级斗争与土地斗争深入的地方，我们已经获得了一些成绩，但是地主的经济势力并未完全消灭。而在阶级斗争与土地斗争不深入的地方，更有隐藏的豪绅地主及其财物没有查出来。为着完全消灭地主封建的经济势力，筹足革命战争经费，必须于深入阶级斗争和土地斗争的当中，团结工会、农业工会、贫农团等群众团体。发动广大的工农群众“查阶级”，调查地主隐藏的财产，给以完全的没收，同时要严厉向地主罚款，反对对地主丝毫的怜悯姑息。特别是现在才查出来的地主，要立即没收与捉他罚款，要很好地进行没收征发的工作。凡是金、银、花边、铜元都应缴财政机关。衣服、被窝、用器等东西，尽量地散发给当地贫苦工农。己应用技术审讯地主与搜挖地主的“地窖”，而且要积极设法去捕捉潜伏、或已逃跑之地主罚款（但已缴清款之地主，必须经过肃反委员会严格审查后才能释放）。

我们不仅要在新的苏区内部消灭封建的经济势力，来筹足革命战费，而且要在白色区域发动群众斗争游击战争，来筹足革命战费。这就是要游击队在深入白区当中捉土豪筹款。各独立团营、游击队应把收集资 <财>，看成是自己的主要任务之一，但是要保障阶级路线的执行，防止脱离群众的现象。

富农捐款是削弱富农的经济势力，是筹足革命战费的来源之一，但是只有在已经经过群众确定了阶级的地方才能进行。现在有个别地方没有确定阶级，便无限制的随便的举行向富农捐无限制的款，以供给他们零星的应用，这一定会走到消灭富农，动摇中农的倾向。为着执行我们的正确的政策，巩固工人、贫农与中农的联盟，坚决反对富农，必须立即纠正这一错误（富农捐款不能超过他的流动现金百分之四十）。在已分了田的地方，应征发富农多余的粮食的一部分。在城镇中必须向资本家、商人征收商业累进税，以扩大财政的收入，充裕革命战费。

（三）关于统一财政

首先建立与健全各级财政机关。各级革命委员会应该把财政机关的工作看作是自己一个重要部门。同时各级党部应当加强对于财政机关的领导，以保证财政的统一与环绕党的政治任务，适合革命战争的需要。党应派忠实的同志到财政机关工作，提拔大批财政工作干部，充实与健强财政机关。实行预决算制度。各级机关的用费和地方武装（独立团、营、游击队）必须有预算和决算。在财政机关整个计划和规定之下，实行审查批准开支。以后一切没有预算和决算的用费，财政机关都不能负责认帐和发款。乡、区筹得现金不应保留，县亦不应多留现金，而应集中送到省革命委员会财政部。各级机关的行政费须有预算、决算，报告省财政部，批准发给和转帐。一切自由动用公共的款子和各自保守公共的款子，都是破坏财政的统一，必须给以严厉的打击。

（四）关于反对贪污浪费

在我们财政工作还未统一，反对贪污浪费斗争没有开展，阶级斗争还未普遍深入的情形底下，混入在我们革命队伍中间的，特别是混入财政机关的害虫，毫无疑义的是有不少的贪污浪费。如龙家寨最近发现的贪污浪费案，已可引起我们的警觉。这种贪污浪费是破坏苏维埃的财政，直接危害革命战争的行为。这是说明了我们加紧反对贪污浪费斗争的重要，我们除了统一财政，在根本上杜绝贪污浪费的源泉以外，还应当消灭已经产生出来的贪污浪费现象，及破获隐藏着的贪污案件。首先要开展反对贪污浪费的群众斗争，把中央政府关于反贪污浪费的命令在群众中广泛的宣传和解释，抓住某一个贪污浪费的分子及其具体事实，给以严格打击来教育群众，把混入在我们队伍中的贪污分子洗涮出去。同时各级财经机关应立即组织经济审查委员会，审查过去各机关及地方武装中的一切帐目，在群众中间公布起来。审查的标准应根据地主罚款，富农捐款，没收祠堂、庙宇各种会的款子，没收豪绅、地主的粮食，各项用费等，去审查并且深入群众中去调查考察，以破获一切贪污案件，不让一个钱落在贪污分子的肮脏手里，使我们筹得的一切经济都集中用到革命战争上面，争取战争的胜利。

（《湘鄂川黔革命根据地》，中共党史资料出版社 1989 年版，第 251—254 页）

中央及军委致湘鄂川黔省委及二、六军团关于战略问题的指示电

（一九三五年二月十一日）

省委及二、六军团负责同志：

（甲）关于目前湘鄂敌人向你们进行的围剿，是用了何键的全部兵力及徐源泉、郭汝栋等部，情形是严重的，但在你们正确与灵活的领导下是能够打破的。目前南京政府的统治正进一步崩溃，全国革命斗争是增长不是低落。一些苏区及红军虽遭到暂时的部分的损失，但主力红军存在，游击战争是发展着。四方面军正在向川敌进攻，我野战军正在云、贵、川广大地区活动，与你们相呼应，新的胜利正摆在你们与全国红军的面前。

（乙）你们应利用湘鄂敌人指挥上的不统一与何键部队的疲惫，于敌人离开堡垒前进时，集结红军主力，选择敌人弱点，不失时机，在运动战中各个击破之。总的方针是决战防御而不是单纯防御，是运动战而不是阵地战。辅助的力量是游击队与群众武装的活动。对敌人须采取疲惫、迷惑、引诱、欺骗等方法，造成有利于作战的条件。

（丙）当目前敌人尚未急进时，你们可以向陈渠珍进攻，但须集结五至六个团行动，对陈部作战亦不可轻敌。

（丁）你们主要活动地区是湘西及鄂西，次是川黔一部。当必要时，主力红军可以突破敌人的围攻线，向川黔广大地区活动，甚至渡过乌江。但须在斗争确实不利时，方才采取此种步骤。

（戊）为建立军事上的集体领导，应组织革命军事委员会的分会，以

贺、任、关、夏、萧、王为委员，贺为主席，讨论战略战术的原则问题及红军行动的方针。

（《湘鄂川黔革命根据地》，中共党史资料出版社 1989 年版，第 257—258 页）

中华苏维埃共和国中央革命军事委员会湘鄂川黔分会布告（第一号）

（一九三五年）

中国几万万工农劳苦群众，在中国地主资产阶级与帝国主义残酷的剥削与压迫之下，遭受着奴隶、饥饿、死亡的境遇。九一八事变以来，国民党及其卖国巨魁，更尽其媚日殃民的能事，出卖东北四省与华北领土，倾其全力进攻已经脱离封建与帝国主义统治的苏区与红军，更加震怒全国广大群众而加速的推进了中国苏维埃革命。本分会在共产党中央，苏维埃中央政府，中央军委直接指导之下，领导红二、六军团，进行土地革命，与开展反日反蒋的民族革命战争。遵照苏维埃临时中央政府颁布的各种法令，经过红军中政治部及其各级政治机关，坚决执行苏维埃的政策，以保障工农的利益。本会特从苏维埃法令中，摘出最重要的几点，向我广大工农劳苦群众宣布，并誓以我们的热血与头颅争取这些法令的实现，望全国群众一致动员起来为苏维埃而奋斗。

（一）没收地主、豪绅、军阀、官僚的土地房屋及一切财产，由工农群众分配。富农的土地亦没收，但富农能分得坏田，不没收富农的财产。地主兼营商业者，商业部分不没收。

（二）实行工人八小时工作制，增加工资。实行劳动保险与社会保险，激进的改善工人生活，救济失业工人。

（三）没收帝国主义在华的租界、海关、银行、铁路、航业、矿山、工厂等企业。在目前条件下，如这些企业，能真正遵守苏维埃一切法令，实行八小时工作制，及其他各种条件，允许同这些企业重新另订租借条约，继续生产。但如违反这些条件实行怠工、关闭企业或干涉苏维埃政府的内政，拥护反革命者，则立即没收。

（四）商人可以营业自由，红军绝不干涉或没收，但必须遵守苏维埃的法律。故意卡买卡卖或关闭停业危及工农群众与红军的供给，即分别加以惩办。

（五）取消一切国民党政府的苛捐杂税，实行统一累进税。取消高利贷借约，凡城市与乡村贫民被典当的一切物品，完全无代价的退还原主。

（六）激进的改善城市贫民的生活，没收城市中土豪的房屋财物，分给城市工人、失业工人与城市贫民。

（七）实行红军优待条律，在分配土豪的物品时，首先分给红军家属。

（八）男女婚姻完全自由，废除一切封建的包办强迫和买卖婚姻的制度，禁止童养媳，发动广大妇女群众，参加革命战争。

（九）在白军或团防中工作的，如能投诚红军者，即分别给之以奖励，并享受苏维埃各种权利！

本会除将苏维埃各种法令分别经由政治部向群众宣布切实执行外，并此布告，号召我广大工农群众，热烈参加土地革命与神圣的民族革命战争，求得社会与民族的解放。如有故意违抗苏维埃法令者，即分别按革命纪律制裁。此布。

主　席　贺　龙

委　员　任弼时　萧　克　关向应

王　震　张子意

公历一九三五年　月　日

（《湘鄂川黔革命根据地》，中共党史资料出版社 1989 年版，第 259—260 页）

中央书记处对二、六军团是否应该北渡长江的问题给任弼时同志的指示

（一九三五年四月五日）

弼时同志：

目前，你们那里胜利还是存在着的，仍应尽力在原有地区争取胜利。至于现在提出以后可能转移地区的前途问题，我们认为是适当的。如果渡江对于你们不成一个困难问题时，我们可同意你们渡江的意图，但这只是你们认为在原有地区不利于作战，且红军主力非转移地区不足以保存有生力量时，才可实行。对渡江的可能问题，你们必须精密的估计一切可能发生的困难与必须的准备工作。

书记处

1935 年 4 月 5 日

（《湘鄂川黔革命根据地》，中共党史资料出版社 1989 年版，第 275 页）

红二、六军团致周恩来电

——冲破敌人“围剿”计划、粉碎敌人新的进攻

（一九三五年九月二十九日）

恩：

（一）我们八月二十七日占领澧州、津市、石门、临澧，现已退出。

（二）我们将敌原“围剿”计划冲破，准备粉碎敌人对我们新的大举“围剿”。

（三）你们现在何处，久失联络，请于来电内对此间省委委员姓名说明，以证明我们的关系。

1935 年 9 月 29 日 10 时

（《湘鄂川黔革命根据地》，中共党史资料出版社 1989 年版，第 288 页）

朱德、张国焘给任弼时的电报

（一九三五年九月三十日）

弼时：

一、二十九日来电收到。

二、你们省委弼时书记，贺龙、夏曦、关向应、萧克、王震等委员。

三、一、四两方面军六月中旬在懋功会合行动，中央任国焘为总政委。

四、广播蒋敌将于十月在宜昌建立川鄂湘黔剿共行营，刘湘已调许绍宗师九个团进攻你们。

五、望你们以冲破敌人之“围剿”部署的英勇和经验来冲破新的“围剿”。

六、我们今后应互相密切连络。

朱、张

1935 年 9 月 30 日 20 时

（《湘鄂川黔革命根据地》，中共党史资料出版社 1989 年版，第 289 页）

红二、六军团从湘鄂边到康东北长征经过报告大纲（节选）

（一九三六年十一月）

任弼时

关于行动的方针

一九三五年十二月十九日，自桑植刘家坪出动，经湘中、湘西横贯贵州、云南，渡金沙江入西康到甘孜与四方面军会合，共计费时七个月零十天，行程约一万公里。整个长征经过可分下列四个时期说明：

A、由刘家坪至石阡、江口为第一时期

B、由石阡、江口至黔（西）、大（定）、毕（节）退出为第二时期

C、黔、大、毕退出至中甸为第三时期

D、中甸以后为第四时期

第一时期

甲、二、六军团冲破敌人“围剿”后，敌人新的大举“围剿”形势和退出苏区的决定：

1. 二、六军团在龙、来、宣地区将敌人“围剿”冲破后，主力进入津、澧、临、石地区补充整理，开辟东西广大游击区域，威胁常、岳。

2. 敌在围剿失败后，继续布置新的大举“围剿”，一方面以原有的兵力（共约八十七团）巩固和增筑南西北封锁线，另由鄂赣增调新的兵力（约

四十二团）从东面向西压迫，企图逼退我军于龙、桑、永间狭小地区，包围封锁而聚歼之（这时南西北面敌为防堵性质，东方为攻势）。

3. 当时各方面的条件：

A、日本正积极图华北，白区反帝斗争高涨，宁粤冲突呈现紧张。

B、一、四方面军已在川西北会合，并开始突破敌之封锁，进入成都雅州附近活动。

C、我主力经半年战斗后，在津、澧、临、石地区得到约六千新战士补充，计有十二个团（四、六、十七、十八师），红校（约一个团），四个独立团（约等于两个团）及少数游击队。

D、原有活动区，东西约三百里，南北百余里，地方工作基础薄弱，粮食缺少，地形上不利大兵团进行战斗。

E、二、六军团及湘鄂边苏区位置长江中部，接近武汉、长沙，它的存在发展，对一、四方面军配合作用与敌威胁均颇大，故蒋以大力决心进攻。

4. 行动方针决定的经过：

A、最初拟在一、四方面军东进川陕地区配合下（当时一、四方面军尚无行动），依据原有苏区及东部游击地区，抓住有利时机击破东面急进之敌，破坏其向西逼退我军，包围于龙、桑、永狭小地区之计划，再寻求机动，在运动中击破其他方向之敌。但因一、四方面军未有东出计划和东部地形关系以及主观方面条件（如上述者），认为在当时敌情下，依据活动在不宽广地区来打破新“围剿”是困难 < 的 >，因此向军委建议主力转移到石、镇、黄地区活动。

B、当时军委对我们行动的指示是：“在狭小地区内固守固失策，决战防御亦不宜，轻于尝试远征，减员必大，可否在敌包围线外原有苏区附近，诱敌出堡垒，用进攻路线集中兵力以击破之”（十月十五日）。“取守势最失策，远征损失大，可否在赤区外围和附近地区诱敌，各个击破之”（十月十九日）。但在说明这是一些建议，由我们按实况决定。

C、按当时情况，北面封锁外，地形极坏，且有清江、长江。西而附近地区敌兵力较大，有碉网，且西北有乌江、长江。东面地区狭小。南面有澧水、沅水之隔，且主力突出封锁线外。敌必进入苏区，不易再回原区。而在附近虽可能取得战斗上的一些胜利，但难能久停。因此，最后决定突出封锁线，向湘黔之石阡、江口、镇远、黄平方向转移。（本拟由西南突破，向湘黔边前进，因敌特别防我由西南面突出，故决由东南渡澧、沅水）。

乙、出动前后部署与经过。

5. 出动的部署：

A、原有区域内留一个主力团，并以地方游击部队在主力出动后，集中编为一个团；担任龙、桑、永地区游击战争，尽量吸引周围敌人，掩护地方组织工作（准备秘密条件下工作）。

B、将地方独立团分编为五师及十六师随主力行动，以后方机关裁员补充主力，出动时全部人员近一万七千人。

C、当时估计敌在我军突出后，重新布置追堵。有短时间间隙可利用，决采逐步向湘黔边转移（不直接走到），尽量避免部队减员。拟首先分布在湘中沅、资两水地区进行补充、筹款，扩大抗日反蒋号召，发动群众斗争，并争取在广大堡垒稀少地区当敌尾追部队接近时，集中力量求得在运动战中击敌，并预定可能的先打击尾追之蒋系主力（樊纵队），尽可能避免进入桂粤边境。

6. 突出沅水南后的形势与经过：

A、顺利的渡过澧、沅水之封锁线后，二军团于十一月二十七日占辰溪、浦市、溆浦等城市，六军团同时期内占新化、锡矿山（长、宝震动）。

B、敌在我军突破澧水封锁时即开始新的追堵布置，其大要是，以樊纵队四个师，李纵队三个师为追剿主力，樊敌经慈利渡沅水，向新化、溆浦间进。李敌由沅陵、泸溪向辰溪、溆浦进。以陶纵队三个师、郭纵队八个团进沅水西岸，为堵截部队。以汤纵队两个师（十三团）调长、岳防守，并作预备兵力。新、溆以南较空虚（仅几个保安团）。敌似防我西进，在不能给我打击的情况下，则极力将我向南（两广）压迫。

C、在我军占领新、溆、辰后之二、三天，李纵队先头即逼近浦、辰，樊敌进至新化以北地带，我军当即放弃辰、新，集结主力（四、五、六及十七师）远出迎击樊敌之六纵队，调集余部在对敌钳制之任务。但因情况变化，樊敌未打倒，而李敌乘虚进占溆城。当时樊、李靠近，陶、郭分布沅水西岸溆、新间地区不断停留。

D、依据军委当时电示："首先向东南再求西进"（大意如此）之指示，我军分途向东西（宝庆、新化间）移动，曾企图打击南追之樊敌，但因敌迅速靠拢之情况未果，造成再渡资水之形势，迷惑敌人（当时樊、李两敌靠拢尾追）。汤敌由长沙向宝庆开进。陶敌到溆浦南沅水之东岸（龙厚），再向西急进（陶敌向南急伸阻我），我决心侧击阻我之陶敌。瓦屋场战斗，因陶敌先一日到达布防，战斗无结果（我伤亡三百余）。我军继往绥宁洪江间北转渡沅水（此时桂<敌>廖磊部约六个团进入桂湘边会同、绥宁等县境防堵），转入全部追堵敌军之西面，进到湘黔边广大地区。

丙、湘黔边活动与继续西进之决定。

7. 适应我军在湘黔边创造新根据地之总目的（当时敌情），决心在晃、芷间反击尾追之敌，以求得新的有利局势之开展。但便水战斗未能取得预期的胜利，仅给急追之敌以创伤（敌我均伤亡在一千左右），表示我军有战斗能力与决心，使其不敢轻于猛进。

8. 便水战斗后，我们向西北转进，占领江口、石阡，并准备休整几天打追敌与西打黔敌。敌对我军估计与调动是：

A、敌防我由湘黔边北进再转回原有苏区，同时防我在湘黔边境创造新根据地；

B、其部署是：以李纵队尾我进路后追，以樊、郭、陶三个纵队绕出我军东北，防我北进；以许绍宗及徐源泉之一部巩固酉、秀，开始调动驻黔部队从西面防堵，汤纵队则调回防粤桂。此时虽不能打退我军，然仍企图将我军向桂黔边压迫。

9. 我军向北迷惑敌人，在敌重新部署下，大部在石江线得到一星期之休息，依据下列敌、我形势和各种条件，放弃在湘黔边创造根据地企图：

A、因便水反击敌人未能给敌以决定意义之打击，开展新的有利战斗局势。

B、敌依据原有碉线（已成碉网地区）已成包围逼进形势（当时敌情），我军处在狭小地区渐成被动局势。

C、以石阡为中心地带内，粮食缺乏，居民稀少，地形不利进行运动战。

D、军委指示“……在未给敌严重打击时，不宜久停一处，……离敌军较远活动，但勿入大荒野地带，敌兵力虽多，亦能进退自如，主动在我……”“乌江上游障碍太多，下游障碍较小，黔南、黔北均少大山大河障碍，给养亦不困难……同意西打驻黔蒋军，但须取进攻姿势……”

根据上述情况及军委指示，乃决继续西移，要求在广大地区进行运动战，并拟在黔省西部争取创立根据地。

（《湘鄂川黔革命根据地》，中共党史资料出版社 1989 年版，第 321—325 页）

第十章 峥嵘岁月

红二方面军大事记

红二方面军长征之最

红二方面军的长征，是中国工农红军长征的重要组成部分。红二方面军领导人和广大指战员，凭借坚定不移的信仰、牺牲奉献的精神、坚不可摧的意志、坚忍不拔的毅力、灵活机智的战法、勇猛顽强的作风、真诚互信的团结、排除万难的气概，粉碎了十数倍、数十倍敌人的围追堵截，战胜了雪山草地、峻岭巨川的艰难险阻，最后到达将台堡与红一方面军胜利会师。红二方面军既是最先踏上长征征途，又是最后出发长征、最后与红一方面军会师的红军部队，路途最艰难、历时最长、损失最少，创造了红军长征史上的多个“第一”和“唯一”。毛泽东称赞:“你们一万人，走过来还是一万人，没有蚀本，是个了不起的奇迹，是一个大经验，要总结，要大家学。”

第一支踏上长征征程的部队

1934 年 7 月 23 日，红六军团得到中共中央书记处和中革军委电报“训令”，退出湘赣苏区，为中央红军长征开辟前进道路。8 月 7 日，任弼时、萧克、王震率领红六军团从江西遂川横石出发，成为最先踏上长征道路的红军部队。

红六军团既是最早离开中央苏区的主力红军，又是最后到达延安的主力红军，艰难地担负了前锋与后卫的两重角色，成功寻找到了战略突围方向。随着红六军团的西征，红军长征的序幕就此拉开。红六军团先遣西征比中央红军早两个月战略转移，在西征途中，及时向中央和军委报告了沿途的地形、民情、气候、物产等，积极开展政治宣传，为中央红军战略转移提供了重要情报，夯实了群众基础。

长征途中攻占第一座县城

湖南省新田县城是红六军团西征途中冲破敌军四道封锁线之后攻占的第一座县城。

1934 年 8 月 19 日，红六军团先遣团抵达桂阳县七里坪村，向三营下达攻打新田县城的战斗命令。

接到攻城命令后，三营立即从七里坪出发，19 日晚上，抵达新田县城郊外的观音坪村。攻城战斗打响后，在机枪的掩护下，担任突击队的一、二排全体战士迅速跃进到城墙脚下，搭人梯强行登城。因敌人火力压制，登城数次受挫。这时，一排长张铚秀率领几名战士从城门楼一侧攀登上城墙，消灭了城垛上的敌人，并迅速组织火力打退反扑上来的敌人，占领门楼，砸开城门。全营指战员迅速冲进城内，歼灭了国民党保安团守城之敌近 200 人，缴获敌枪支 160 余支。20 日上午，红六军团主力部队进入县城。

这次战斗规模虽然不大，但是红六军团首战告捷，极大地鼓舞了红军战士。

长征途中的第一次会师

1934 年 10 月 24 日，红六军团历尽千辛万苦终于到达贵州印江县木黄镇，与贺龙率领的红三军胜利会师，会师后红三军恢复红二军团的番号。这是中国工农红军在长征途中七次会师的第一次会师。此后，来自于黔东、湘鄂西、洪湖、湘赣、湘鄂赣不同战略区的两支劲旅形成了一支强大的战略突击力量，两个军团统一行动，发动湘西攻势，创建湘鄂川黔革命根据地，牵制湖南、湖北敌军主力，策应中央红军长征，发展壮大成为中国工农红军三大主力之一的红二方面军。

翻越雪山最多最高

1936年4月底，红二、六军团抢渡金沙江，摆脱了国民党军的围追，尔后翻越雅哈雪山进至中甸（今云南省香格里拉县）后，兵分路两路向四川甘孜前进。

这是整个长征路线最西端的康藏高原雪山地区。红二、六军团仅凭着测绘很粗糙的地图，一个月之内先后翻越了雅哈雪山、大小雪山、扎拉亚卡山、藏巴拉山、欧巴阔山、别寄隆山、海子山、马巴亚山、恶热山、麦拉山、瓮水、邯坡、米作拉等十多座雪山，成为红军长征途中翻越雪山最多的部队，好几座雪山海拔都在4000多米以上。其中，1936年6月5日，红二军团翻越的甘孜巴塘县与巴塘县之间终年积雪的藏巴拉山，垭口海拔4903米，是红军长征途中翻越的最高海拔的雪山。

由于严寒、缺粮和缺氧，无情的雪山夺去了许多战士的生命。1936年7月初，红二、六军团到达甘孜与红四方面军会师时，部队在雪山地区减员2000多人，付出了重大代价。

过草地时间最漫长

过草地是长征途中最艰苦的一段路程，中央红军右路军走了五天，左路军走了六天，红二方面军走了近一个月时间，是过草地时间最漫长、历经最艰辛的部队。

1936年7月11日，红二方面军分成两个梯队，进入了松潘草原。红二方面军是最后过草地的红军。这是一次极其艰苦的行军，草地上各种野菜、野草被前面的部队几乎采食干净，没有干净的水、没有可充饥的食物，红二方面军每个战士仅靠携带的五六斤粮食充饥，草皮、树根、皮带甚至是粪便中未被消化的青稞，都被找来充饥。有时候，就连草皮和树根都找不到。……红二方面军1.6万人，走出草地时剩下1.2万人，减员4000人。

而担负后卫任务红九十六师，过草地前 1800 人，走出草地时只剩 400 人，减员 1400 人。

8 月上旬，红二方面军走出草地，到达班佑、包座地区，取得了北上的重大胜利。

最早被外国人在境外著书介绍的红军

1922 年，受教会派遣，瑞士籍传教士鲁道夫·勃沙特（中文名薄复礼）从英国前往中国贵州传教。

1934 年 10 月初，勃沙特被西征探路的红六军团俘虏后，跟随红二、六军团转战湘鄂川黔革命根据地并一起突围长征。1936 年 4 月，红二、红六军团进逼昆明时，红二、六军团领导人决定让勃沙特离开部队。勃沙特与红二、六军团生活了 18 个月时间，离开红军之后，开始着手整理自己在红军中的亲身经历，并利用回国探亲的机会通过演讲等形式向国外介绍中国红军的真实情况。1936 年 12 月，勃沙特的《神灵之手——一个被红军释放的外国传教士见闻录》在伦敦出版发行。本书约 20 万字，是最早向西方报道中国工农红军的境外书籍，一年后，埃德加·斯诺的《红星照耀中国》（汉译本名《西行漫记》）才出版。在外界报刊把红军诬称为“匪徒”“强盗”的情况下，勃沙特以他的亲眼见闻告诉人们“实际上，红军的领导人是坚信共产主义和马克思列宁主义的信徒，并在实践着其原理，是另一种频率和形式的苏维埃”。此书虽然曾在国外印发三版，但在我国还鲜为人知。

唯一一位参加长征的国民党中将师长

1935 年 6 月 12 日，红二、六军团在忠堡战斗中俘虏了国民党第十军第四十一师中将师长张振汉。贺龙不仅没有枪毙他，还亲自请他到红军学校讲课，张振汉由此参加红军，担任红军学校高级班的战术教员，成为当时红军学校中公认的高水平教员之一。后来，张振汉随红二、六军团长征，并享受红军高级干部的待遇，配有一匹骡子，成为唯一一位参加长征的国民党军高级将领。在长征中，这位国民党军中将师长深受震撼和洗礼，从此全身心地投身革命，全民族抗日战争爆发后返回国统区，为抗战、为我们党做了大量工作。

新中国成立后，张振汉先后任长沙市人民政府委员、副市长，湖南省政协常委、全国政协委员等职。

唯一一位参加长征的党外知名人士

周素园是贵州省毕节县（今属七星关区）人，清末贡生（秀才），曾创办贵州省第一份报纸《黔报》。

1936 年 2 月，红二、六军团长征到达毕节，组织贵州抗日救国军，58 岁的周素园毅然参加红军，出任贵州抗日救国军司令员，离别家小，跟随红二、六军团长征。长征途中，他利用旧交和社会影响，给滇军将领龙云、孙渡、鲁道元写信，动员他们保持护国道义的光荣传统，积极支持抗日，和红军一致行动。孙渡采取“消极以保存实力”的行动，为红二、六军团顺利通过云南，渡过金沙江天险，创造了有利条件。

1936 年 12 月，周素园到达陕北保安，受到毛泽东、周恩来的多次接见，鼓励他继续学习和工作。到达延安后，周素园除担任红军大学的教员，给红军战士讲授历史课程，同时积极做好国民党上层人士的统战工作。

长征途中击落的第一架敌机

从红六军团西征探路拉开红军长征序幕到长征结束，敌机一路追着不放。红军没有专门的防空武器，但靠简陋的步枪、机枪等轻武器，先后击落了六架敌机，其中红六军团击落了红军长征途中的第一架国民党军飞机。

1934 年 9 月 7 日，红六军团前卫部队挺进广西全县时，被一架桂系空军 AVPO—637 号侦察机发现。因红军没有任何防空武器，这架飞机的飞行员十分狂妄，按下机头一阵俯冲扫射，打死打伤十几名红军战士。在敌机再次俯冲扫射时，愤怒的红军指挥员立即组织前卫连、步机枪手密集开火射击，敌机油箱被击中，拖着长长的烟火栽到了附近的稻田里，飞行员在出逃时被击毙。

唯一一门跟随红军长征到陕北的山炮

在中国人民革命军事博物馆，陈列着一门编号 587 的山炮，这是红二方面军缴获的、跟随红军长征到陕北的唯一一门山炮。

1935 年 4 月 15 日，红二、六军团在桃子溪战斗中，缴获二门“七生五过”山炮，对于缺少重武器的红军来说，可谓如获至宝。1935 年 11 月 19 日，红军突围从桑植突围长征时，抛弃掩埋了其中一门山炮，另一门山炮被拆成散件随军带走，比较重的部件用骡子驮着，比较轻的部件由红军炮兵战士用背扛着，走过了雪山草地，最后到达陕北。在后来的多次征战中，这门山炮屡显神威。

1959 年，筹建中国人民革命军事博物馆时，贺龙下令找到了这门有着传奇经历的山炮，并将它交给中国人民革命军事博物馆收藏陈列。

红二方面军大事记

1927年

8月 湘鄂西地区各特委根据八七会议精神和湖南、湖北省委制定的秋收暴动计划，发动群众，准备武装起义。

10月上旬 毛泽东率秋收起义队伍工农革命军第一军第一师第一团到达井冈山地区，以井冈山为中心的湘赣边各县的革命斗争如火如荼地开展起来。

1928年

1月上旬 中共中央决定在上海正式成立中共湘西北特委，去湘西北地区发动武装斗争，建立根据地。郭亮担任湘西北特委书记，贺龙、周逸群、柳直荀（未到职）、徐特立（未到职）等为委员，后因郭亮另有任务，改由周逸群任特委书记。

2月底 周逸群、贺龙等在湖北焦山河召开会议，决定各路游击武装返回原地进行斗争，周逸群、贺龙率贺锦斋等十余人去湘鄂边。

3月下旬 湘西北特委组织革命武装共3000余人，700余支枪，在桑植县洪家关宣布正式成立工农革命军，贺龙任军长。

4月2日 贺龙、周逸群率工农革命军举行桑植起义，一举攻克桑植县城，随即成立湘鄂边第一个红色政权——桑植县革命委员会。

7月上旬 中共湖南省委根据中央指示，决定将活动于桑植的中共湘西北特委与活动于常德的中共湘西特委合并为新的中共湘西特委。中共湘西特委决定成立中共湘西前敌委员会（简称“前委”），贺龙为书记，贺锦斋、陈协平、张一鸣、李良耀为委员。

8 月 1 日 在罗峪将工农革命军正式改编为中国工农革命军第四军，贺龙任军长，恽代英任党代表（未到职），黄鳌任参谋长，陈协平任秘书长。下辖一个师，贺锦斋任师长，张一鸣任党代表。

9 月上旬 中国工农革命军第四军在石门的渫阳、泥沙遭敌袭击，军参谋长黄鳌、师长贺锦斋先后牺牲，部队大部溃散。贺龙率余部 200 余人转至鹤峰边境的堰垭一带活动。

11 月上旬 中共湘西前敌委员会改为湘鄂西前敌委员会，贺龙为书记。

11 月中旬 工农革命军第四军在鹤峰堰垭整顿部队，加强党团组织建设，遣散部分老弱战士，部队仅剩 91 人、72 支枪。工农革命军第四军改称中国工农红军第四军（简称红四军），撤销师团建制，将全军编为六个区队。

12 月 蒋介石命令何键指挥五个旅，准备向以宁冈为中心的井冈山革命根据地进行第三次“会剿”。

1929年

1 月 红四军进行整编，成立第一路指挥部。整编后，全军 1000 余人，300 余支枪。

5 月初 红四军攻克桑植县城。

6 月 原在粤汉铁路岳长段任工人纠察队队长的王震，从武汉返回家乡浏阳北乡，先后成立中共湘鄂赣边第十八、第十九区委，领导群众开展革命斗争。

7 月初 国民党军周寒之部 1000 余人进犯桑植县，在南岔被红四军全歼。

7 月中旬 国民党军向子云部 2000 余人复犯桑植县，红四军诱敌入城，将其全歼。战后，红四军扩编成立第二路指挥部，全军 4000 余人。

10 月上旬 国民党军第一五四旅进犯桑植县，红四军主动撤离桑植县城，后转至鹤峰县。

12 月 鄂西游击总队改编为中央独立师，段德昌任师长，先后攻克杨树峰、谢仁口等地，恢复并扩大了洪湖根据地。

1930年

2 月 5 日 中央独立师改编为中国工农红军第六军，孙德清任军长（孙德清患病后由旷继勋接任），周逸群任政委。

5 月中旬 红四军进入澧州境内，红六军连克沔阳、仙桃，进抵汉川。

6 月上旬 红六军抵江南迎接红四军。

6 月 18 日 红六军到达湖北公安县境内，攻占申津渡。

7 月 1 日 红六军攻克公安县城。

7 月 4 日 红四军与红六军在公安县城南平镇胜利会师，红四军改为红二军。

7 月 7 日 红军北渡长江后，在湖北江陵县普济观召开红二军和红六军的两军前委会，根据中央指示，红二军和红六军正式合编为红二军团，组成以周逸群为书记的红二军团党的前敌委员会，成立了红二军团指挥部，贺龙任总指挥，周逸群（后邓中夏代）任政委，柳克明任政治部主任，孙德清（后汤慕禹代）任参谋长。全军团共 1 万多人，5000 多支枪。下辖第二、六两个军，贺龙兼任红二军军长，朱勉之任政委；旷继勋任红六军军长，柳克明兼任政委。

9 月 5 日 红二军团进攻湖北沙市，伤亡 1000 余人，未能攻克。

9 月 12 日 邓中夏到达洪湖，任中共湘鄂西特委书记及红二军团政委，中共鄂西特委改称中共湘鄂西特委。

9 月 23 日 红二军团攻占湖北监利县城，歼国民党军新三师及县保安团共 2000 余人。

10 月上旬 先后在监利召开中共湘鄂西特委紧急会议和第二次工农兵代表大会，成立湘鄂西苏维埃联县政府，周逸群任联县政府主席。

10 月下旬 红二军团根据中共长江局指示，执行夺取湖南常德和配合红一、三军团攻打长沙的任务，渡江南征，连克湖南南县、华容和湖北公安等城镇。

11月 红二军团先后占领湖南津市、石门和临澧县城。

12月24日 红二军团转往鹤峰县。

12月29日 红二军团在湘鄂边武力解决甘占元、覃伯卿等部3000余人。

1931年

1月上旬 国民党军十个旅向洪湖根据地进行第一次“围剿”。

2月 红二军团连克湖北五峰、长阳、资丘等地，歼敌1000余人，后转至枝柘坪进行休整。

3月初 “围剿”洪湖根据地的国民党军以江南根据地为重点开始第二次“围剿”。夏曦作为中央代表来到湘鄂西，在洪湖根据地成立了中共湘鄂西中央分局。

3月下旬 红二军团缩编为红三军，贺龙任军长，邓中夏任政委，孙德清任参谋长，柳克明任政治部主任。红二军改编为第七师，红六军改编为第八师。

4月初 湘鄂边召开鹤峰、五峰、桑植、石门、长阳五县党政机关和地方武装组织代表大会，成立了中共湘鄂边分区特委及苏维埃联县政府。周小康为分特委书记。

5月1日 唐赤英来到湘鄂边，召开中共湘鄂边分特委扩大会议，传达中共六届四中全会决议和中央分局成立情况，湘鄂边分特委改为湘鄂边特委。

5月18日 周逸群在湖南岳阳县贾家凉亭附近遭敌袭击，光荣牺牲。

6月24日 中共湘鄂西临时省委成立。

9月 国民党军独立第三十四旅及团防武装围攻湘鄂边根据地。

10月8日 中共湘赣省第一次代表大会在莲花县花塘村召开，选举产生了中共湘赣省委员会，王首道为省委书记。

10 月 17 日 湘赣省苏维埃第一次代表大会在莲花县花塘村召开，正式成立湘赣省苏维埃政府，袁德生为主席，张启龙、彭德怀为副主席。

10 月 红三军回到洪湖根据地，击退围攻湘鄂边根据地之国民党军；夏曦接任红三军政委，并决定将红三军第七、八师缩编成五个大团。

11 月上旬 国民党军调集十个师，连同地主武装共约 8 万人，对湘赣根据地开始大规模的进攻。中共湘赣省委决定，组织临时前敌委员会，统一指挥红军和地方武装反“围剿”。

12 月 根据中共中央指示，红三军恢复师的建制，编为第七、九两个师和一个独立团；湘鄂西省苏维埃第三次代表大会在洪湖市周老嘴召开。

1932年

1 月 22 日至 30 日 中共湘鄂西第四次代表大会在洪湖市周老嘴举行，通过了进一步贯彻第三次“左”倾路线的各项决议。

1 月 25 日 关向应由中共中央派到湘鄂西任红三军政委。

2 月 1 日 湘赣军区在江西永新成立，张启龙为总指挥，甘泗淇为政委，同时成立四个分区指挥部。

2 月上旬 中共鄂豫边特委改组为鄂豫边临时省委；原红三军教导团由鄂西北返回洪湖，改编为鄂西北独立团；不久，与红三军独立团合编成立红八师；湘赣红军学校改建为中国工农红军军官学校第四分校（简称红四分校），校长冯达飞、政委李芬、教育长杨茂、政治处主任李贞。

3 月底 国民党调集四个多旅的兵力作为“进剿”部队攻击红三军，红三军集中七个团迎敌，激战七昼夜，红三军撤出战斗。

5 月下旬 国民党军集中 20 个团兵力“清剿”刁汉湖地区。经过八天激战后，因国民党援军陆续赶到，红三军主动撤退。是役，毙伤敌旅长于兆龙等 800 余人，但红三军伤亡 1500 余人。

5 月 湘鄂西根据地开始第一次“肃反”，万涛、周小康、孙德清、柳克明、段玉林等大批党政军干部被诬害。

6 月 国民党川军和团防共 3000 余人围攻湘鄂边根据地，鹤峰县城、燕子坪等地相继陷落。

7月15日 国民党军开始向洪湖根据地进行第四次大规模“围剿”。

8月 国民党军围攻湘鄂边根据地，湘鄂边独立团坚持斗争近一个月后被迫转移到洪湖根据地，湘鄂边根据地陷落。

9月中旬 湘鄂边独立团渡江到达江陵地区，与洪湖地方武装一部合编成独立师。

10月上旬 湘鄂西根据地开始第二次“肃反”，唐赤英、王一鸣等被诬害。

10月25日 中革军委任命的湘赣军区总指挥兼政委、红八军政委蔡会文和红八军军长萧克，带部分工作人员及一部电台到达永新，加强湘赣红军的领导力量。

10月下旬 湘鄂西中央分局在王店召开会议决定，红三军退出洪湖根据地，向湘鄂边地区转移。

11月初 红八军在江西吉安县天河村进行整编，正式组成军部领导机关，蔡会文任湘赣军区总指挥兼政委和红八军政委，萧克任红八军军长，李达任参谋长，袁任远任政治部主任。全军共5000余人。

11月上旬 红三军经豫南、陕南进入川鄂边境。中共湘赣省第二次代表大会在永新召开，通过了政治、党的建设、红军与地方武装等七个决议案。

12月30日 红三军历时两个半月，行程7000里，经豫西南、陕东南、沿川鄂边境南下，到达湘鄂边的鹤峰县，史称“红三军七千里小长征”。

1933年

1月初 湘鄂西中央分局在鹤峰县毛坝召开扩大会议，决定恢复湘鄂边根据地，首先进攻桑植县。

1月13日 红三军攻占桑植县城。

1月中旬 夏曦决定在红三军中进行清党（重新审查、登记党员）。

1月28日 红三军被迫退出桑植县城。

1月下旬 湘鄂西中央分局再次在毛坝举行会议，夏曦公开提出解散红三军中的党团组织和政治机关，创造新红军，因遭贺龙等红三军领导人强烈反对，未能作出决定。

2月上旬 湘鄂西中央分局在鹤峰县走马坪开会，决定发展鹤峰县周围根据地，并将红三军编为红七、九师，独立师编为红三军教导团。

3月24日 湘鄂西中央分局在金果坪召开会议，决定解散红三军和地方的各级党团组织及省苏维埃。

3月 湘鄂西根据地开始第三次“肃反”，段德昌等被诬害。

4月22日 中共苏区中央局同意中央政治局委员任弼时调任中共湘赣省委书记。

5月6日至7日 红八军和独立第十二师及茶陵独立团在莲花九渡冲地区给国民党军第六十三师以沉重打击，毙伤其副旅长钟山等500余人，俘敌1000余人，缴获近1000支枪和大批军用物资。

5月29日 红八军和独立第十二师及茶陵独立团，在莲花棠市地区截击护送辎重的国民党军第十五、第十九师各一个旅和第六十三师一个营，俘敌团长等1000余人，缴枪500余支，其中重机枪四挺，还缴获电台一部、军衣2万余套及其他大批军用物资。

5月 任弼时到达湘赣根据地任中共湘赣省委书记兼湘赣军区政委。

6月中旬 奉中革军委命令，湘赣、湘鄂赣革命根据地的红军合编为中国工农红军第六军团。下辖第十六、十七、十八师三个师。原湘鄂赣红十六军改编第十六师（未归建）；原湘赣红八军改编为第十七师，师长萧克，政委蔡会文（兼），政治部主任李朴；原湘鄂赣红十八军改编为第十八师，红六军团暂不设军团领导机关，部队暂由红十七师首长统一指挥。

6月 湘鄂西根据地开始第四次“肃反”，宋盘铭等被诬害。

9月4日 红六军团进占宁冈新城。

11月7日 中共红六军团第一次代表大会在永新召开。

11月21日 中共湘赣省第三次代表大会在永新县城召开，会议通过政治、苏维埃、“肃反”等八项决议，产生了新的省委，任弼时任书记。

12 月 15 日　红六军团在万安潞田歼国民党军第七十七师第四六一团大部，俘敌团长李春光等 600 余人，缴枪 500 余支。

12 月 19 日　湘鄂西中央分局在咸丰县大村召开会议，初步纠正了夏曦在湘鄂边根据地所犯的“左”倾错误，决定把“恢复湘鄂边苏区”的口号改成“创造湘鄂川黔新苏区”的新口号。

1934年

1 月中旬　红十七师奉中革军委命令准备北上，红十八师留湘赣根据地坚持斗争，正式成立红十八师领导机关，师长徐洪，政委王震（因王震赴赣东参加苏维埃全国第二次代表大会，暂由甘泗淇代理）。

1 月 23 日　贺龙在龙山县茨岩塘处决了蒋介石委派的劝降说客熊贡卿和梁素佛。

2 月 4 日　红十七师与湘鄂赣红十六师在黄沙胜利会合。

2 月 25 日　红十七师与红十八师在安福洋溪会合。

3 月　红三军在龙山、永顺、桑植、大庸、慈利等地进行游击活动。

3 月 17 日　红三军成立由夏曦任主席，贺龙、关向应、卢冬生为委员的湘鄂川黔革命军事委员会，开展创建湘鄂川黔边新苏区的斗争，并及时向中央报告。

4 月 5 日　红六军团在永新县城以西的沙市地区全歼国民党军第十五师第四十三旅，毙敌 600 余人，俘旅长侯鹏飞等官兵 1000 余人，缴获长短枪 2000 余支、重机枪 24 挺。

4 月上旬　湘鄂边境的国民党军联合向红三军进攻，红军被迫转至鄂川边的黔江、酉阳、秀山、利川一带。

6 月 4 日　红三军进至四川酉阳（今属重庆市）南腰界。红三军军部设在余家桶子，中共湘鄂西中央分局和红三军政治部设在罗家桶子，以南腰界为中心，创建黔东革命根据地。

6 月 19 日　红三军在德江县枫香溪镇召开中共湘鄂西中央分局会议（史称枫香溪会议），决定创建黔东特区革命根据地，恢复红三军党团组织和政治机关，重新登记和发展新党员，组成红军干部大队。

7月21日 中共中央交通员到达沿河县，送来中共六届五中全会决议和关于停止“肃反”的指示，史称“中央五月六日指示信”。

7月21至22日 湘鄂川黔边革命军事委员会在贵州沿河铅厂坝召开了黔东特区第一次工农兵苏维埃代表大会。大会选举成立了由贺龙、夏曦、关向应等人组成的黔东特区革命委员会。

8月1日、4日 湘鄂西中央分局先后两次在酉阳县南腰界余家桶子召开会议，传达学习“中央五月六日指示信”和六届五中全会决议。讨论通过了《接受中央指示及五中全会决议的决议》，决定停止长达三年之久的“肃反”扩大化，党内、军内长期存在着的人人自危的不正常局面开始扭转。

8月7日 在湘赣省委书记、中央代表任弼时为主席，萧克、王震为委员的红六军团军政委员会的领导下，红六军团9700余人，从江西遂川横石和新江口地区出发，从湘赣根据地南线的衙前、五斗江之间突围西征，实行战略转移。

8月11日 红六军团连续突破国民党军四道封锁线，进至湖南桂东寨前圩。

8月12日 红六军团在寨前圩召开连以上干部大会，庆祝突围胜利，正式宣布成立红六军团领导机关和主要领导干部任命。萧克为军团长兼红十七师师长，王震为军团政委兼红十七师政委，李达为军团参谋长兼红十七师参谋长，张子意为军团政治部主任兼红十七师政治部主任，龙云为红十八师师长，甘泗淇为政委，谭家述为参谋长，方礼明为政治部主任。

8月20日 红六军团占领新田县城。

9月 黔东各独立团大部和黔东纵队合编成黔东独立师。

9月4日 红六军团在广西兴安县界首以北的凤凰嘴地区渡过湘江，向西延地区前进。

9月8日 中革军委命令红六军团依托西延山地展开游击活动，求得在城步、武冈、绥宁地区暂时立足，吸引敌人，然后再沿湘黔边境转移到湘西凤凰、乾城、永绥地区建立根据地。

9月17日 红六军团袭占湖南通道县城。

9月18日 红六军团在湖南靖县（今靖州县）新厂地区给国民党湘军补充第二总队以歼灭性打击，毙伤俘敌600余人，缴枪400余支。

9月22日 红六军团由平察进入贵州黎平地区。

9月28日 贺龙亲临前线指挥，在松桃县岩柯坝、火烧桥一带，击溃黔军李成章、柏辉章部六个团的兵力。至此，黔东特区革命根据地初步形成，建立了包括印江、德江、沿河、松桃、酉阳五个县，纵横200余里，拥有10万以上人口，17个区，100多个乡苏维埃的黔东特区。黔东特区革命根据地的开辟，为红三军和红六军团胜利会师创造了条件。

10月2日 红六军团袭占贵州黄平县旧州古城。

10月7日 红六军团在贵州石阡县甘溪与桂敌第十九师二个团遭遇，红军仓促应战不利，伤亡近500人。红六军团主力此役被截成三段，陷入湘桂黔三省国民党军24个团的包围。这次战役，红六军团减员1600多人。

10月15日 红六军团一部在贵州沿河县水田坝（铅厂坝）与红三军一部会合。

10月24日 任弼时、萧克、王震率领的红六军团，经过两个多月的转战，行程5000余里，冲破敌人的围追堵截，到达贵州印江县木黄与贺龙、关向应率领的红三军胜利会师。当晚转移到松桃县石梁，两军领导人随即紧急会商，决定向湖南湘西方向发展。

10月25日 给中革军委发去电报，报告了敌我力量及地方条件等情况，建议"以目前敌情及红二、六军团力量，两军团集中行动"，"由二军团统一指挥"。

10月26日 红三军与红六军团所属部队全部会聚到酉阳县南腰界。

10月27日 在南腰界猫洞大田召开了隆重的会师庆祝大会，中央代表任弼时宣读了党中央为两军会师发来的贺电，并同时宣布红三军恢复红二军团的番号，贺龙任军团长，任弼时任政委，关向应任副政委，李达任参谋长，张子意任政治部主任；萧克任红六军团军团长，王震任政委，谭家述任参谋长，甘泗淇任政治部主任。随后，任弼时与贺龙主持两军团负责人会议，决定成立中共黔东特委和黔东独立师，以原红六军团政治部宣传部部长段苏权为特委书记兼黔东独立师政委；原红六军团第十八师第五十三团团长王光泽任独立师师长。

10月28日 红二、六军团从南腰界出发，开始湘西攻势，策应中央红军长征，开辟新的革命根据地。中共黔东特委和黔东独立师继续坚持黔东斗争。

11月7日 红二、六军团占领永顺县城。

11月16日 任弼时和贺龙指挥部队设伏于永顺的龙家寨十万坪，是役，共毙国民党新编第三十四师陈渠珍部1000余人，俘敌旅参谋长以下2000余人，缴枪2200余支。史称“十万坪大捷”。

11月17日 任弼时和贺龙、关向应等率部重占永顺城，接着以红二军团一部乘胜占领桑植县城。

11月26日 根据中共中央书记处及中革军委电示，中共湘鄂川黔边临时省委、湘鄂川黔边军区、湘鄂川黔省革命委员会在大庸县成立。任弼时任省委书记，贺龙、关向应、夏曦、王震、萧克及张子意、刘士杰等任省委委员；贺龙任省军区司令员，任弼时任政委；贺龙任省革委主席，夏曦、朱长清任副主席。

12月1日 湘鄂川黔省革命委员会颁布《关于没收和分配土地的条例》。

12月10日 中共湘鄂川黔省委、省革命委员会、省军区领导机关由大庸迁至永顺塔卧。

12月16日 中共湘鄂川黔省委作出《关于创造湘鄂川黔边苏维埃新根据地任务决议》，提出根据地建设的各项任务，制定和发布了《分田工作大纲》。

同日红二、六军团在桃源浯溪河战斗中，歼灭国民党军罗启疆独立第三十四旅大部。

12月17日 红二、六军团占领桃源县城，18日，包围湘西政治、经济中心常德，牵制和调动国民党军十余个师，配合中央红军突围长征。

12月18日 中共中央政治局在贵州黎平举行会议。会议经过激烈争论，决定采纳毛泽东的意见，放弃到湘西与红二、六军团会合和建立湘西根据地的计划，通过《中央政治局关于战略方针之决定》。

12 月 22 日　中共湘鄂川黔省委作出《关于新区党的组织问题决定》。同日，中共湘鄂川黔省委和省军区政治部发出《关于游击队中党的工作的指示》。

12 月 24 日　湘鄂川黔省革委会调整行政区划，将永顺县划分为永保和郭亮两个县。

12 月 26 日　红二、六军团攻占慈利县城。

12 月 31 日　红二、六军团主力由慈利返回永顺、大庸地区休整。至此，红军结束了湘西攻势。

1935年

1 月 6 日　中共湘鄂川黔省委在永顺县塔卧召开第二次党的活动分子会议，任弼时作《关于粉碎敌人大举进攻最后的彻底的粉碎敌人五次“围剿”前面党的紧急任务》的报告。总结红二、六军团会师后的斗争情况，布署战争动员工作。

1 月 23 日　湘鄂国民党军拟调集 80 多个团约 10 万兵力合击湘鄂川黔根据地，其中，以陈耀汉、郭汝栋、李觉、陶广四个纵队，从东南向大庸主要目标推进，以徐源泉、张振汉两个纵队从西北逐渐向桑植、永顺推进。

1 月 27 日　贺龙、任弼时在大庸县丁家溶主持召开红二军团党的积极分子会议，任弼时作报告。报告着重批评夏曦任中共湘鄂西中央分局书记期间工作中所犯的错误。

1 月 28 日　中共湘鄂川黔省委颁布《关于土地问题的决定》。

2 月 11 日　中共中央、中革军委电示中共湘鄂川黔省委及红二、六军团负责人，对如何粉碎敌人“围剿”发来指示。来电同意由红二、六军团组成中央革命军事委员会湘鄂川黔分会，以贺龙为主席，任弼时、关向应、夏曦、萧克、王震为委员。

2 月 28 日　中共中央书记处致电红二、六军团，红四方面军及中央军区，通报遵义会议决议精神。

3月14日 红二、六军团进行永顺高粱坪战斗，击溃国民党两个保安团，并给予湘军第十六师两个团以重大打击，歼其一部。

4月9日 永顺县城失守。

4月12日 任弼时、贺龙、关向应率红军主力和中共湘鄂川黔省委、省革委、省军区机关从永顺县塔卧转移至龙山县兴隆街。

4月13日至15日 贺龙、任弼时、关向应率部在桑植县陈家河和永顺县桃子溪两战两捷，国民党军陈耀汉纵队第五十八师一七二旅大部被歼，击毙敌旅长李延龄。

5月6日 中共湘鄂川黔省委、省革委、省军区机关从龙山兴隆街转移到茨岩塘。

6月13日至14日 红二、六军团在湖北咸丰县忠堡战斗中，全歼国民党军第四十一师师部和第一二一旅，俘虏敌纵队司令、中将张振汉。

6月18日至7月27日 红二、六军团围困龙山县城。

7月初 红二、六军团与中革军委中断密码电讯联系。

7月3日 红二、六军团在永顺县小井战斗中，击溃了增援龙山的国民党军陶广纵队。

7月10日 红二、六军团在龙山县象鼻岭战斗中，击退了国民党援军独立第三十八旅。

7月15日 红二、六军团在湖北来凤县胡家沟，打击了增援龙山的国民党军黄新纵队五个团。

7月28日 红二、六军团在龙山招头寨与敌陶广纵队激战一天，敌军受到重创，阻止了其对龙山的增援。

8月3日 红二、六军团在湖北宣恩县板栗园战斗中，歼灭国民党军第八十五师，毙敌师长谢彬，俘虏1000多人。

8月8日 红二、六军团在龙山芭蕉坨战斗中，击溃敌陶广纵队十个团，毙伤敌人2000多人，俘敌500多人。

9月29日 红二、六军团在石门县磨岗隘召开党的积极分子会议，任弼时作《冲破敌人“围剿”的经验教训与粉碎敌人新的大举“围剿”》的报告。同日，收到周恩来发来探询红二、六军团情况的明码电报，任弼时代表省委和军委分会当即用密码致电周恩来。

9月30日 张国焘用红军总政委的名义和朱德总司令共同署名给任弼时复电，提出今后应互相密切联络。此后，张国焘即以红军总司令部名义，与红二、六军团联络。

11月4日 中共湘鄂川黔省委及中革军委分会在桑植县刘家坪召开联席会议，决定向石阡、镇远、黄平地区实行战略转移。新组建了红五师、红十六师二个师部和五个团。

11月19日 红二、六军团分别在桑植县刘家坪的干田坝和瑞塔铺的枫树塔举行突围誓师大会。当晚，任弼时、贺龙、关向应等率两军团主力开始战略突围，红六军团十八师留根据地掩护主力突围。

11月20日 红二、六军团强渡澧水，突破了敌军第一道封锁线。

11月22日 红二、六军团突破敌军沅水封锁线。

11月23日至28日 红二、六军团占领辰溪、浦市、溆浦、新化、兰田和锡矿山等城镇。

12月8日 红十八师完成掩护主力红军突围任务，师长张正坤率3000多人从茨岩塘突围长征。

12月31日 红二、六军团到达芷江县城西南地区。

1936年

1月5日 红二、六军团在芷江县西部的便水地区反击尾追之敌，但经过一天激战，未能取得预期胜利。

1月9日 红二、六军团占领贵州江口。留在湘鄂川黔根据地执行掩护任务的红十八师，浴血奋战，突围后归还红六军团建制。

2月8日 中共川滇黔省委和中华苏维埃人民共和国川滇黔省革命委员会在大定县（今大方县）成立。

3月23日 贺龙、任弼时指挥两军团在云南宣威城北的来宾铺与国民党军激战一天，将孙渡纵队及郭汝栋纵队的先头部队击溃，重创国民党军一个旅，击退国民党军两个旅后，继而分两路向贵州盘县地区进军。

3月31日 红二、六军团撤离盘县，分两路向普渡河渡口急进。

4 月 15 日　红二、六军团渡过普渡河后，占领楚雄、盐兴。随后占领镇南、牟定、姚安、祥云、盐丰、宾川、鹤庆。

4 月 25 日至 28 日　红二、六军团分两路到达石鼓、巨甸，由此胜利地渡过了金沙江。

5 月 5 日　红二、六军团决定分两路从中甸出发，红六军团经定乡、稻城、理化、瞻化；红二军团经德荣、巴塘、白玉，共同向甘孜前进。

7 月 1 日　红二、六军团全部到达甘孜及其附近地区。

7 月 2 日　在甘孜举行庆祝红二、六军团与红四方面军胜利会师的盛大联欢会。中共中央电贺红二、六军团与红四方面军胜利会合。

7 月 5 日　中革军委发布命令："决以二军、六军、三十二军组织红二方面军，并任命贺龙为总指挥兼二军军长，任弼时为政委兼二军政委，萧克为副总指挥，关向应为副政委，陈伯钧为六军军长，王震为政委"。第三十二军仍以罗炳辉为军长，袁任远为政委。

7 月 27 日　中共中央正式批准成立中共中央西北局，张国焘任书记，任弼时任副书记，朱德、贺龙、关向应等为委员，统一领导红二、红四方面军北上。

8 月 11 日　红二方面军到达阿西、巴西。

9 月 17 日　红二方面军占领成县。18 日占领两当、徽县。19 日占领康县，并围攻凤县。

10 月 22 日、23 日　红二、红六军团分别在将台堡、兴隆镇与红一方面军会师。至此，红二方面军胜利结束长征。

1937年

8 月 25 日　中共中央军委发布命令，红二方面军改编为国民革命军第八路军第一二〇师。

9 月 2 日　八路军一二〇师在陕西富平庄里镇举行抗日誓师大会。

9 月 3 日　八路军一二〇师由庄里镇出发，东渡黄河，开赴华北抗日前线。

附录

红二方面军的开国将帅名录

（共205人）

一、元帅（1人）

贺龙（1896—1969），湖南桑植人，曾任红二军团军团长、红二方面军总指挥、八路军一二〇师师长、西北军区司令员。

二、大将（1人）

许光达（1908—1969），湖南长沙人，曾任红二军团第十七师师长、八路军一二〇师独立第二旅旅长、一野二兵团司令员、装甲兵司令员兼政委。

三、上将（8人）

姓　名	生卒年	籍　贯	原　属
萧　克	1907—2008	湖南嘉禾人	红六军团
王　震	1908—1993	湖南浏阳人	红六军团
李　达	1905—1993	陕西眉县人	红六军团 / 红二军团
甘泗淇	1903—1964	湖南宁乡人	红六军团 / 红二军团
陈伯钧	1910—1974	四川达县人	红三十二军 / 红六军团
周士第	1900—1979	广东乐会人	红十五军团
彭绍辉	1906—1978	湖南湘潭人	红三军 / 红六军团
贺炳炎	1913—1960	湖北松滋人	红二军团

四、中将（28人）

姓　名	生卒年	籍　贯	原　属
成　钧	1911—1988	湖北石首人	红二军团
顿星云	1912—1985	湖北石首人	红二军团
郭　鹏	1906—1977	湖南醴陵人	红六军团 / 红二军团
黄新廷	1913—2006	湖北洪湖人	红二军团
旷伏兆	1914—1996	江西永新人	红六军团
廖汉生	1911—2006	湖南桑植人	红二军团
刘道生	1915—1995	湖南茶陵人	红六军团
刘培善	1912—1968	湖南茶陵人	红六军团 / 湘赣
刘少文	1905—1987	河南信阳人	红军总部
刘先胜	1901—1977	湖南湘潭人	红九军团 / 红六军团
刘转连	1912—1992	湖南茶陵人	红六军团
彭　林	1914—2002	江西吉安人	红六军团
谭家述	1909—1987	湖南茶陵人	红六军团
王恩茂	1913—2001	江西永新人	红六军团
王尚荣	1915—2000	湖北石首人	红二军团 / 红三十二军
肖新槐	1907—1980	湖南宜章人	红三十二军
冼恒汉	1911—1991	广西田阳人	红六军团 / 红二军团
晏福生	1904—1984	湖南醴陵人	红六军团
杨秀山	1914—2002	湖北洪湖人	红二军团
姚　喆	1906—1979	湖南邵阳人	红三军团 / 红二军团
余立金	1913—1978	湖北大冶人	红六军团
余秋里	1914—1999	江西吉安人	红六军团 / 红二军团
张　藩	1909—2002	湖南浏阳人	红六军团 / 湘赣
张翼翔	1914—1990	湖南浏阳人	红六军团
赵　镕	1899—1992	云南宾川人	红三十二军

周仁杰	1912—2001	湖南茶陵人	红六军团
朱　明	1903—1964	江西兴国人	红三十二军
朱辉照	1911—1964	江西莲花人	红六军团 / 红二军团

五、少将（167人）

姓　名	生卒年	籍　贯	原　属
别祖后	1912—1981	湖北天门人	红二军团
陈　浩	1914—2012	湖南茶陵人	红二军团
陈华堂	1911—1983	湖北天门人	红二军团
陈外欧	1910—1984	湖南茶陵人	红六军团
陈文彪	1910—1962	湖北汉川人	红二军团
陈云开	1912—1990	江西泰和人	红六军团
陈志彬	1917—2000	湖南茶陵人	红六军团
戴文斌	1909—1982	湖南浏阳人	红六军团 / 红二军团
戴正华	1901—1966	安徽合肥人	红六军团
邓东哲	1916—1995	湖南茶陵人	红六军团
邓家泰	1914—2003	湖北荆门人	红二军团
邓可运	1913—1978	湖北天门人	红二军团
董家龙	1912—1996	湖北荆门人	红二军团
段焕竞	1911—1998	湖南茶陵人	红六军团 / 湘赣
段苏权	1916—1993	湖南茶陵人	红六军团
樊哲祥	1908—1995	湖北公安人	红二军团
范保顺	1914—1987	湖北天门人	红二军团
范忠祥	1911—1993	湖北天门人	红二军团
范子瑜	1914—2002	湖南大庸人	红二军团
方之中	1907—1987	湖南华容人	红二军团
傅传作	1914—1982	湖北石首人	红二军团
甘祖昌	1905—1986	江西莲花人	红六军团

龚兴业	1911—1993	湖北荆门人	红二军团
何　辉	1911—1996	湖南平江人	红六军团
何济林	1914—1983	湖北仙桃人	红二军团
何家产	1917—1977	江西上犹人	红六军团
何维忠	1903—1981	湖南平江人	红六军团
何以祥	1911—1994	四川西充人	红二军团
贺庆积	1909—1998	江西永新人	红六军团
贺盛桂	1915—1990	江西永新人	红六军团
贺振新	1916—1966	江西永新人	红六军团
胡登高	1914—1991	江西莲花人	红六军团
黄　厚	1913—1992	江西安福人	红六军团
黄胜明	1914—1996	湖南平江人	红五军团 / 红九军团
黄忠学	1911—1992	湖北天门人	红二军团
贾若瑜	1915—2016	四川合江人	红六军团
江　文	1914—2010	湖南浏阳人	红六军团
江勇为	1913—2008	江西莲花人	红六军团
金如柏	1909—1984	江西永丰人	红六军团 / 红二军团
金忠藩	1917—1989	江西莲花人	红六军团
赖春风	1913—1993	江西宁冈人	红六军团
黎东汉	1914—2007	湖南浏阳人	红六军团
黎化南	1909—1978	湖北长阳人	红二军团
李　铨	1912—1968	江西吉安人	红六军团
李　信	1907—1985	湖南浏阳人	红六军团
李　贞	1908—1990	湖南浏阳人	红六军团
李　真	1918—1999	江西永新人	红六军团
李布德	1919—2017	四川营山人	红军总部 / 红二方面军
李国良	1908—1983	湖北天门人	红二军团
李俭珠	1908—1997	湖南茶陵人	红六军团 / 红二军团
李建良	1910—1988	湖北荆门人	红二军团
李人林	1914—1995	湖北天门人	红二军团
李书茂	1914—1993	湖北仙桃人	红二军团
李文清	1910—1999	湖北松滋人	红二军团

李元明	1918—1999	湖南石门人	红六军团
李振声	1919—1974	湖南茶陵人	红六军团
梁仁芥	1912—1991	江西吉安人	红二方面军
廖昌金	1906—1972	江西上犹人	红六军团
廖海光	1915—1993	湖南酃县人	红六军团
廖述云	1915—1994	湖北石首人	红二军团
林胜国	1914—2000	湖南平江人	红六军团
刘　昂	1916—2002	江西吉安人	红三十二军
刘大煜	1906—1982	江西赣州人	红三十二军
刘　林	1916—2000	湖北仙桃人	红二军团
刘发秀	1916—2003	江西永新人	红六军团
刘华春	1905—1993	江西吉安人	红三十二军
刘华香	1913—2007	江西吉安人	红三十二军
刘世相	1913—1993	江西吉安人	红九军团
刘月生	1917—2008	湖南茶陵人	红六军团 / 红二军团
刘子奇	1900—1976	湖南浏阳人	红六军团
刘子云	1914—1992	江西永新人	红五军团 / 红二军团
龙炳初	1914—1975	江西莲花人	红六军团
龙振彪	1914—2000	江西永新人	红六军团
罗　斌	1915—1995	江西永新人	红六军团
罗　章	1905—1993	江西万载人	红六军团
罗洪标	1917—2009	福建长汀人	红三十二军 / 红二方面军
罗坤山	1917—1992	湖北仙桃人	红二军团
毛少先	1908—1983	江西安福人	红六军团
欧阳家祥	1909—1980	江西吉安人	红六军团
潘世征	1916—1961	湖南宁乡人	红六军团
彭　飞	1914—2006	湖南永顺人	红二军团
彭方复	1911—2001	湖北阳新人	红六军团
彭富九	1918—2011	江西永新人	红六军团
彭龙飞	1915—1992	江西永新人	红六军团
彭清云	1918—1995	江西永新人	红六军团
彭寿生	1915—1993	江西信丰人	红九军团

史可全	1892—1979	湖北天门人	红二军团
帅　荣	1911—1997	湖北黄梅人	红六军团
宋庆生	1910—1977	湖北天门人	红二军团
苏　鳌	1912—1975	湖南浏阳人	红六军团
苏　鲁	1902—1976	湖南浏阳人	红六军团
苏宏道	1916—2012	湖北江陵人	红二军团
苏启胜	1909—1967	福建永定人	红一军团 / 红二方面军
覃国翰	1912—1996	广西都安人	红六军团
谭善和	1915—1991	湖南茶陵人	红六军团
谭天哲	1912—1998	湖南茶陵人	红六军团
谭文帮	1911—1987	湖南茶陵人	红六军团
谭友林	1916—2006	湖北江陵人	红二军团
汤　池	1909—1996	湖南浏阳人	红六军团
唐健伯	1904—1978	四川金堂人	红二军团
唐金龙	1912—1967	湖北汉川人	红二军团
陶汉章	1917—2010	江西进贤人	红六军团
万振西	1914—2006	湖北汉川人	红二军团
王赤军	1916—1967	湖南平江人	红六军团
王海廷	1917—2002	四川宜汉人	红三十二军
王全国	1912—1986	湖北洪湖人	红二军团
王绍南	1906—1979	湖北天门人	红二军团
王万金	1911—1979	湖北洪湖人	红二军团
工义勋	1910—1996	湖北阳新人	红六军团
王永浚	1908—2003	湖南衡阳人	红六军团
魏国运	1914—2017	湖北监利人	红二军团
魏天禄	1908—2011	湖北天门人	红二军团
吴保山	1915—1972	江西赣县人	红三十二军
吴融锋	1916—1974	江西永新人	红三十二军
吴子杰	1913—2003	湖北天门人	红二军团
夏伯勋	1917—2008	湖南澧县人	红二军团
夏耀堂	1908—1972	湖北石首人	红二军团
肖荣昌	1918—2012	江西吉安人	红六军团

肖新春	1909—1989	江西永新人	红六军团 / 红二军团
肖友明	1916—2013	湖南攸县人	红六军团
谢镗忠	1916—1989	江西赣县人	红三十二军
谢忠良	1913—1983	湖南平江人	红三十二军
熊　飞	1911—2000	湖南湘潭人	红六军团
熊　晃	1913—1996	湖南浏阳人	红六军团
胥治中	1917—1994	湖北石首人	红二军团
徐国贤	1916—2000	江西莲花人	红六军团
徐文礼	1920—1977	云南宣威人	红三十二军
徐文烈	1909—1976	云南宣威人	红三十二军
薛少卿	1910—1991	湖北监利人	红二军团
颜德明	1917—1985	湖南攸县人	红六军团
颜吉连	1916—2011	湖南茶陵人	红六军团
颜金生	1918—1994	湖南茶陵人	红六军团 / 红二军团
颜青云	1917—1997	湖北汉川人	红二军团
颜文斌	1915—2014	江西永新人	红六军团
杨虎臣	1914—2006	湖北天门人	红二军团
杨嘉瑞	1904—1989	陕西兴平人	红二军团
杨尚高	1908—1983	湖南平江人	红六军团
叶长庚	1903—1986	浙江桐庐人	红六军团
余光文	1902—1985	湖南平江人	红六军团
余致泉	1916—1977	江西吉水人	红六军团
袁福生	1916—1993	湖南茶陵人	红六军团
袁意奋	1917—2007	湖南慈利人	红二军团
曾　威	1916—2004	江西泰和人	红六军团
曾　涤	1913—1971	湖南浏阳人	红六军团
曾敬凡	1915—1989	湖南茶陵人	红六军团
曾祥煌	1914—1981	湖北潜江人	红二军团
张　和	1915—1967	湖南浏阳人	红六军团
张汝光	1914—2000	湖南渑池人	红三十二军
张树芝	1915—2001	湖南华容人	红二军团
张贤良	1908—1997	湖北公安人	红二军团

张新华	1911—2003	福建宁化人	红二军团
张秀龙	1914—2015	湖北仙桃人	红二军团
张铚秀	1915—2009	江西永新人	红六军团
郑　国	1919—1983	湖南石门人	红二军团
钟文法	1914—2001	江西兴国人	红三十二军
周　涌	1915—2004	江西永丰人	红六军团
周长庚	1911—1970	湖北石首人	红二军团
周家美	1913—1997	湖北潜江人	红二军团
周九银	1908—1979	湖南湘阴人	红六军团
周则盛	1913—1981	湖南茶陵人	红六军团
朱家胜	1914—2007	江西莲花人	红六军团
朱绍清	1913—1989	湖南华容人	红二军团
朱绍田	1912—1992	湖南桑植人	红二军团
朱声达	1914—1985	湖北江陵人	红二军团
朱玉庭	1909—1997	湖北巴东人	红二军团
左　爱	1916—2008	江西永新人	红六军团
左　齐	1911—1998	江西永新人	红六军团

红二方面军序列

红二、六军团木黄会师后序列（1934年11月）

1934 年 10 月 24 日，贺龙、关向应率领的红三军与任弼时、萧克、王震率领的红六军团在贵州木黄胜利会师后，红三军恢复红二军团番号，由红二军团总部兼红二、六军团总指挥部，统一指挥两军团行动。会师时两军团共 8500 人（含黔东独立师 800 余人）。

总指挥部

总指挥　贺　龙　政委　任弼时　副政委　关向应

鄂川边独立团　团长　毛英　政委　冯利发

红二军团

军团长　贺　龙（兼）政委　任弼时（兼）副政委　关向应（兼）

参谋长　李　达　政治部主任　张子意　供给部长　范炳生

供给部政委　魏天禄　卫生部长　贺　彪

教导大队　大队长　高利国　副大队长　陶汉章

红四师（原红七师）

师长　卢冬生　政委　卢冬生（兼）/ 方理明（后）

参谋长　刘开绪 / 汤福林（后）政治部主任　张平化

供给部长　徐伍生

红十团（原红一团） 团长 刘开绪 政委 汤成功
红十一团 团长 陈菊生 政委 杨秀山
红十二团（原红四团） 团长 钟子廷 政委 朱辉照
参谋长 黄新廷
红六师（原红九师）
师长 钟炳然 政委 袁任远 副政委 廖汉生
参谋长 周念民 政治部主任 戴文彬 供给部长 夏耀堂
红十六团 团长 常德善 政委 冼恒汉
红十八团（原红四团） 团长 贺炳炎 / 高利国（后） 政委 熊仲清

红六军团

军团长 萧 克 政委 王 震 参谋长 谭家述
政治部主任 甘泗淇 副主任 罗志敏
宣传部长 李 朴 副部长 刘光明
供给部长 喻 杰 政委 易清元 卫生部长 戴正华
红四十九团 团长 吴正卿 政委 晏福生
红五十一团 团长 郭 鹏 政委 彭栋材
红五十三团 团长 张正坤 政委 余立金

红二、六军团长征出发时序列（1935年11月）

1935 年 11 月 19 日，红二军团和红六军团分别从湘西桑植刘家坪干田坝和瑞塔铺枫塔突围，两个军团共 1.7 万余人踏上了艰辛、漫长的长征路。

红二、六军团总指挥部

总指挥　贺　龙　政委　任弼时　副政委　关向应

红二军团

军团长　贺　龙（兼）　政委　任弼时（兼）　副政委　关向应（兼）
参谋长　李　达　政治部主任　甘泗淇　作战科长　汤福林
组织部长　汤祥丰　宣传部长　张平化　破坏部长　贺　辉
供给部长　范炳生　供给部政委　魏天禄　卫生部长　贺　彪
红四师
师长　卢冬生　政委　冼恒汉　副政委　杨秀山　参谋长　金承忠
政治部主任　肖令彬　供给部长　徐伍生　卫生部长　周长庚
红十团　团长　刘开绪　政委　朱绍田
红十一团　团长　覃耀楚　政委　黄文榜
红十二团　团长　钟子廷　政委　朱辉照　参谋长　黄新廷
红五师（1935 年 11 月组建）
师长　贺炳炎　政委　谭友林　参谋长　高利国
政治部主任　肖新春　供给部长　曹昆隆　卫生部长　董家龙
红十三团　团长　刘汉卿　政委　陈世才

红十五团　团长　李文清　政委　陈文彪

红六师

师长　郭　鹏　政委　廖汉生　参谋长　常德善

政治部主任　刘　型　供给部长　夏耀堂

红十六团　团长　肖启荣　政委　汤成功

红十七团　团长　范春生　政委　廖海光

红十八团　团长　贺斌忠　政委　余秋里　参谋长　常海柏

红六军团

军团长　萧　克　政委　王　震　参谋长　谭家述

政治部主任　夏　曦　宣传部长　李　朴　副部长　刘光明

供给部长　喻　杰　政委　易清元　卫生部长　顾正钧

红十六师（1935 年 11 月由红十八师五十二、五十四团和鄂川边独立团组建）

师长　周球保（周仁杰）　政委　晏福生

红四十六团　团长　张　辉　政委　胡　荣

红四十七团　团长　覃国瀚　政委　刘礼年

红四十八团　团长　黄珠子　政委　罗　章

红十七师

师长　吴正卿　政委　汤祥丰　参谋长　刘转连

政治部主任　罗志敏

红四十九团　团长　王　立　政委　刘坚定

红五十团　团长　刘　忠　政委　唐希尧

红五十一团　团长　贺庆积　政委　王赤军

红十八师（在红二、六军团主力离开突围长征时，将红十八师五十二、五十四团划归新组建的红十六师，只保留了第五十三团，担任全军的掩护任务，1936 年 1 月在贵州江口归建）

师长　张正坤　政委　张正坤（兼）参谋长　刘　风
政治部主任　李　信　供给部长　罗振坤
红五十三团　团长　樊孝竹　政委　余立金

红二方面军成立时序列（1936年7月）

1936 年 7 月初，红二、六军团到达四川甘孜与红四方面军会师。7 月 5 日，根据中革军委指示，红二、六军团与红三十二军（原红一方面军第九军团）组成红二方面军。随后与红四方面军共同北上，于 10 月 22 日和 23 日分别在甘肃静宁将台堡（今属宁夏西吉县）、兴隆镇与红一方面军会师。

总指挥　贺　龙　政委　任弼时　副总指挥　萧　克　副政委　关向应

供给部长　陈希云　卫生部长　侯友诚（侯政）　卫生部政委　刘运生

宣传部长　刘　型　军人部长　李干辉

红二军团

军团长　贺　龙（兼）　政委　任弼时（兼）　副政委　关向应（兼）

参谋长　李　达　政治部主任　甘泗淇　供给部长　陈希云（兼）

卫生部长　侯友诚（兼）　政委　刘运生（兼）

红四师

师长　卢冬生　政委　冼恒汉　参谋长　唐健伯

政治部主任　刘亚球

供给部长　史可全　卫生部长　贺　彪

红十团　团长　刘开绪　政委　朱绍田

红十一团　团长　张鸿卿　政委　陈正才

红十二团　团长　黄新廷　政委　杨秀山

红六师

师长　贺炳炎　政委　廖汉生　参谋长　常德善

政治部主任　刘　型

供给部长　夏耀堂　卫生部长　周长庚

红十六团　团长　顿星云　政委　汤成功
红十七团　团长　蔡炳贵　政委　段云武
红十八团　团长　成本新（成钧）政委　董瑞林

红六军团

（整编为四个师，师下无团建制，直接辖营）
军团长　陈伯钧　政委　王　震　参谋长　谭家述
政治部主任　张子意　副主任　黄火青
供给部长　喻　杰　供给部政委　易清元
副部长　何维忠　卫生部长　顾正钧
红十六师
师长　张　辉　政委　晏福生　参谋长　杨　旻
政治部主任　刘礼年　供给部长　黄导充
红十七师
师长　贺庆积　政委　汤祥丰　参谋长　李　科
政治部主任　王赤军　供给部长　何维忠
红十八师
师长　张正坤　政委　参谋长　苏　鳌
供给部长　罗振坤
模范师
师长　刘转连　政委　彭栋材　参谋长　陈宗尧
政治部主任　陈宗先　供给部长　陈宗德

红三十二军

（原为一方面军第九军团，红一、四方面军会师后改番号为红三十二军，拨归红四方面军。红二、四方面军会师后，又拨归二方面军建制。原

三十二军编为第九十四师，原二军团第五师编为第九十六师）

军长　罗炳辉　政委　袁任远　参谋长　郭　鹏

政治部主任　李干辉　供给部长　赵　镕

红九十四师

师长　肖兴怀　政委　辛世修　参谋长　彭尚昆

政治部主任　曹家庆

红九十六师

师长　王尚荣　政委　谭友林　参谋长　刘华香

政治部主任　余宜光

供给部长　曹昆隆　卫生部长　董家龙

红二八六团　团长　曾庆云　政委　张青山

红二八八团　团长　李文清　政委　陈文彪

红二方面军湘西自治州籍烈士（部分）名录

（共2867人）

龙山县（1511人）

鲁开银	田六儿	向代富	杨正友	谭英林	晏敬纯
潘国仲	张德清	向万全	饶元胜	向理元	田景进
沈善华	陈本泽	向玉清	黄永龙	刘子炎	田太忠
张明成	杨贵清	李万军	刘志奎	余安井	符德成
唐启善	彭正化	胡应华	涂宗帆	刘明立	唐老七
向贵清	丁家成	侯连俭	彭武考	胡先培	胡先剑
李光顺	钟立兴	田顺祥	李伍伢	钟万成	黄开茂
余正文	黄金玉	舒德炳	李培点	向顺根	向顺从
彭岩生	田文晏	田先进	向万从	田万书	朱应伢
黄同进	黄同云	黄均玉	向光应	李祖儿	任玉廷
杨发泽	杨发善	彭明龙	徐子堂	宋方成	胡先桃
田国成	杨秀村	田兆发	张清左	周科余	黄同学
田家兵	向胜发	李清考	田必中	田万善	田国青
杨发堂	罗月凤	徐助林	彭述堂	田小成	袁跛子
王顺富	田宏良	徐助兵	肖运轩	向小志	李培金
刘显周	田连科	田金六	马明阶	黄元林	黄增前
谭英桂	刘　大	郭维后	李光洪	朱永凤	郭维成
谭绍安	李益生	夏美仁	谭文福	刘自上	刘自双
刘富成	田　么	龙松泉	马香儿	张正银	邓善均
陈忠远	谭吉安	李开良	徐春佑	胡可轩	田松清
朱永杰	包太亨	谭文孝	杨福生	朱永植	朱松林

李　三	黄光明	郭玉云	朱永良	张正启	郭家鼎
龙运钊	唐吉汉	黄光福	王五羊	费文列	瞿志五
向耐子	刘占明	彭　大	唐启顺	刘明贵	余林强
晏友志	刘潘良	鲁隆瑞	向敬秀	钟立顺	谭再令
刘后斌	易头云	易延发	谭文兴	刘兴洪	杨林生
康启均	晏伯元	彭　二	彭武堂	刘学成	杨云青
邓林贵	李林轩	罗胜良	钟志春	滕树和	王连举
费文仲	杨光银	刘成位	蒋保安	邓全云	晏荣清
徐代光	晏发儿	夏志兴	何俊生	徐召选	杨玉科
谢保庭	杨秀富	刘培松	杨荣青	易图树	张胜清
陈善贵	杨启尚	刘子贵	谭玉清	向光胜	邓金云
向同元	杨桂林	张泽还	段天禄	段天知	段维学
田金生	吴昌满	唐德富	郑重安	黄通远	郝邦柱
杨正秀	刘吉安	陈运生	邓发儿	杨礼顺	张胜清
张华松	余安锦	张华东	向银堂	余道森	张家寿
张万松	谢哑子	唐东鬼	陈力玉	曾召龙	罗光德
吴绍林	张福生	王连富	罗德阶	王连千	邓云贵
曾召贵	韩忠全	钟时药	谭再庚	陈绍力	舒清利
高道明	杨全友	杨全福	姚祖耙	谢松清	黄光铁
张孟德	尚情南	谢白龙	李光耀	汤太斌	李云安
田敦富	李忠佑	李文发	石　二	谢义全	廖双喜
姚祖文	姚祖儿	张六儿	金儿八	黄光举	王铁包
肖五疤子	汤永近	胡士堂	彭振恒	陈良玉	舒清兰
钟时书	姚祖武	陈良宜	王联培	高包子	邓兴国
李万吉	傅诗堂	李福生	尚万州	雷山周	尚万堂
谢松青	李吉楼	钟立兴	罗达发	彭义清	黄术林
杨发生	莫玉成	宋继善	谭吉谷	钦和安	高术富
郝志三	毛远贵	钟毛伢	宋德玉	姚毛伢	李老伍
王修正	刘辉堂	杨五伢	李　二	刘五儿	刘绍银
刘绍前	王修万	王修桥	曾月情	晏洪跃	黄孝顺
宋继仁	杨二矮子	刘志前	张明士	黄求林	向　三
向长柏	李月民	李来堂	马友模	莫二中客	龙光坤

田心考	杨正富	向树根	杨　久	黄同银	高术琴
田官盛	田定祥	陈运生	吴显珍	高玉清	吴成意
张志玉	胡尧珍	向理桂	姚祖武	李越堂	曹培云
向明友	杨进学	胡克贞	杨长生	晏世富	马　四
李孟生	刘显达	李普山	钟明方	徐春佑	余昌友
徐太朋	包太芳	包太连	明凤清	陈宝善	田家志
石尚主	傅启裕	李光德	吴二佬	阳家禄	龙家林
包太鑑	姚本友	包太平	李兴贵	王敦山	刘仁静
曾庆勋	曾凡全	阳南山	田合尚	唐昭金	郭兴伍
徐承清	姚冬生	阳长碧	阳长应	丁义华	陈王氏
熊郭氏	陈历凡	陈矮三	夏永成	黄瑞林	张怀全
吴权生	陈老四	李文术	熊长桂	周道轩	田家福
邹用于	李之友	覃兴友	傅启友	李明二	阳世镇
潘祖海	阳世鑑	姚绍连	龚万清	李义培	李义轩
舒大为	陈文忠	李长桂	谢继武	徐春林	阳玉生
阳长江	包太权	邓志爱	魏丁亮	魏德毫	魏合清
杨建艾	向秀凤	刘白海	向秀怀	邓西生	徐桂清
马友权	彭林发	李定凤	张官梅	张永贵	谭永桂
朱兆福	杨启友	李祖付	庄中功	李万海	秦老二
杨启才	杨启义	龙老四	胡凤友	田海六	李德兴
龚朝述	王东海	刘明付	徐本仁	陈介主	陈万礼
朱明福	吴新华	刘明法	刘是法	石光祥	蒋巴巴
刘春凤	彭昌政	张身贵	蒋垂梓	向太述	杨青槐
蒋功艾	向显珍	徐白林	刘来棋	杨再发	刘绍才
杨昌占	刘是贵	刘是顺	刘三儿	谭绘南	彭明儿
向继贵	黄照生	杨竹富	蒋公顶	陈广明	邓兴花
杨顺清	龙德胜	董成英	刘国清	李　二	杨九儿
杨秀儿	马俊清	杨清儿	刘雨林	聂长胜	刘连伯
刘绍如	田玉成	刘成志	马家礼	刘玉成	邓远大
蒋泉福	刘老六	徐代光	田光轩	龙顺才	李永繁
陈林强	潘高武	邓清方	向官均	石心德	石万良
刘来方	刘永祥	黄兴干	刘世庆	张胜有	张石臣

贺长生	蒲兴德	龙顺合	覃永福	向清武	石白林
彭玉松	吴友胜	向青政	马有义	邓兴焕	黄竹清
田世发	欧海清	胡善水	刘支财	田家保	周必念
蒋公法	刘泽臣	徐代兴	张胜清	朱德前	李军忞
张树清	刘兴祥	刘海成	张朝文	周道胜	杨连荣
杨建荣	吴兆坤	袁理成	李泽明	彭家宾	陈高明
侯月清	龙四老	张本散	向世志	彭玉香	朱明兴
石家艮	蒋全子	周老四	刘发保	刘国安	刘春红
颜昌政	黄守清	曹先法	向光玉	刘立生	杨运成
马家凡	陈国清	刘永艮	向章贵	张桂清	邓则清
袁国祥	魏玉林	张朝汉	向老水	刘厚伯	彭尧清
张朝寿	兰玉成	唐正贵	王老满	黄青山	张朝喜
李老六	吴倩汉	杨克忠	唐光秀	吴幺鸭子客	唐其贵
余昌仁	余昌南	彭帝松	刘家清	肖应庆	肖世维
田定明	夏兴伯	夏兴树	杨寿清	兰家顺	杨启昌
杨启文	唐小刚	杨启玉	李仁甫	黄福高	李富生
彭万清	王老五	邓美春	黄三付	黄雪安	刘玉清
石兴林	陈孟林	吴春林	向东生	唐老五	刘明克
朱全习	贾岩包	夏子洪	谢德胜	刘尚如	李锡文
王太清	黄南清	黄忠胜	康正松	田家廷	陈老大
向望进	肖顺乐	欧光辉	蒲姚林	刘玉和	周作全
陈国清	肖前彬	颜家振	陈二妹	李郭发	田　大
周　二	张邦文	蒲万林	肖顺东	王占保	蒲其林
向老大	陈福清	吴朝杰	杨作佑	陈显金	张积六
张业启	向世召	吴伯林	侯志友	向月清	向大兵
向维正	贾安清	吴子林	肖卢氏	刘永清	张天富
邓方清	米石一	侯明杰	田家尚	邓老四	王再林
王明海	田家凡	刘玉全	吴保林	邓美松	欧光远
米拾清	吴发林	邓德余	杨作龙	张远到	李开富
肖沼成	李世鉴	张老五	张维平	文官卿	梁青儿
梁永远	肖世林	肖开金	肖世鉴	林谦国	颜海陆
杨家云	莫大均	陈兴隆	刘青英	刘燕成	彭善锦

张远发	吴有祥	李老时	海万银	姚承炎	肖应青
海龙青	吴云卿	蒋云臣	向元元	余朝德	吕聋子
雷天福	舒地志	李泽华	田德富	李泽福	田　定
谢恩毕	向炬元	张正全	田五妹	吴礼成	何正岁
向友清	吴运生	梁云香	向启元	高射子	姚云霓
陈林生	方世雄	苏万金	梁和卿	张远丰	向右生
向俊卿	姚德安	李世旺	邓生树	李泽英	刘英莫
杨兴鉴	李泽云	梁彭氏	侯家全	谢德胜	黄术杰
陈明亮	林谦福	唐正中	向易清	张寿之	廖安兴
肖应章	向万福	李大金	肖恒成	张金五	刘裕和
田家黄	张远昭	苏人儒	张白荣	何香炎	张远谋
李文治	李大望	刘德臣	李文定	刘英顺	刘么妹
姚承惠	万文全	丁五木匠	陈伯舟	梁万富	周德轩
李寿元	吴顺卿	陈贵清	莫文俊	吴绍明	刘英福
颜永明	龙文举	张生长	苏光栋	肖开金	方世珍
罗继泉	梁永东	刘胡乐	尚家生	袁胜自	向光银
余光君	唐世双	朱桂清	黄文贵	苏光才	肖配雨
徐胜明	朱永桃	杜胜畔	吕长生	李国敬	江运昌
田家昌	刘中玉	张在爱	杨学潘	康绪勇	钟世海
杜胜榜	唐辉金	蔡开考	田月清	吕长召	杨学凡
刘昌告	刘昌炳	廖委员	李大忠	吕道光	谌玉清
印大清	陈子清	蔡荣武	杨文奎	肖泽法	覃玉清
黎荣半	杜胜召	黄学昌	杨自轩	李典武	张凤珍
易发智	向兴喜	刘定福	陈典儿	王二老	陈伯青
李志学	文庆龙	杨昌枝	文德隆	王绍文	李文忠
李开梓	田么老	李洪伯	向天桂	杨发林	李昌立
徐显顺	田元大	田永奇	程代喜	李文钱	邓士全
杨振云	郭光团	田元处	田万国	田正志	郭启松
陈会全	田元桂	陈田武	田成告	向万知	罗文志
彭武全	彭明全	田正德	邓则友	黄承燕	李大栋
李大亮	李昌全	田正昌	梁国海	肖富玉	黄高香
陈岩匠	杨大枝	黄宗树	田永华	李德富	李逢达

肖成阶	李逢友	张活然	张士主	兰新哉	彭煊南
田光寿	张大老	洪方元	程德其	陈在学	徐才学
徐才会	全成平	毛德武	陈代轩	刘伯川	段德其
陈代兴	童大章	童从业	田正月	田正荣	张宏强
程为富	彭武金	姚绍典	姚善章	袁国典	赵启宽
莫文益	张礼成	陈胜彬	向发家	余业宽	袁国全
王长姑	陈兴化	田启双	陈兴林	袁永顺	袁国兴
彭彩武	彭武学	刘祖泉	傅仁贵	张世干	五三老
彭武发	徐光兴	田昌高	田元松	余候佐	彭上德
彭继善	彭有承	熊三儿	郭家庆	彭良富	黄金支
李荣银	姚成连	彭义清	龙毛儿	田昌言	董承谟
熊二元	张启凡	田中书	张家富	刘万连	彭武亮
尤必银	姚祖前	熊驰邹	刘先炳	向德万	李贵林
彭建银	林吉昌	彭选银	龚祖富	尹应贵	尚小花
田桂甲	余后定	周明青	颜建敬	周万成	姚承富
张碧清	彭家业	田开松	邓则清	董承柱	彭德体
田德娥	杨其松	田承双	贵仁益	彭选义	刘光文
康恩门	彭武才	彭武祖	傅发明	蒙仁钊	潘二银
张再贵	田锡凡	彭　二	向祖成	向文武	鲁隆瑞
王成和	彭士凹	彭士近	田大才	彭宗应	田细德
黄彩武	刘启节	向理和	聂兴元	邓兴栏	田锡凤
邓大武	程为锡	田安国	田绍龙	刘宗登	刘启化
贾光赫	陈文吉	谢汝双	谢汝泮	彭冬海	田应龙
田始汉	田细付	田始化	张兆良	刘启兴	田继付
彭华洲	彭永连	黄万成	向克义	向天万	田良华
陈小山	田安贵	张家政	田万能	徐林魁	田汉清
周开达	张照生	向家贵	周开民	张付学	田祖明
周开正	黄宏盛	鲁龙江	彭善海	傅落成	田安义
王朝松	马光连	向万印	蒯志兴	向文富	彭吉良
向德文	张成美	黄正贵	龚宗桃	向文富	李全之
李宗权	田和成	向生炳	彭宗化	向浦桃	向柏祥
向龙玉	彭朝忠	田付林	田茂斋	彭毕星	向洪楚

范善军	刘宗仁	徐正明	向文清	颜长兴	郝国龙
全友贵	鄢正发	彭武光	张正付	向自炳	杨昌良
周生贵	梁先贵	彭继晏	赵云华	张明美	向顺成
张明成	彭继堂	刘文泽	张文典	刘昌成	刘文胜
刘文义	刘文生	刘昌明	彭上二	曾广大	吴成家
吴成年	吴家明	张家生	彭善庭	彭兴太	王大它
刘自家	彭武初	吴家厚	吴成阳	吴文海	刘文才
刘朝美	向硕玉	潘高荣	曾广厚	向光坤	陈代金
刘宗茂	毛吉才	向理珍	郑所吉	向吉兴	郑所佩
潘家权	梁汉清	刘国元	彭继文	姚祖强	罗光松
向硕艮	向鹏程	曾广忠	陈寿远	郑昌进	郑昌一
彭文轩	彭继文	向硕光	向硕权	向德左	周道汉
田梦邦	尚本邦	潘高平	童世和	沈安科	李才仲
李才厚	周正荣	向树清	彭善友	余善文	彭辉常
童世柱	谢桂胜	彭武科	向齐昌	彭楚召	田正茂
彭善南	卢怀荣	叶祖臻	田大仁	向生龙	秦国燕
尚祖寿	杨丕显	秦远生	刘维清	施益求	沈安仲
龙　彪	李文绪	石老六	高南山	廖明远	罗依禄
熊绍玉	彭武道	王锡友	易尚友	杨世光	王二老
杨传明	严子汉	严来后	万贤洋	周发友	田泽荣
郭子干	田正福	周兰桥	刘世洁	张友达	全永南
李道富	周朝喜	秦培元	秦恩堂	彭天保	秦三太
王光会	王光良	田泽凤	全桥吉	张庭占	胡尧阶
胡德成	曾敏早	周光仁	廖文明	王朝政	彭善海
向绍云	郭进兴	张良友	贾正金	秦长生	王世柱
王老二	田德发	王明富	向云炳	向之炳	田文发
腾久云	陈义生	田家风	钟万全	李清政	邹今干
艾林桂	王天荣	向士强	伍开胜	向世其	邹家秀
黄宗仁	米二和尚	郑付兴	杨秀文	刘孝培	杜必海
姚朋大	彭美兴	彭隆平	向金生	殷三老	尹大汉
石海山	王心富	彭武金	张良炳	熊四老	田正富
向心富	熊家茂	田采南	彭连九	田圣士	向明富

彭武毕	徐胜利	田代富	彭天福	彭光乃	胡光山
彭应良	彭元祥	张二狗	鲁开忠	鲁老三	王正高
刘顺和	秦　山	向　水	徐万许	胡天锡	陈明富
田许明	向二来	王风成	姚绍纯	向大松	王先兴
彭昌荣	王四麻	姚祖勇	吴明尧	袁连科	王显祖
田隆鑫	向　大	王发才	廖发祥	覃心汉	姚祖国
彭典武	田代金	姚祖阶	田德焕	彭　老	彭继友
彭二老	沈送华	储老四	叶德光	向玉海	李敬清
杜家寿	龙比山	刘光早	向天先	向二老	向荣成
张士堂	曾宪明	鲁开润	梁叫妹	何本君	余家文
向明义	彭清怀	彭二老	彭成比	彭祖烈	彭清明
彭心禄	彭清或	彭顺直	向明德	彭准清	王分重
吴胜楚	邹大喜	彭昌国	周天仕	周天佑	贾明貌
田二老	邓继真	贾绍典	邓美富	向恢隆	彭官其
鲁明交	田政汉	向才熊	黄先树	周德林	王承安
康绍佑	康绍林	杨昌朋	李洪应	田开贵	罗崇培
张光益	黄宏炎	刘邦华	万培柏	黄宏锦	黄宏荣
谢忠贵	李开宣	杨　二	熊召文	向真发	蔡世军
向　大	彭继海	彭继富	杜荣沛	黎保生	杨保林
李光和	彭年二	李开友	向老四	杜二驼	康麻子
熊　二	彭老九	谢甫望	李洪斌	李洪富	胡　三
佘静康	杨万台	向直银	万培清	张朝松	万月楼
杨习六	杨　三	杨长寿	黄开炎	向仕得	彭振恒
向同仁	姚学继	张光喜	杜云堂	周光国	瞿兴政
杨　二	黄光贵	杜辉大	瞿从明	杨孟元	杨万华
辛强大	黄开达	范善议	彭杨氏	杨万发	肖云章
郭金文	唐胜龙	李开选	刘洪四	符光贵	向德金
曹金安	陈纯国	田国正	马元贵	向华治	向世林
向仕民	陈纯青	李必进	周孝云	范尚年	李文国
李文风	姚臣忠	姚臣兴	吴银狗	涂心海	常有志
胡国栋	田昌树	曾召度	李文炎	姚以江	向光友
何应辉	何应全	范小银	舒德炳	向万金	向子干

瞿崇本	杨昌朋	冉从青	冉龙福	冉老三	向树彪
瞿代银	向恒贵	张明朗	黄开田	何开太	李功德
向顺煜	向照发	陈子连	余绍福	金发光	谢顺尧
黄开运	沈德平	余绍国	陈子毛	余昌进	龙顺友
陈忠干	陈绍初	贾绍吾	贾绍青	彭心仁	向能全
彭显奎	黎绍富	黄显元	瞿道全	黄德迁	李安贵
黄开治	符光应	符光顺	丁永贵	李泽多	

永顺县（1285人）

孟家学	张老五	覃远发	谭树清	陈昌德	姚绍栋
舒有仁	何祖富	张宏清	龙后昌	舒召荣	鲁开富
彭楚南	张宏虎	孟继强	向振元	陈发召	徐加良
何祖加	张贵卿	孟生浩	吴顺友	彭成文	向云和
向正早	向远珍	詹万云	覃科胜	刘昌模	孟　大
卢万云	张云川	彭玉清	李定邦	魏金柱	侯大富
彭继高	余岩匠	彭善兴	扶学治	张家浒	何武刚
唐元干	胡智发	陈平方	胡忠发	伍云清	张兹桢
王登位	杨义卿	金宗富	金宗远	张其金	刘世进
向泽生	向元兴	向绍叶	颜明德	胡凤祥	张世来
陈伯传	彭文华	向云祥	张泽进	高昌培	龚老二
彭夯三	张洪清	向绍财	彭延和	彭延炳	王老六
陈德禄	刘世玉	彭久金	聂长秀	李泽友	李远荣
金宗礼	宋顺邦	向家义	彭勇智	刘学召	聂长胜
瞿明忠	严来远	田安仁	向彩武	符太贵	吴二佬
刘开胜	向乃炳	刘老五	高昌锦	杨锡龙	高弟佑
米贤智	张光贵	张连发	胡宗花	刘开成	程家干
王福佑	吴元珍	向泽凤	严许册	刘德贤	彭善炳
王道坦	田荣发	王道熙	陈齐卿	向太昌	姚复阶
姚绍光	郭之阳	罗贵炎	姚绍配	郭发邦	黄刚忠
袁世凤	向世祥	向世全	张崇容	周振兴	田正发

向三老	张二驼	张五驼	向世意	彭秀元	彭秀根
何祖福	彭继汉	周锡位	胡天锡	向德胜	龙祖权
彭施泥	彭礼成	刘代禄	覃远汉	姚绍德	王昌辉
王道斌	李桂芳	向太根	柳吉进	田荣福	彭老大
李树青	田治兴	王明庆	王复茂	袁世佩	严老六
彭照发	符太双	向世技	唐春官	彭花胜	姚祖荣
张先进	姚绍仕	张二佬	姚绍清	姚祖维	高昌林
姚本元	姚绍元	严许发	王新基	胡兴仁	高世作
粟大妹	王长宗	田国章	曾广贤	胡忠贞	瞿远发
高世长	陈业贞	陈胜法	陈祖告	田国根	杜国金
陈子心	高永明	刘安信	左颜氏	左长清	田仕浩
陈唐氏	陈德富	覃科盛	严虎迁	曾贞贵	涂正坤
田万聚	曾远发	丁仕千	向加生	高克伟	高仕宏
陈大佬	涂仁权	李世清	涂仁志	田光炳	戴长松
戴久成	鲁邦本	田国珠	唐仕花	向竹珍	聂伯成
左伯成	张成凯	胡兴明	高永美	彭志清	杜　玉
陈二佬	陈三佬	彭水友	彭善福	向发仁	向先遂
黄先安	王本龙	花绍成	彭施松	彭武兴	田老五
刘汉林	张和举	马明章	张家进	彭志德	瞿中友
彭武进	张家成	彭学坤	向景召	罗德钰	罗德兴
彭天宏	田天发	陈光忠	涂云成	彭慧吉	粟道志
杨吉亚	张和明	向发德	丁志坤	丁志胜	李文孝
符顺泰	黎文书	符太顺	尚中发	周孝本	彭万治
彭学进	周孝拉	杨万金	刘茂业	石选光	向昌德
周孝慈	米明远	彭长根	张忠柏	彭楚才	廖灿举
尚本林	周孝新	黎二孔	熊云霞	黎文瑞	向书南
黄详珍	彭元勋	谢承孝	向官清	王盛高	张光兴
张大贵	王光金	彭定伦	王荣贵	彭正炳	张瑞富
彭定魁	向开连	彭正天	彭楚模	王顺明	彭宗煌
彭定兴	余正先	肖明贵	彭国祖	彭武纯	彭武银
张正书	严岁廷	严永忠	严乐廷	熊家富	杨秀玉
彭施其	傅顺发	唐开旭	彭世春	罗二妹	彭国良

涂家慧	彭大德	熊家仁	周士进	彭正棋	石明建
向丁高	李福贵	彭正云	田甲茂	张家众	彭照发
彭连生	彭岩生	田兴早	彭武炎	王子雄	彭秀来
彭秀家	彭祥图	张志友	彭述凤	徐学义	彭祖富
田八金	王本远	彭长海	张锡兵	王东林	彭秀植
侯治龙	彭泽忠	瞿云清	彭延修	彭建图	彭秀洋
侯昌元	彭延树	彭海东	彭泽江	彭聘如	刘幺妹
彭延芝	姚发维	田孝绪	彭贵喜	余长海	严来兴
朱连双	向景耀	姚八万	姚绍祥	彭连海	姚金章
申杨进	彭子成	丁贤杰	向海云	彭武忠	向永富
何武胜	彭福廷	彭福清	彭福品	彭连松	谢序绪
姚祖培	丁仕良	丁仕第	丁仕树	向月清	彭连全
张崇志	彭村苟	王天保	彭善元	彭承普	彭林元
彭大雁	丁仕科	丁仕连	彭文桥	彭楚章	丁仕东
彭惠吉	谢锡田	张家岸	彭文正	彭楚富	彭楚臣
彭兰妹	向景汉	田孝忠	赵大友	宋泰明	覃士富
廖永遂	李洪根	向楚兴	廖仍举	彭南方	王泽三
彭武顺	彭忠进	彭林林	沈元庆	田荣招	田玉卿
杨延仁	宋大德	王泽洪	向照汉	彭泽安	董先科
宋太明	李四佬	王武清	彭武成	彭武相	黄裁缝
吕照文	瞿家顺	田天其	彭继高	张秀英	彭占先
彭照发	欧廷新	彭善治	孟宪斌	李文全	王美武
彭明烈	王胜武	石德荣	王开杰	胡玉阶	秦加凡
彭善礼	欧家宽	肖水友	秦瑞发	颜水炎	彭老三
向才贵	袁甫云	王明厚	王真芹	陈心玉	李继安
刘世旺	李长福	刘运桂	马三老	田松林	刘世良
唐敷友	符星福	胡维富	符兴安	吴清生	刘大海
刘一万	唐二老	祝德阡	宋开林	高世恩	张德章
向美安	谢长根	谢长洪	王关友	张定纯	卢发风
汪祖文	汪承安	卢发高	李老四	张启荣	汪祖武
龚大皮	姚心芝	彭水清	张世甲	张世寅	彭英木
李清太	邱　三	姜成学	甘五佬	彭大佬	李光平

李仕寒	甘义清	田必秋	甘荣长	姜成英	彭英庚
符时江	彭士宏	伍玉莲	胡大金	李海卿	谭再能
唐其康	姚心敏	彭昌尧	饶佑环	姜长卯	姚心才
王为占	谢癞子	胡老五	邹敬交	唐玉卿	田有维
姜小春	张老七	黄应甫	王治南	彭武堂	王学赞
王世贞	姜小青	彭武全	李　岗	侯治友	金邦国
甘治贵	杨德先	王成林	邹敬广	田坤坤	邹敬之
杜生友	张全全	杨四佬	肖土造	肖相周	李文照
邹家广	彭敬二	杜声富	张学智	李五佬	肖贤南
瞿伍氏	向文定	张泽恩	吴隆贵	李登顾	曾天祥
李德绪	李德维	彭庆习	张光廷	刘仕光	刘正光
李祥龙	刘仕神	陈大海	陈傅氏	张明立	杨护义
张光显	吴德玉	瞿运卯	覃庆相	覃远良	田传本
张大杰	田玉泰	覃长芝	张华振	向麻么	彭汉城
张开魁	彭书权	彭太和	周锡必	丁德福	王廷进
杨正早	黎昌章	彭张氏	黎昌明	李成志	刘国屏
田逢仟	王焕玉	彭远生	瞿绍林	瞿继品	曾贞文
黎天开	彭继富	张明先	张大先	杨光吉	丁德富
曾尚千	田大和	肖成名	龙宏富	田宏德	李明武
张仁德	邹自刚	郭向氏	田正文	王焕典	田明凤
彭楚怀	曾二佬	杨芳明	田应达	王明代	王兆基
向大祥	向菊花	张德汉	彭武受	张圣富	彭显应
李子贵	张光弘	刘国生	余德贵	田大尧	田大富
涂仁寿	彭继代	刘丁行	田学贵	瞿继才	宋岩贵
周纯一	龙秀良	田昌厚	王大富	田大杰	王照甫
黎大林	王焕友	田大云	田大贤	李发全	李宗良
李廷吉	瞿绍工	刘登芝	彭二包	龙秀柱	刘永章
瞿绍贤	瞿绍介	全五佬	瞿运岸	张四佬	田必秋
甘义清	田昌全	王延甲	田学兵	涂光友	杨三成
王富金	谭再和	丁祖发	瞿绍树	周锡如	田有华
田有根	王孝贤	瞿向氏	李发春	刘运官	王照春
李宏富	李宏明	田大忠	田正龙	瞿远德	谭再元

彭继先	丁德清	田柞根	金二佬	田海清	童光殿
宋明仁	李次洋	吴永凤	杜贞良	廖云卿	刘大妹
张定珍	蒋　妹	蒋二妹	谭文元	贺启财	谭桂善
胡小妹	沈尚岩	曾广胜	黄道者	杜生姑	熊幺妹
童代胜	谢根重	向冬妹	刘光文	姚大爱	覃长安
朱少兴	谢长万	李小二	梁培生	宋家道	梁必定
谢四佬	向开奎	刘廷先	谢五佬	赵远友	黄跃兄
杨端普	郭英喜	聂孝根	陈章发	覃加炳	刘廷财
聂孝意	梁先让	谭绍介	梁永炳	梁先田	梁承菊
谭善让	彭文英	彭善行	李清树	伍富明	向光清
张松林	彭远阶	彭远清	向胜伊	宋凡忠	石明高
张宗全	彭远长	张中泽	田景大	彭德吉	张祖彪
姚成仁	罗世全	张祖根	印成友	张祖定	宋世华
向明作	张祖禄	罗仕多	姚老武	刘先觉	朱　大
向明金	张明其	张祖康	张友勤	郭召荣	宋祯祥
宋家义	张光生	宋仁佬	宋忠义	张祖德	周武成
李模良	覃章惠	王廷金	王廷开	张忠型	李明生
王先生	刘传富	孙文科	周珍花	向光清	田道轩
宋延孝	田传富	王先濑	宋延富	王道钉	覃遵贵
张四住	王明向	张光炳	王真武	瞿行春	张大赖
孙家胜	彭吉力	彭楚昆	杜正荣	李保成	杨吉安
朱定立	张家图	王大武	阳五山	曾召贵	傅建光
田祖贤	王大其	彭贵成	王二佬	向仍锦	王大贵
瞿继双	王大顺	杨宏善	张四光	彭继莲	彭楚情
正明洋	彭张氏	朱刘生	彭五佬	颜兰香	谭加贵
田祖发	傅中玉	朱胜本	张光皇	彭太贵	宋远凤
李培芝	龙二佬	杨进贵	王大昌	王岩堡	王岩树
杨洪昆	田根武	瞿运德	田必海	彭楚书	田大后
刘光玉	杜仁和	沈德新	张贤恩	刘代义	李子清
蔡生杨	李子璜	向珍妹	李子洪	田祥甫	卢秉初
田大杰	伊丁冬	瞿双华	彭承云	李大兵	田必登
李永贵	李永位	彭大秀	李永茂	李绍春	向茂盛

田定立	彭文炳	周继富	李少谦	严开儒	丁德胜
彭启富	田必江	李志远	龙兴杨	樊学海	田　龙
伍相发	向其金	龙兴坤	李家占	张继明	向元梅
刘启富	向云发	刘朝林	龙国远	彭振林	彭继先
彭清能	田克克	胡开树	田克林	吴修炼	田心构
朱伦健	涂玉龙	杨天任	熊良富	滕代华	滕浩卿
罗廷爵	彭多进	熊良吉	田安烈	郁维友	汪兴邦
彭科瑞	宋远位	张久如	向元举	向元奎	樊堤成
郭文化	向巴子	张兴黄	向宏明	彭顺玉	张金福
姚本迁	彭玉和	张宏铭	伊高生	龙兴书	彭武友
覃和尚	陈应占	徐贵卿	李传柱	任培军	彭子清
伊义和	丁德坤	寿世全	吴让高	刘明高	田仁发
刘金双	田仁炳	向桂武	马　妹	田兴周	颜开汝
刘德全	田必友	向子成	向光明	王世宽	滕久耕
吴伯标	王胜煌	彭远昌	胡开树	范琴芳	向朝顺
龙国湘	龙国浩	彭继干	向松甫	田运谦	向昌桃
刘相成	覃占满	瞿运清	彭善兴	戴明玉	胡应洪
熊兴福	蔡生希	鲁吉生	宋安佃	孟盛云	熊景福
钟瑞生	胡应先	瞿运春	向昌锐	蔡大登	邬昌仁
陈应忠	蔡泽兴	宁华国	向国三	肖清凤	毛民团
向开绪	毛新德	黄德非	毛明全	毛民春	李宏炳
田运柱	钟盛福	闻龙黄	王　五	肖百机	张青云
毛先春	向楚光	李家达	杨德芳	肖兰阶	李家润
王福岳	王连其	翟镇第	王茂庆	李月香	王汉成
李民孝	彭祖顺	刘连省	龚宗德	翟正邦	李述堂
李定朝	刘必勉	彭继进	翟定华	李绍武	度万多
鲁龙运	李家玉	朱明胜	米明胜	余永其	张顺点
周光祥	吴中明	龙国号	郭东山	向楚相	彭林相
罗依禄	汪大洪	周光文	梁大万	彭家义	彭武位
李桃英	彭继贤	王朝正	田安学	张泽正	王滕兵
王克城	王福开	王良桥	彭心来	刘万胜	宋宗德
王二妹	王焕忠	刘光进	王成郁	王连都	张正文

彭四佬	刘顺枝	王良家	符兴富	潘　达	王国榜
严钦明	王锡友	全正良	严来金	陈锡昌	陈云千
严发武	王雅卿	覃寿富	卢云山	陈昌明	严钦典
严许钊	全正康	严来义	涂正坤	李由千	严许凯
吴　幺	李兴富	向之斌	李国三	陈　三	傅兆节
李生友	张兴开	潘　二	余　二	吴　二	张　二
石五红	彭汉周	吴仕杨	熊二木匠	曾中进	彭吉武
罗坤武	龚宫幺	张必峰	周　二	张明生	鲁开富
胡宏化	向明飞	向月生	张宏福	毛子贞	瞿　三
张渠凤	潘正清	张前生	黄南四	田传生	傅云才
樊士瑞	杨德富	刘安德	罗亚湘	樊士友	杨　三
毛　二	张五子	杜西川	张成进	向明月	曹怀如
刘官保	李集厚	胡兴国	王福金	聂伯成	胡兴明
全昌凤	莫寿轩	宋玉莲	吴家翠	王恩考	龙显应
左伯臣	张大贵	张和尚	田明强	卢才美	秦玉莲
向昌遂	王先德	瞿开先	王明财	刘光进	田德敏
黄祥真	彭和堂	郭和玉	王延贵	宋凡兴	彭德生
周永成	宋皮匠	宋裁缝	王政智	杨光斌	彭庆司
左老六	彭继根	宋大佬	向家生	彭楚银	符开丰
符太进	万荣官	杨二佬	袁吉成	张明高	邓兴高
熊科富	徐祖富	向振武	符二冬	符孙氏	彭义生
符光全	陈发全	刘长品	向朝汉	伊　妹	王自秀
向珍武	董思尧	皮如纯	张应林	朱先甲	张仲齐
罗仕元	刘和卿	朱承早	阳茂轩	金存池	谢流镐
朱承清	张大富	王朝圣	杜宏发	朱先治	胡玉卿
肖村早	米吉家	朱继松	朱继清	彭庆蹬	王定晓
文昌恒	全正洪	朱先春	谢远超	全正干	印开云
向兴质	田三佬	田正位	向兴贤	杜宏羽	鲁光富
白二佬	刘代松	杜茂荣	潘二保	曹义然	陈昌龙
陈选祥	王三尧	李生安	王正堂	伊绪光	向开义
张金香	田传海	杜宏志	王兴成	全修易	刘永美
李伯根	田小青	彭二疤	向轩黄	张清菊	高士美

李卫廷　　黎二姑　　彭善胜　　王光林　　彭武根　　彭继明
陈云轩

保靖县（64人）

周献发　　田永福（虎提克）　　彭德南　　尹天明　　田老七
田岩富　　田兴春　　田永大　　彭天锡　　田金成　　陈团飞
秦燕法　　谢会茂　　彭如南　　蒋传清　　熊朝坤　　胡学良
胡学友　　彭大明　　熊朝汉　　彭庆行　　彭景林　　彭景发
彭大相　　彭德清　　彭和尚　　周正滨　　彭子清　　向学志
徐　大　　王天宜　　王锡田　　彭清凡　　宋世凤　　廖正汉
彭成友　　宋世洪　　田永福（波溪）　　彭老七　　彭运昭
李兴富　　彭金图　　彭司强　　田玉清　　彭坤山　　贾战清
梁老板　　向顺友　　周光林　　周光胜　　向清明　　向玉伯
尚安清　　田大国　　陈大金　　彭大义　　彭国辉　　余家文
余家万　　姚光青　　滕久忠　　周俊青　　田老云　　张云清

其他县市（7人）

向南成　　姚自和　　龙光青　　周满红　　贾明青　　伍自福
李自华

|| 后记 ||

作为献给中国共产党成立100周年的一份厚礼，湘西自治州首部以湘鄂川黔革命根据地和红二方面军长征历史为主题的《红色湘西——红二方面军的摇篮》七易其稿，终于付梓。

深入研究湘鄂川黔革命根据地和红二方面军长征历史，客观公正地反映湘鄂川黔革命根据地和红二方面军在中国革命历史上应有的历史地位与作用，既是革命先辈的心愿，更是当代人的使命和责任。中共湘西自治州委高度重视《红色湘西——红二方面军的摇篮》的编撰出版工作，成立了编委会，州委书记叶红专担任编委会主任；州委副书记、州人民政府州长龙晓华，州委副书记、州委党史工作领导小组组长廖良辉，州人大常委会主任彭武长，州政协主席刘昌刚担任副主任，州政协副主席向顶天亲自组织调研和编撰工作。湘西自治州委党史研究室与州政协文教卫体和文史委员会共同组建编撰班子，2020年4月启动编撰以来，先后召开15次各类座谈会，六次实地调研，组织七次修改。7月13日，州委、州政府在长沙组织召开了《红色湘西——红二方面军的摇篮》评审座谈会，省政协原副主席石玉珍、武吉海，省委党史研究院院长胡振荣，州委副书记廖良辉，州政协主席刘昌刚，省委宣传部部务委员、省政府新闻办公室副主任康重文，州政协副主席向顶天，州政协秘书长、办公室主任、二级巡视员罗亚阳等省、州领导和相关单位负责人及党史专家出席会议，与会领导和专家充分肯定了湘西州在红色文化传承方面所做的工作与努力，高度评价本书提出的四个新观点：湘西是湘鄂川黔革命根据地中心腹地，湘西是中央红军长征首选目的地，湘西是红二方面军的孕育地，湘西是红军长征最后出发地。

在编撰过程中，广泛收集了散存于各种书籍报刊中的有关红二方面军历史的文献资料，从中筛选、整理，主要参考文献有:《中国共产党历史第一卷（1921—1949）》《中国共产党湖南历史第一卷（1920—1949）》《任弼时传》《贺龙传》《中国共产党湘西土家族苗族自治州历史第一卷（1921—1949）》《中国共产党保靖县历史第一卷（1921—1949）》《中国共产党永顺县历史第一卷（1921—1949）》《中国共产党龙山县历史第一卷（1921—1949）》《峥嵘岁月——红军长征在湖南》《湘鄂川黔革命根据地》《武陵红叶》《湘西英烈》《红色塔卧》《红军战斗在龙山》《红军战斗在酉阳》《朝阳花》《红星岁月——石邦智回忆录》《红旗漫卷——张家界红色记忆》《湘西土家族苗族自治州志》《保靖县志》《永顺县志》《龙山县志》等。同时，还收集了湖南、湖北、贵州、云南、四川等红二方面军长征沿线相关纪念场馆、党史部门网站的相关文献资料和图片，并参阅了革命前辈的回忆录、人物传记、地方文献资料和大量的研究文章、报刊资料，收录了许多珍贵的历史照片和回忆文章。因参阅或引用的文献资料和收录的图片，来源广泛、数量较多，客观上一时难以逐一核实、确定出处或无法与作者取得联系，希望相关文章和图片资料版权的所有者予以谅解，在此，一并向你们致以衷心感谢！凡认定自己是书中某张图片的版权所有者，请与中共湘西自治州委党史研究室联系，并提供可靠证明材料，我们将按照相关规定，免费赠送样书或合理支付稿酬。

在本书付梓之际，要特别感谢原中央党史研究室主任、中国中共党史学会会长欧阳淞，中共湖南省委党史研究院院长胡振荣、副院长王文珍，他们为本书的编撰出版提供了具体指导和许多帮助。要特别感谢中央党史和文献研究院的有关专家为全书审稿把关。要特别感谢江西赣州、湘鄂西、湘鄂边、湘鄂川黔革命根据地和红二方面军长征沿线各地的党史部门及纪念场馆，他们为我们征集资料提供了很多方便，并提供了很多宝贵的文献和图片资料。要特别感谢曾在湘西工作和生活过的革命先辈家属、老同志、党史专家学者，他们对本书的编撰出版给予了大力支持和帮助，提出了宝贵的意见和建议。要特别感谢中共湘西自治州委党史研究室、湘西自治州政协文教卫体和文史委员会的相关同志，他们作了大量的史料收集、协调、配图和文字校对等工作。

本书始终坚持党史姓党的政治方向和实事求是、秉笔直书的编撰原则，尊重历史事实，突出湘西特色，着力打造一部融权威性、可读性、收藏性和教育性于一体的地方党史简明普及读本，作为传承红色基因的重要载体和宣传推介湘西红色文化的历史名片。

鉴于我们对湘鄂川黔革命根据地和红二方面军历史的研究、挖掘还不够全面、不够深入，加之编撰时间仓促，编撰经验和水平有限，再因年代久远，很多历史资料散落各地，收集难度较大，书中遗漏、错误之处在所难免，恳请广大读者批评指正。

编著者
2020 年 7 月

红二方面军发展历程图

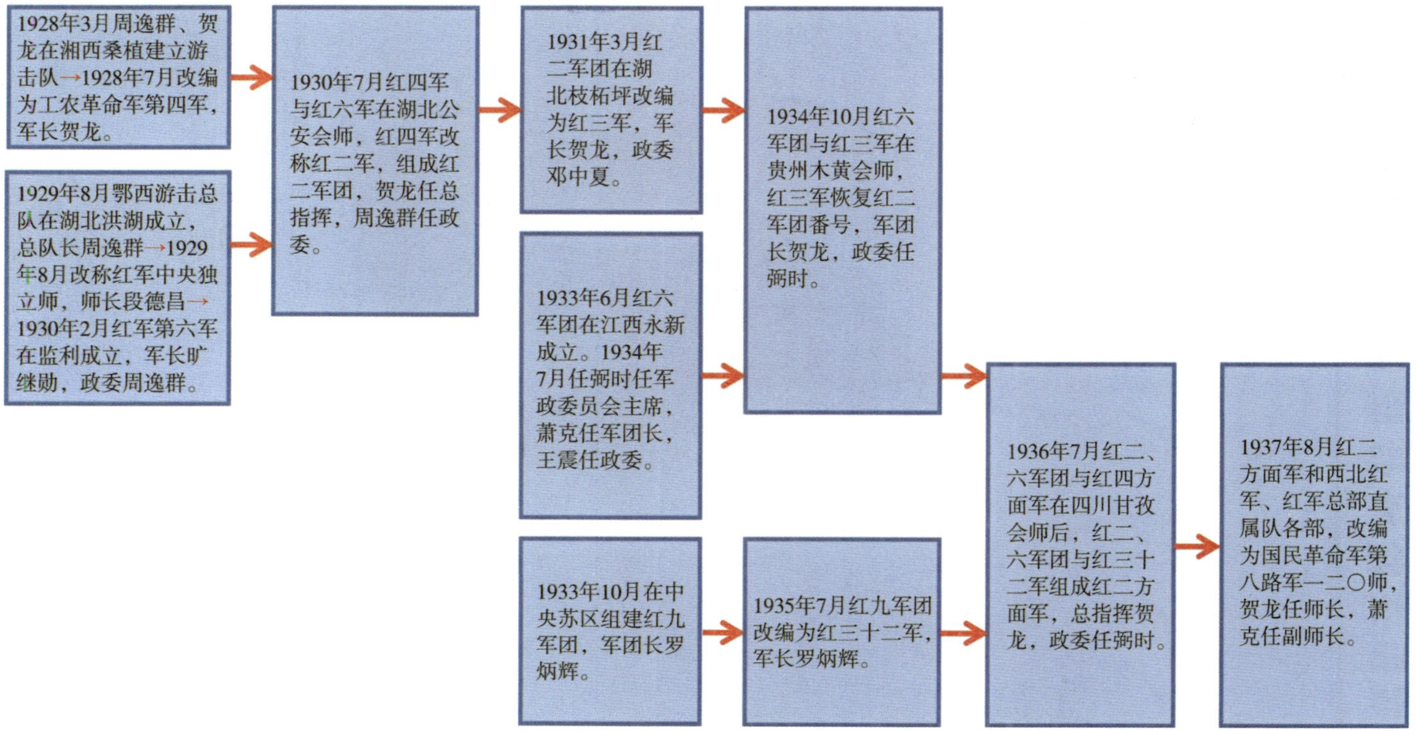
1928年3月周逸群、贺龙在湘西桑植建立游击队→1928年7月改编为工农革命军第四军，军长贺龙。
1929年8月鄂西游击总队在湖北洪湖成立，总队长周逸群→1929年8月改称红军中央独立师，师长段德昌→1930年2月红军第六军在监利成立，军长旷继勋，政委周逸群。
1930年7月红四军与红六军在湖北公安会师，红四军改称红二军，组成红二军团，贺龙任总指挥，周逸群任政委。
1931年3月红二军团在湖北枝柘坪改编为红三军，军长贺龙，政委邓中夏。
1933年6月红六军团在江西永新成立。1934年7月任弼时任军政委员会主席，萧克任军团长，王震任政委。
1933年10月在中央苏区组建红九军团，军团长罗炳辉。
1934年10月红六军团与红三军在贵州木黄会师，红三军恢复红二军团番号，军团长贺龙，政委任弼时。
1935年7月红九军团改编为红三十二军，军长罗炳辉。
1936年7月红二、六军团与红四方面军在四川甘孜会师后，红二、六军团与红三十二军组成红二方面军，总指挥贺龙，政委任弼时。
1937年8月红二方面军和西北红军、红军总部直属队各部，改编为国民革命军第八路军一二〇师，贺龙任师长，萧克任副师长。

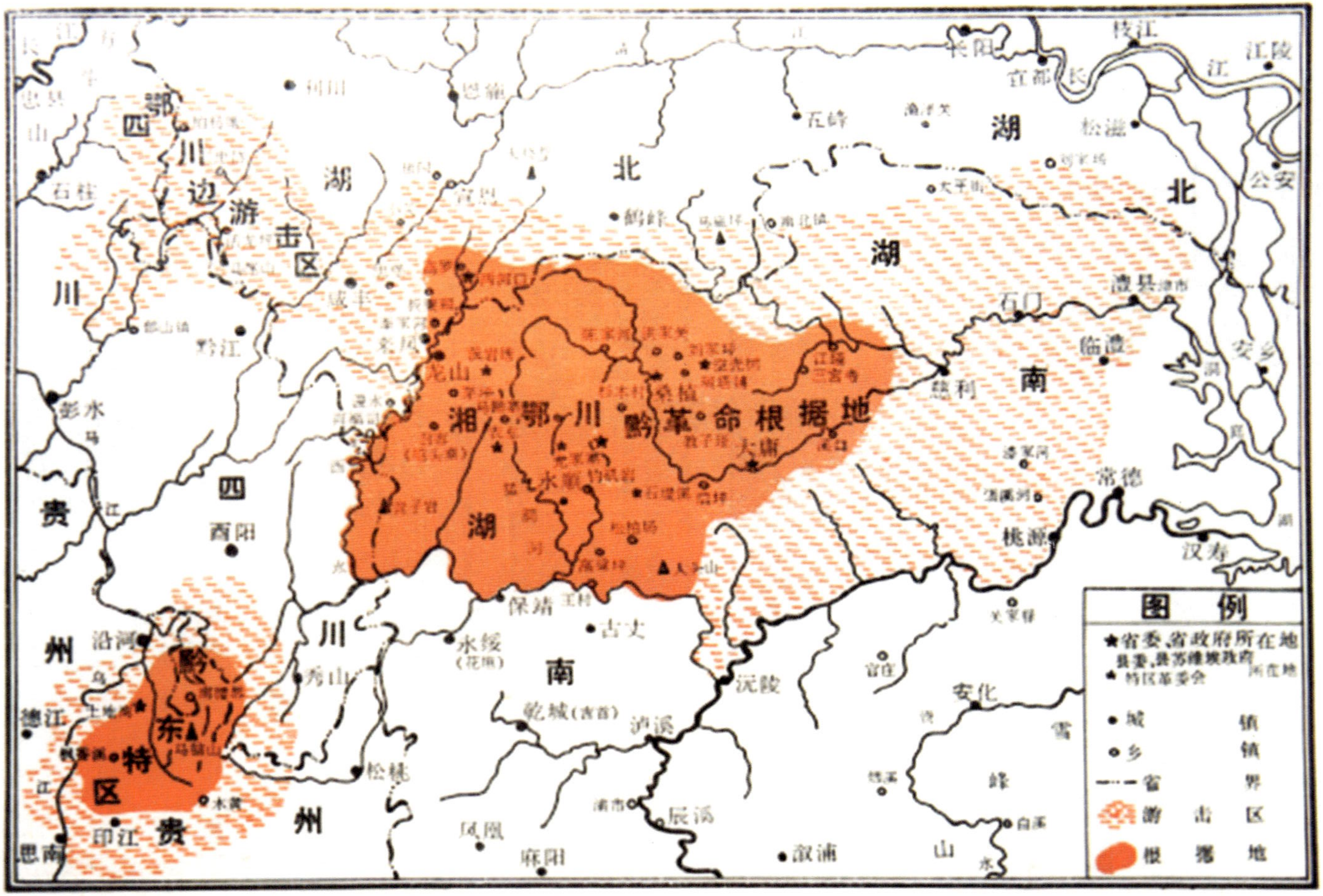

湘鄂川黔革命根据地示意图

红十八师留守茨岩塘突围长征路线图

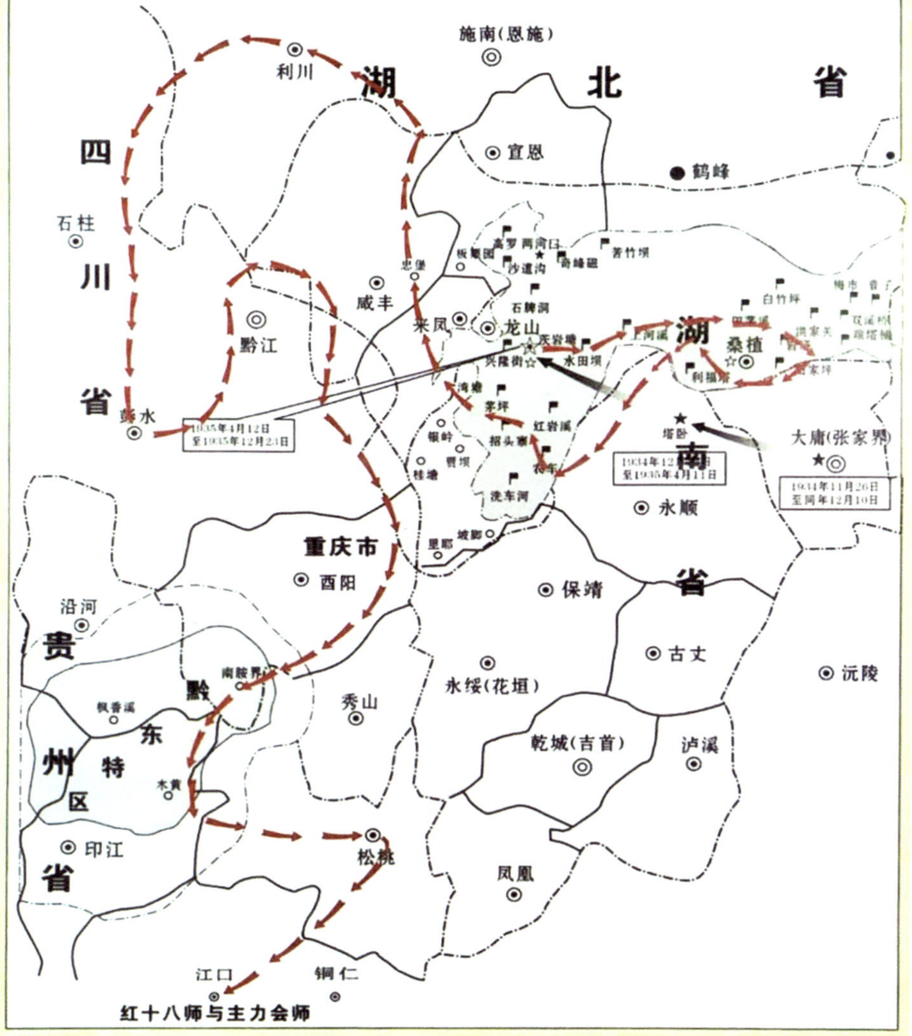